Würzburg
NKEN
Nür
Rothenburg
Cham
Regensburg
Donau
Limpurg
Eichstätt
gen
Lorch
Donauwörth
ren
Hohenstaufen
Landshut
Wittelsbach
rach
Donau
Freising
Augsburg
Ulm
HZM. BAYERN
rn
München
HWABEN
Andechs
Tegernsee
Ravensburg
Bodensee
Inn
Lech
Z
Fernpass
en
Hohenems
Innsbruck
Brenner
Gft. Tirol
Chur
Rhein
Tirol
Brixen
Meran
Septimer
Chiavenna
Pfalzen
Reichsburgen/
Stauferburgen
Festungen
Reichsgut und
staufisches Hausgut
Reichsgrenze

Vincent Klink

Mein Schwaben

Leben und Speisen im Ländle des Eigensinns

Mit zahlreichen handkolorierten Fotos des Autors

ROWOHLT

Originalausgabe
Veröffentlicht im Rowohlt Verlag, Hamburg, Dezember 2024

Vorsatzkarten Peter Palm, Berlin
Innengestaltung Daniel Sauthoff
Lithografie Susanne Kreher
Satz DTL Documenta bei Dörlemann Satz, Lemförde
Druck und Bindung GGP Media GmbH, Pößneck
ISBN 978-3-498-00310-4

FSC www.fsc.org
MIX
Papier | Fördert gute Waldnutzung
FSC® C014496

Inhalt

Prolog

Nach längerer Schreiberei, wenn im Kopf die Ganglien verstopfen, besuche ich zum Durchlüften meine bretonischen Schäflein. Ihre Heimat ist die Insel Ouessant vor der bretonischen Küste. Und so kamen sie zu mir: Ganz in der Nähe liegt ein Weinberg, den ein Freund mit seiner Schafherde beweidet. Vor einiger Zeit besuchte ich ihn und war ganz begeistert von seinem Wein und den Schafen, und so verhalf er mir zu einer eigenen kleinen Truppe. Unterhalb meiner Wielandshöhe ist das Gelände steil, und ich dachte mir, lebendige Rasenmäher wären die Rettung. Der Bock ist weiß, die Mädchen sind schwarz, und wir mögen uns alle. Alle sind Schaf, und jedes ist vollkommen anders. Es ist wie mit den Schwaben.

Zu Zeiten der Römer waren Schwaben und Badener eins. Vom Wesen der Deutschschweizer sind wir nicht weit entfernt, hinzu kommen die Oberschwaben, die bayerischen Schwaben, die Schwaben «von der Albra», also von einer gewissen Höhenlage. Dann wären da die Schwaben des Unterlands, vom Neckar bis nach Heidelberg, die Landschaft mit weniger steinigen Äckern, dafür mit fetten Böden in den Tälern. An den Hängen wächst jede Menge Wein, und das von mittlerweile weltmeisterlicher Qualität. Zu alldem kommt noch eine große Kraft, nämlich die der schwäbischen Frau, welche die Mannsschwaben stabil hält.

Dieses Buch kann kaum mehr sein als ein Versuch, das alte

Herzogtum Schwaben, das vom Rhein querab nach Bayerisch-Schwaben bis an den Alpenfluss Lech und die Stadt Augsburg reicht, meinen persönlichen Interessen folgend zu durchstreifen. Natürlich ist die Vielfalt des Landes mit all seinen technischen Errungenschaften und den diversen Weltanschauungen der durchaus nachdenklichen Sueben nicht in Gänze zu bewältigen, es gibt schließlich nur einen Vincent, und der kann nicht überall sein. Was hier geschildert wird, ist alles wirklich selbst erkundet und nicht durchs Internet zusammengeklöppelt, und es war mir ein großes Glück, meine Heimat einmal genauer zu betrachten.

Mein schwäbisches Selbstwertgefühl hat sich seit meiner Jugend nur langsam stabilisiert. Durch ständige diskriminierende Zurufe in der Jugendzeit wegen meines Dialekts einigermaßen gestählt, lasse ich mich seit langem nicht mehr unterkriegen. Der Geist des Schwabenlands, Heimat vieler bedeutender Philosophen, versteckt sich gerne hinter einem gewöhnungsbedürftigen Humor. Dieser bissige Witz mündet fast immer in Selbstironie. Ich nenne das einen hervorragenden Wesenszug, der auch kräftig durch dieses Buch geistern wird.

Bestimmt dreißig Jahre lang sorgte meine Frau dafür, dass von zwei freien Tagen, in denen die Kocherei ruhte, mindestens ein Tag durch einen Ausflug gehöht wurde. Die ersten zwanzig Jahre der Selbstständigkeit konnten wir uns kaum einen Urlaub leisten, weshalb wir jede Woche aus dem Ruhetag einen Tagesurlaub machten. Aus dieser Schatzkiste heimatlicher Feldforschung kann ich nur Bruchteile herausgreifen. Ganz besonders hat es mir die Geschichte meines Landstrichs angetan, alte Bauwerke, die Malerei des späten Mittelalters, überhaupt die schwäbischen Kulturlandschaften. Ausflüge in alle Richtungen werden unternommen. Das

Mein Heilmittel gegen Schreiber-Drehschwindel

läuft auf subjektives, ganz persönliches Empfinden hinaus. Die Rechtschaffenheit und Disziplin der Protestanten, vereint mit der Lebensfreude der Katholiken, ist mir fast täglich spürbar, ganz und gar nicht unangenehm und beeinflusst die ganze Region, egal ob geglaubt wird oder man sich vom Christentum oder sonst einer Religion gelöst hat.

Die schönen Künste, die mich so begeistern, finden hier nicht nur in Museen statt, sondern auch im Gasthaus. Keine Kulturausfahrt, an deren Ende mich nicht irgendwo eine Wirtschaft von den Anstrengungen des Erforschens, des Erwanderns und vor allem des Staunens wieder mit Kräften versorgt. Seit Jahren kümmere ich mich um den Erhalt der originalen Rezepte, betreibe sozusagen Denkmalpflege, und werde am Ende nochmal eigens auf die schwäbische Küche und ihre Klassiker eingehen. Die Armut prägte die schwäbische Küche und befeuerte mit Erfindungsreichtum die Köchinnen. Aus diesem Geist wuchsen auch die Tüftler und Erfinder, die heute noch, nicht nur für Autos, das Bundespatentamt zum Stöhnen bringen. Schlussendlich wären da noch die evangelischen Pfarrhäuser, unzählige kleine Universitäten möchte ich sie nennen. Bevorzugt ziehe ich einen Kreis um meine nähere Heimat, um das Gebiet zwischen Bodensee, Tübingen, dem Hohenlohischen, der Heilbronner Gegend, der West- und Ostalb, nicht zu vergessen auch das bayerische Schwaben und das Allgäu. So manch schwäbisches Selbstlob wird den Leser piesacken. Auf der anderen Seite hängt über dem Schwabenland die philosophische Erkenntnis des «sowohl als auch», des Lichts und des Schattens, mit entsprechenden Zwischentönen. Das Schwäbische hält alles bereit, auch das, was man hier landläufig als einen «Sekel» bezeichnet. Oder auf Hochdeutsch: wo Genies, da auch Deppen.

Der erste Fußgänger im Ländle

Der erste Fußgänger war ein Schwäble. Er trug den klingenden Namen Danuvius Guggenmosi und lebte vor fast 12 Millionen Jahren im Allgäu. Er kann für sich in Anspruch nehmen, als erstes menschenähnliches Wesen den aufrechten Gang erfolgreich absolviert zu haben. Als ich das in der Zeitung las, geriet ich sofort in anschwellenden Schwabenstolz. Mich interessiert sowieso ungemein, woher wir kommen, denn nur so kann man beurteilen, wie es weitergehen könnte. Keine Frage, ich muss mir diesen Fundort ansehen.

Am nächsten Morgen, es ist ein klarer Januartag während der endlosen Pandemie, springe ich ächzend aus dem Bett. Schnell ins Bad und noch im Dämmerlicht sitze ich ohne Frühstück im Auto und nehme Kurs auf die Tongrube, in der die Tübinger Paläontologin Prof. Madelaine Böhme die bedeutenden Knochen unseres Vorfahren ausgegraben hat.

Die Fahrt führt mich gut zwei Stunden nach Pforzen, südöstlich von Memmingen. Der Ort liegt im heutigen Bayern, aber was ist schon «heute», wenn der Vormensch vor Millionen von Jahren die Lande ganz anders einteilte. Jenseits der politischen Karte gibt es eine eindeutige Linie, die Bayern vom früheren Herzogtum Schwaben trennt. Es ist der weiter östlich von Pforzen von Süd nach Nord auf die Donau zueilende Alpenfluss Lech. Er fließt gewissermaßen als Sprachgrenze durch Augsburg, die Hauptstadt Bayerisch-Schwabens. Östlich des Lechs, auf der Münchner Seite, enden viele Ortschaft auf «ing», beispielsweise Dasing, Pasing, Freilassing. Auf der Stuttgarter Seite enden die Ortschaften hingegen auf «ingen», wie Geislingen oder Tübingen.

Die Sonne geht auf, ich fahre gegen das Licht die Schwäbische Alb hinauf nach Ulm. Die Autobahn schlängelt sich bergauf an einer wilden Schlucht entlang, dann schiebt sich das unglaubliche Viadukt der neu gebauten Bahntrasse nach München ins Auge. Unendlich lang führt die Straße nach oben, bis ich durch einen kleinen Tunnel fahre. Oben erreicht man nach wenigen Kilometern die Europäische Wasserscheide. Wo ich herkomme, von Stuttgart, fließen die Wasser in den Rhein, auf der Alb weitet sich der Horizont, und dann sinkt die Ebene ab, und alle Bäche und Flüsse, insbesondere die Donau, streben von dort dem Schwarzen Meer zu.

Der hohe Turm des Ulmer Münsters kommt in Sicht, für mich seit jeher eine wichtige Orientierungshilfe. Ich fahre westlich an ihm vorbei, denn heute geht es nicht ins romantische Fischerviertel oder zum monumentalen Rathaus. Ulm, diese grandiose Stadt, werde ich noch zu gegebener Zeit aufsuchen.

Ich überquere die breite Donau und schnurre nun die Bodenseeautobahn hinab. Sanft steigt die Straße aus dem Donautal, bis ich im südlichen Dunst die Zacken der Allgäuer Alpen sehe. Die Kirchturmspitzen werden hier zwiebelförmig, man erahnt das nahe Bayern. In Memmingen schlägt mein Weg einen linken Haken auf Kaufbeuren zu. Das Allgäu bietet dem Auge eine hügelige Moränenlandschaft, die Äcker werden weniger, und die Wiesenhaine sind im Sommer mit vielen Kühen vollgestellt. Die Milch und der Käse von hier sind sehr berühmt, und die Betriebe wurden in den letzten

Jahren immer mehr auf ökologische Bewirtschaftung ausgelegt.

Nun bin ich aber im Zielgebiet. Auf der Karte orientiere ich mich und finde den Feldweg zur Tongrube. Nach tagelangem Regen wühlt sich mein Auto durch den Matsch. Reichlich Schnee ist bereits weggetaut, und ich bin froh, dass sich mein altes Gefährt mittels Allrad erfolgreich durch das Sediment eines Bachbetts fräst. Freilich, mit Gummistiefeln hätte ich mein vorsintflutliches Epizentrum auch erreichen können. Der Waldweg führt aus dem Dunkel und öffnet sich mit Blick auf die Tongrube. Ich bin in euphorischer Laune, aber mir ist schon klar, dass die Imagination oft jenseits der Wirklichkeit rumort. Zerwühlte Erde, leicht terrassenartig von einer Planierraupe geebnet und oben vom Wald gerahmt – so präsentiert sich das Weltkulturerbe.

Weniger glücklich als ich guckt ein Baggerfahrer auf den breiten Rücken und das Handwerker-Dekolleté eines Kundendienstmonteurs. So wie dieser sich kopfüber im Motor seiner Höllenmaschine verkrochen hat, frage ich mich, was er da wohl gerade erblickt. Hundert Meter weiter bin ich mitten in der Grube. Mir kommt es vor, als wäre sie genauso düster wie das Panorama, das der Monteur im Inneren des Baggermotors ausmachen kann. Ich steige lieber nicht aus, denn der wadentiefe Schmodder würde mir wahrscheinlich die Schuhe ausziehen. Durchs geöffnete Fenster fotografiere ich, aber auf ein Meisterfoto kann ich nicht hoffen. Mit einiger Fantasie zeigt sich die Grube nicht als tiefes Loch, sondern als ein graues Amphitheater aus Lehm, Matsch und verklumptem Geröll.

Der aufrecht gehende Guggenmosi wurde übrigens am Geburtstag von Udo Lindenberg gefunden und ausgebuddelt, weswegen er seither den Spitznamen Udo ertragen muss.

Tongrube Hammerschmiede, völlig unspektakulär

Der Name Guggenmos mag uns zunächst etwas bizarr ins Ohr bohren, er ist im Allgäu jedoch öfters zu hören. Das Fossil hat diesen Namen bekommen, um dem Allgäuer Hobbyarchäologen Sigulf Guggenmos Respekt zu erweisen, der 2018 verstarb. Er war es, der einst die Lehmgrube ausgekundschaftet und den Hinweis an die Universität Tübingen weitergegeben hatte, die mit ihrem Trupp dann die entscheidenden Artefakte fand.

Hier muss ich nun aber nicht länger verweilen, die entscheidenden Souvenirs befinden sich in der Universität Tübingen. Sie sind, wie gesagt, etwa 12 Millionen Jahre alt. Klar treten auch Zweifler der Professorin Böhme entgegen, aber eindeutig deutet alles darauf hin, dass der Beckenknochen des Primaten nur von einem aufrecht gehenden Wesen stammen kann.

Ich habe erwähnt, dass meine kleine Reise während des Lockdowns stattfand. Die Begleitumstände sind ja hinlänglich bekannt, aber mich schmerzte es damals über die Maßen, dass nirgends ein Gasthaus geöffnet hatte.

Zum Glück ist Pforzen aber nicht das Ende der Welt, und so schiebt sich mein Auto an einer schmucklosen, kaum erkennbaren Metzgerei vorbei. Ich mache unverzüglich einen Nothalt und haue die Bremse rein, sodass mein Schädel fast an der Windschutzscheibe aufschlägt. Als rettende Maßnahmen sind zwei bis drei Maultaschen immer willkommen, die ich mir bei dringendem Bedarf auch kalt zuführe. Die andere lebenserhaltende Speise ist ein LKW, zu Deutsch Leberkäswecken. Ob diese Kalorienbombe als spätes Frühstück die Gesundheit angreift, überlasse ich lieber der aufdringlichen Ernährungsberaterei. Ich bin der Meinung: Hungern erübrigt jede Ernährungswissenschaft.

Der Rückweg über Memmingen und Ulm, er dauert etwa anderthalb Stunden, rückt mir am Ende den Fernsehturm vors Auge. Der Stuttgarter Fernsehturm, für mich, aber auch für viele andere Schwaben, der schönste Turm der Welt. Er zeigt wie ein Finger in den Himmel, um mir zu deuten: Hier ist dein Turm, und da gehörst du hin. Aufrecht steht er da, wie einst der Guggenmosi.

Schwäbische Löwenmenschen

Vor etwa 40 000 Jahren, während der Eiszeit, war zwischen Neckar und Donau die Bearbeitung von Mammutzähnen angesagt. Die Kunstwerke aus Elfenbein, die damals entstanden, würden den einst werkelnden Ur-Künstlern meiner Meinung nach noch heute jede Tür in die Kunsthochschule öffnen.

Ein sonniger Februarsonntag im Jahr des Herrn 2023 erhellt mir das Gemüt, auf der Alb soll Schnee liegen. Am besten entweicht man dem depribraunen Stuttgarter Talkessel in Richtung Ostalb, auch wenn das ein kleiner Umweg ist. Im Remstal ziehen auf der Sonnenseite die Weinberge vorbei, und links, schneegepudert, führt Wald zu den drei Kaiserbergen hinauf. Der Hohenstaufen kommt in Sicht, kegelig wie ein Vulkan. Dann Schwäbisch Gmünd, meine Heimat, ich fahre durch den Tunnel, der die ganze Altstadt über sich trägt, und schicke einen Gruß nach oben. Schwäbisch Gmünd wird natürlich niemandem vorenthalten, sondern später noch massiv gewürdigt.

Nun zieht Heubach vorbei, und dann geht es vollends hinauf auf die Hochfläche der Alb, nach Bartholomä. Weiter führt die Straße ins Steinheimer Becken. Vor ungefähr 15 Millionen Jahren krachte dort in der Nähe ein Meteorit auf die Erde. So entstand das Nördlinger Ries, ein Krater von 25 Kilometer Durchmesser. Der Brocken raste mit rund 70 000 Stundenkilometern auf die Erde zu, trat in die Atmosphäre ein und spaltete sich. Das kleinere Fragment hatte ungefähr einen Durchmesser von 100 Metern und grub sich mit unfassbarer Wucht in Steinheim bei Heidenheim in meine engere Heimat. Ich fahre weiter durch die kilometerweite Senke und komme dann unversehens bei dem Örtchen Niederstotzingen an.

Niederstotzingen mit seiner Vogelherdhöhle, die vor über 30 000 Jahren als Rastplatz für eiszeitliche Menschen diente, steht als Weltkulturerbe auf der Hitliste der UNESCO. Als ich mit meiner Frau Elisabeth vor ungefähr 35 Jahren das erste Mal ins Eselsburger Tal fahren wollte, um die dortigen «Mini-Dolomiten» zu erwandern, kamen wir an der Höhle vorbei. Irgendwo hing ein windschiefes Schildchen, das Zigtausende Autofahrer, uns eingeschlossen, schon übersehen hatten. Zunächst dachte ich, es handele sich um eine Futterstation einheimischer Vogelfreunde, denn wir konnten erst einmal nichts Spektakuläres ausmachen. Wir parkten an der Straße auf einem Feldweg, gingen an einigen Bäumen vorbei und erstiegen einen ungefähr zwanzig Meter hohen Abhang. Dann gelangten wir zu zwei Felslöchern, deren Oberkante in eine bunte Blumenwiese mit Blick auf den Horizont mündete. Viel tiefer als zehn Meter misst die Höhle nicht, und im rechten Winkel fällt das Licht durch die beiden Eingänge, die sich im hinteren Teil der Höhle befinden. Etwas seitlich davor fanden wir einige grasbewachsene Schutthaufen. Archäologen hatten in der Höhle Bärenknochen und andere Reliquien gefunden, und das überschüssige Geröll wurde neben der Höhle aufgehäuft. Das geschah schon vor dem Krieg, und später wurde weitergebuddelt.

In den letzten Jahrzehnten nahm man sich den Steinhaufen noch einmal vor, und der ganze Schutt wurde akribisch durchgesiebt. Dabei ernteten Archäologen der Universität Tübingen unscheinbare Stückchen von Mammutelfenbein. Diskreter, geradezu erzschwäbisch, kann kein Weltkulturerbe auftreten. Bereits 1931 hatte man das etwa 35 000 Jahre alte Elfenbein-Wildpferd, gerade mal vier Zentimeter groß, aus der Höhle geborgen. Es zählt zu den ältesten figürlichen Kunstwerken weltweit, will heißen: Auch in der Kunst waren die Schwaben ganz vorne dabei.

Diese Entdeckungen sind maßgeblich dem unermüdlichen amerikanisch-deutschen Wissenschaftler Nicholas Conard zu verdanken. Er konnte unzählige kleine Artefakte sichern, darunter erbsengroße Bröcklein, aus denen in jahrelanger Sisyphusmaloche ein vollständiges, kleines Mammut zusammengesetzt werden konnte, was seit 2014 in der Uni Tübingen zu besichtigen ist. Die 3,7 cm große Mammutfigur gilt als älteste Tierdarstellung der Menschheitsgeschichte.

Mittlerweile ist das Gebiet um die Höhle eingezäunt und mit einem modernen Informationszentrum versehen. Der edle Stifter Dr. Michael Rogowski, mein altbekannter Lieblingsheidenheimer, ließ ein ausgewachsenes Mammut anfertigen, das zur Freude der Kinder nun das Gelände bewacht. Leider verstarb der mir nahestehende Philanthrop im Jahr 2021, und seitdem ist für diesen besonderen Ort der finanzielle Schleuderkurs angebrochen. Gewiss, die kleine Gemeinde kann den Unterhalt nicht stemmen und die offensichtlich total verarmte Landesregierung gleich gar nicht.

Inmitten der Coronazeit fuhr ich mit Elisabeth und Tochter Eva nochmal zur Vogelherdhöhle, obwohl alles verrammelt war. Der Schnee lag knöcheltief, und die Landschaft atmete eine frostige Trägheit, die mein Gemüt, vielleicht auch den Puls, von der großstädtischen Hektik in eine Art Meditation absinken ließ. Ich entschloss mich, immer am Zaun entlang, das Areal zu umrunden. Dazu muss man erst einmal

Auf meinem Schreibtisch: meine Urzeit-Family. Mammut und das Elfenbeinpferdele, Löwenmensch und die dicke Venus, darunter ein Römerhelm. Zu Füßen liegen die Flöten.

den Hang hinauf, und da ich mich an volkstümlichen Liebhabereien akrobatischer Provenienz, wie Joggen oder Kampfwandern, noch nie erfreut habe, gab es gewisse konditionelle Probleme. Also musste ich immer wieder stehen bleiben und durchschnaufen. Das gab mir aber auch Gelegenheit, die karge, felsige Schönheit der Schwäbischen Alb zu würdigen. Man glaubt, man stehe nur auf irgendeinem Grasbüschel, aber darunter tut sich plötzlich eine ganze Welt auf, und es kommen Pfeilspitzen, Elfenbeinperlen oder kleine Figurinen zutage.

Will man sich die reichen Funde der Schwäbischen Alb genauer anschauen, gibt es dafür verschiedene Orte des Staunens. Mein Lieblingskunstwerk aus dieser Zeit, der berühmte Löwenmensch, ist im Ulmer Museum daheim, und eine täuschend echte Nachbildung bewacht seit vielen Jahren meinen Schreibtisch. Es ist ein etwa 30 cm großes Fabelwesen, dessen Beine und aufrechte Haltung an einen Menschen, der löwenähnliche Kopf samt Pranken jedoch an eine Raubkatze erinnern. Dieses Kunstwerk, ebenfalls an die 40 000 Jahre alt, zeigt eben nicht nur ein Abbild der Natur, sondern stellt hohe Ansprüche an die Fantasie. Ich deute ihn als eine Art Kultobjekt, in der die Vision, dass der Mensch eine Verbindung mit der Kraft eines Löwen eingehen könne, eingeflossen ist. Die Elfenbeinfigurinen sind jedenfalls in ihrer abstrahierten Gestaltung mindestens so modern wie das, was heute bei uns in den zeitgenössischen Kunstmuseen hängt.

Knochenflöten in Blaubeuren

Während des Lockdowns besann ich mich auf das Naheliegende und begann, mich in die Frühgeschichte meiner Region hineinzuschaffen. Jetzt, im Sommer 2023, bin ich vollends auf dem urgeschichtlichen Trip. Bei sonnigem Wetter setze ich mich ins Auto und fahre Richtung Ulm auf die Hochfläche der Alb. Nach ungefähr 40 Kilometern geht es vom dichten Verkehr fort in die liebliche Gegend des Blautopfs. Am Wasser angelangt, trinke ich einen Cappuccino und genieße den Blick ins tiefe Blau und den dahinter liegenden Wald mit dem Stauwehr. Die Riesenquelle ist wirklich topfrund und fließt ab in die Blau, die sich wenige Kilometer bis nach Ulm schlängelt. Das Wasser ist geradezu gespenstisch azur und kommt tief aus dem Berg. Die Höhle, häufig das Ziel tauchender Wissenschaftler, ist bis zwölf Kilometer ins Innere hinein erforscht. Mich würden da keine zehn Pferde reinbringen. Meine große Stärke ist das Rasten, und so genieße ich weiter meinen Kaffee und ein Törtchen.

Unweit mündet der Fluss Aach in die Blau, und seinem Verlauf folgen wir nun westlich auf der Straße nach Schelklingen. Dort gib es den «Hohle Fels» zu bestaunen, wo zahlreiche frühgeschichtliche Schätze ausgegraben wurden: ein Pferdekopf aus Elfenbein, ein Wasservogel, eine menschliche Gestalt, Flöten aus der Speiche eines Gänsegeiers, Perlen, Mühlsteine zum Zermahlen von Farbpigmenten. Kürzlich habe ich gelesen, dass ein Lochstab aus Mammutelfenbein gefunden wurde, mit dem man Fasern zu Seilen verdrillen kann.

In der Nachbarhöhle, im «Geißenklösterle», wurde der berühmte «Adorant» freigelegt, eine stehende, die Hände zur Anbetung erhobene Gestalt, ein Mischwesen wie der Löwenmensch, dem an der Hinterseite ein Tierschwanz herabzubaumeln scheint. Die kleine Relieffigur ist im Landesmuseum in Stuttgart anzugucken. Die ebenso im Geißenklösterle gefundenen Flöten aus Mammutelfenbein und aus Schwanen-Flügelknochen sind die ältesten Musikinstrumente der Welt, und man kann sie im URMU, dem Urzeitmuseum Blaubeuren, bewundern. All diese Artefakte sind unglaubliche 35 000 bis 42 000 Jahre alt.

Ich fahre wieder zurück an den Blautopf, der auch als Schauplatz von Eduard Mörikes Kunstmärchen *Historie von der schönen Lau* (1853) bekannt ist. Die Geschichte handelt von einer langhaarigen, blauäugigen Wasserfrau, die auf den Grund des Blautopfs verbannt ist, weil sie keine Kinder zur Welt bringen kann. Die Erlösung der Lau wird nach einigen Irrungen und Wirrungen durch zwischenmenschliches Erleben herbeigeführt, durch das gemeinsame Lachen mit einer freundlichen Schwäbin. Mörikes Geschichte und Blaubeuren gelten überhaupt als sehr schwäbisch. Hermann Hesse soll nach einem Besuch hier gesagt haben: «Überall roch es nach Schwäbisch, nach Roggenbrot und Märchen. (...) und ich sage, überall duftete es nach Jugend und Kindheit, Träumen, Apfelküchle und nach Zauberdichtung, nach Hölderlin und Mörike.» Zur Zeit Eduard Mörikes (1804–1875) erlebten Kunstmärchen eine große Blüte. Sie kommen zunächst harmlos daher, aber es ließ sich in einer schönen Geschichte auch durchaus viel Kritik an der Biedermeierzeit verstecken.

Das Kloster Blaubeuren darf ich mir ebenfalls nicht entgehen lassen. Von Benediktinermönchen im Jahr 1085 gegründet, dient es seit der Reformation als evangelisches Elitegymnasium, ähnlich dem Kloster Maulbronn. Mich interessiert hier besonders die künstlerische Ausführung des Hochaltars. Im spätgotischen Stil erbaut, fiel er fast dem reformatorischen Bildersturm anheim, wurde aber von dem lutherischen Abt Matthäus Alber Mitte des sechzehnten Jahrhunderts gerettet. Es ist ein Wandelaltar, bei dem man die Seitenteile ausklappen kann wie bei einem Leporello. Sind die Seitenteile in der Mitte geschlossen, wird auf den großen Tafeln die Passionsgeschichte gezeigt. Geöffnet tun sich sechzehn Tafelbilder mit der Lebensgeschichte Johannes' des Täufers auf. Sind alle Teile nach außen bewegt, wird ein Schrein mit geschnitzten Figuren sichtbar, die Mutter Gottes mit dem Jesuskind auf einer Mondsichel stehend, daneben Johannes der Evangelist und Johannes der Täufer. Links außen der Ordensgründer Benedikt, rechts außen seine Schwester Scholastika.

Ich erfreue mich daran, wie diese Künstler mit der Perspektive zwar noch nicht gut vertraut waren, aber trotzdem durch die Anordnung der Personen und der Landschaft im Hintergrund räumliche Tiefe erzeugen konnten. Das wird noch verstärkt durch die enorme Schnitzkunst, die der Malerei vorgeordnet ist.

Das Ensemble zu erklären, würde fast ein ganzes Buch füllen. Nur so viel: Die Malerei von Jörg Syrlin dem Jüngeren (um 1455–1521) und die Statuen und Reliefs von Michel Erhart (um 1440/45–1522) wurden gegen Ende des *Quattrocentos* geschaffen. Beide gehörten der Ulmer Schule an, die maßgeblich von dem genialen Maler Hans Multscher (1400–1467) beeinflusst, wenn nicht sogar begründet wurde. Wegen meiner Zahlenprobleme bin ich schon in der Grund-

Der Hohle Fels, weltberühmter Fundort

schule mit einfacher Rechnerei kollidiert, deshalb nenne ich gern die italienischen Ausdrücke für die Jahrhunderte, das fällt mir leichter: Quattrocento gleich vierzehnhundert, auf Deutsch sprechen wir vom 15. Jahrhundert.

Aber zurück zur Frühgeschichte. Man darf nicht glauben, dass man auf der Alb nun als Laie einfach in Höhlen hineinklettert und dort auf dem Boden überall uralte Flöten und kleine Mischwesen herumliegen, nein, diese Schätze sind unter meterhohen Ablagerungen auszugraben. Mein ganz besonderer Held, der bereits erwähnte Nicholas Conard von der Uni Tübingen, ist hier mit seiner Truppe von Mitarbeitern und Studierenden am Werk. Sie knien auf dem Boden und pinseln geduldig jedes Steinchen frei. Es sind hauptsächlich Frauen, die meiner Ansicht nach über wesentlich mehr Ausdauer verfügen, als etwa mein Beruf als Koch je erfordern wird. Sie suchen nach Knöchelchen in Kieselsteingröße, das ist für mich wirkliche Knochenarbeit.

Auch das Lonetal nördlich von Ulm, bei Niederstotzingen, gab die eindruckvollsten Kunstwerke frei. In der Stadel-Höhle am Hohlenstein wurde etwa mein verehrter Löwenmensch gefunden, der aus 800 kleinen Bröckelchen zusammengesetzt wurde. In einem Film konnte ich verfolgen, wie die Tübinger Restauratorin dabei mit einem Mikroskop zu Werke ging. Dass man da nicht die Nerven verliert, ist mir nahezu unvorstellbar.

Der Hohle Fels, der übrigens nicht zu verwechseln ist mit dem eben genannten Hohlenstein nördlich von Ulm, wurde 2008 sehr berühmt, weil dort nicht nur die Geierknochenflöte, sondern auch «die Venus vom Hohle Fels» gefunden wurde. Beide Kunstwerke sind jeweils ungefähr 40 000 Jahre alt. Die Hohle-Fels-Lady ist die älteste figürliche Darstellung einer Frau, auffällig sind die überdimensional gestalteten großen Brüste und Vagina. Die Figurine war sehr wahrscheinlich eine Art Talisman.

Wenig später bin ich zurück am nordöstlichen Rand von Blaubeuren, wo die Württembergische Leinenindustrie AG angesiedelt war. Das verlassene Gemäuer haben nach dem Niedergang der Textilerzeugung Künstler und kleine Werkstätten übernommen, und heute bin ich hier mit einem Archäotechniker verabredet, der an gleicher Stelle eine Schmiede betreibt. Der Mann ist ein echter schwäbischer Tüftler und beherrscht jeden Umgang mit Metall, Holz und Elfenbein. Die Originalkunstwerke aus den Höhlen dürften in Tresoren liegen, aber was wir im Museum anschauen, sind in der Regel Nachbildungen, die von solchen Experten gefertigt werden. Um mich erstmal gehörig einzuschleimen, kaufe ich dem Knochenflöten-Spezialisten rasch ein handgeschmiedetes Küchenmesser ab, das trotz Sympathierabatt völlig berechtigt einige hundert Euro kostet. So verstehe ich Nachhaltigkeit, dass man sich etwas zulegt, an dem sich noch die Nachkommen erfreuen können.

Ein ganzes Sortiment von Knochen- und Elfenbeinflöten werden nun neben meinem Küchenmesser aufgereiht. Vielleicht habe ich meinen Besuch zu wichtigtuerisch angemeldet, denn der Handwerker hat eigens eine Museumsmitarbeiterin, die mit diesen Flöten sogar Konzerte gegeben hat, für mich einbestellt. So bekomme ich eine erste Einweisung und tatsächlich auch den Beweis, dass man mit den Flöten wirklich Musik machen kann. Ich gehe gleich in die Vollen, setze das Knochenrohr an die Lippen, genauso, wie man einer Colaflasche einen tiefen Ton entlockt. Ein hoher Pfeifton quietscht, endet jedoch unvermittelt in Geröchel. Schnell kapiere ich, dass es mit meiner Hauruckmethode nicht funktioniert, und kapituliere. Ich plaudere noch etwas mit der

Der Blautopf in Blaubeuren, Romantik pur

Musikerin, der Handwerker bekommt einen kräftigen Handschlag, und dann fahre ich wieder der Heimat zu.

Wieder kann ich festhalten und muss aufpassen, dass ich keinen «Graddel» (Größenwahn) bekomme: Die ältesten Instrumente der Welt sind *made in Schwabenland*, und unsere Vorfahren waren offenbar musische Menschen. Sie bauten aus Schwanen-Flügelknochen ihre Flöten oder spalteten einen Mammutzahn, um diesen dann in unendlicher Akribie mit Steinwerkzeugen der Länge nach auszuhöhlen. Das musste mit jeder Hälfte getan werden. Die Ränder wurden parallel abgeschliffen, und zwar so präzise, dass beide Teile luftdicht zusammenpassten. Wie oft muss ihnen wohl alles unter den Händen zerbrochen sein? Auf Erfahrungswerte konnten die Damaligen nicht zurückgreifen. Die Beharrlichkeit und Präzision, die bei der Anfertigung an den Tag gelegt werden mussten, stellen diese Ur-Instrumente für mich auf einen Rang mit der Mondlandung.

Es wäre aber vermessen zu behaupten, dass bei den Flötenbauern die Wurzeln des schwäbischen Erfindergeists auszumachen wären. Die haben ihren Ursprung woanders, nämlich zuallererst im mageren, steinigen Boden des Schwabenlandes. Ausreichend gute Erträge lieferten nur die Böden der Flusstäler, wie des Neckars oder der Enz, die durch Pforzheim fließt. Not macht immer erfinderisch, und so kam es in Schwaben schon früh zum Feinwerkbau, zum Herstellen von Schmuck und Uhren und anderem mechanischen Gerät. Aber dazu später mehr.

Heiligabend ohne Steinzeit-Lady

Es ist der Nachmittag des Heiligabends 2023, und ich mache mich im Auto bei ziemlichem Sauwetter und unter mausgrauem Himmel auf nach Steinheim an der Murr, zum Urmensch-Museum. Mir ist schon klar, dass es am heutigen Tag vermutlich nicht geöffnet sein wird, aber mir ist ein bisschen langweilig, und so gondle ich eben durch die Gegend. In meiner Familie war es immer Tradition, dass alle männlichen Wesen am vierundzwanzigsten Dezember aus dem Haus geworfen wurden. Jedenfalls in Schwäbisch Gmünd waren die Kneipen tagsüber brechend voll und die Mannsbilder des Abends rechtschaffen müde.

Nicht nur Herr Guggenmosi lief aufrecht in unseren Landen umher, im Neckartal geisterte bereits vor 600 000 Jahren der *Homo heidelbergensis* herum. Er kam aus Afrika, wo es Fundstellen in Äthiopien, Sambia und Südafrika gab. 1907 fand man in der Sandgrube Grafenrain im Örtchen Mauer bei Heidelberg einen Unterkiefer. Auf der Website des Homo heidelbergensis von Mauer e. V. heißt es: «In der weiteren Entwicklung des Menschen nimmt der *Homo heidelbergensis* eine zentrale Rolle ein. In Europa wurde er zum Vorfahren des vor etwa 30 000 Jahren ausgestorbenen Neandertalers, während der afrikanische *Homo heidelbergensis* zum Vorfahren des modernen Menschen, *Homo sapiens*, zählte.»

Das gute Stück befand sich in einem ausgetrockneten Arm des Neckars und war deswegen durch Flusskiesel oder Bewegung kaum zerkratzt und vermutlich nur kurz im damaligen Neckar getrieben. Ganz wichtig für die Bürger des Ortes Mauer: Der Heidelbergmensch ist ganz in der Nähe ins Wasser gefallen und nicht von Stuttgart herab abgetrieben. Er ist also nicht Schwabe, sondern Kurpfälzer.

Nun aber zum schwäbischen Steinheim an der Murr. Dort ist ein ganz besonderer Fund ausgegraben worden, nämlich der vollständigste Urmenschenschädel Deutschlands.

So wie Steinheim die Murr im Titel führt, die, anders als ihr angriffslustiger Name, ein kleines, friedliches Gewässer ist, empfiehlt sich im nachbarschaftlichen Marbach der Zusatz Neckar. Dies ganz besonders seit einem gewissen Datum. Bitte erlauben Sie mir diesen Einschub, der eine kurze Erholung von den alten Knochen bietet. Am 25. Mai 1965 bereiste Queen Elizabeth II. die Bundesrepublik und besuchte dabei auch ihre Verwandtschaft, das Fürstenhaus Hohenlohe-Langenburg. Wer lauthals lachen möchte, der suche sich auf YouTube unter dem Stichwort «Wibele, Queen» die Rede des Bürgermeisters Langenburgs zu Ehren des hohen Besuchs heraus, am Ende derer Ihrer Majestät schwäbisches Gebäck als Geschenk überreicht wird. Wibele, das muss man wissen, sind süß und herrlich knusprig, in der Form eines Wassertropfens und obendrein nicht sehr viel größer.

Der Bauernschultes händigte der Queen eine Blechschachtel aus, seine Ansprache, die kaum jemand außerhalb Schwabens verstehen kann, geschweige denn eine Engländerin, wurde auf feinstem Schwabenenglisch vorgetragen. Prinz Philip grinste über beide Ohren, die Queen guckte freundlich-amüsiert bis ratlos. Die Rede des Bürgermeisters, in der Queen Elizabeth kurz mit Queen Victoria verwechselt wurde, ist ein wunderbares Zeugnis schwäbischer Mundart. Die Queen soll allerdings, so lautet jedenfalls eine hüb-

Steinheim an der Murr, alter Ortskern mit Brunnen

sche Legende, mit einem fulminanten Bonmot nachgelegt haben. Man muss wissen, im Schwabenland gibt es zwei Marbach, das am Neckar und das Gestüt Marbach auf der Alb. Die Queen, eine Pferdenärrin, soll verwundert zwischen den Bücherbergen des berühmten Marbacher Literaturmuseums umhergewandelt sein und gefragt haben: «And where are the horses?»

Aber zurück nach Steinheim. 1933 wurde dort der Schädel einer Frau gefunden, deren Alter auf 400 000 Jahre bestimmt wurde. Forschungen haben ergeben, dass die Steinzeit-Lady von zierlichem Wuchs war, ungefähr 25 Jahre alt, schwarzhaarig, blauäugig und von dunkler Hautfarbe. Erst durch moderne DNA-Analysen stellte man in jüngster Zeit fest, dass die Frau vermutlich an einem Gehirntumor gelitten hat. Das Fragment der Steinzeit-Lady repräsentiert vermutlich die Übergangsform vom Homo heidelbergensis zum Neandertaler, aber mit Sicherheit ist sie die älteste Steinheimerin.

Wer darüber mehr wissen möchte, dem empfehle ich das Buch *Die Reise unserer Gene* (2019) von Prof. Johannes Krause. Die Lektüre ist hoch spannend, und man müsste die entscheidenden Passagen jedem Rassisten ins Hirn reiben. Meine Tochter hat vor kurzem eine Speichelprobe nach London geschickt, sie wollte etwas über ihre Gene erfahren. Ich wollte es ihr eigentlich nachmachen, aber nachdem ihre Analyse zeigte, dass im Grunde alles bis hinauf nach Estland in ihr steckt, habe ich mir die sechzig Euro gespart.

In Steinheim, nach dem Urmensch-Museum suchend, wackle ich zwischen den Fachwerkhäusern der romantischen, kleinen Stadt umher. Es ist, wie gesagt, Heiligabend, der Nieselregen kühlt mir das Resthaar, und ich bin offensichtlich der einzige Lebende in dieser Gegend. Doch dann rückt eine Bäckerei vor mein Auge. Hinter dem Schaufenster bewegt sich etwas. Ich pirsche mich an, gehe an die Türe und – sie ist verrammelt. Eine Verkäuferin schließt auf und streckt die Nase heraus.

«Mir send total ausverkauft!» So schallt es mir wie ein Faustschlag entgegen, aber mein Adlerauge erkennt noch eine letzte Zimtschnecke unter der Glasvitrine.

«Ond was isch mit der Zimtschneck los dohinte?»

«Jetzt schmeisset mir nemme die Kasse an, die kriege Se g'schenkt.»

Ich denke mir: «Da sieht und hört man's mal wieder, die Schwäbin ist nie unfreundlich, aber immer nahe am heiligen Zorn.» Es gibt aber eigentlich auch keinen Grund, einem Fremden gleich um den Hals zu fallen. Man ist hier immer gerade raus. Die Zimtschnecke bleibt mir als wärmendes Weihnachtsgeschenk in Erinnerung.

Das Urmensch-Museum finde ich keinen Steinwurf ums Eck, gleich neben der Kirche. Es ist eine Zweigstelle des Naturkundemuseums in Stuttgart und bietet auf zwei Stockwerken jede Menge Tierknochen und eine Nachbildung des Schädels der Urzeit-Lady, der ein seltenes Erbe der Menschheit ist und deshalb als Original in einem Tresor in Stuttgart noch älter werden darf. Heute ist das Steinheimer Museum allerdings tatsächlich geschlossen. Auch verdammt alte Knochen haben ein Recht auf Weihnachtsruhe.

Man kann sich aber am Wahrzeichen der Stadt entschädigen. Als größtes Exponat des Museums reckt sich ein vier Meter hoher Steppenelefant formatfüllend auf einer Verkehrsinsel. Abstrahiert nennt sich das Stadtmaskottchen «Steppi», das Kunstwerk aus oxidiertem Stahl wurde von dem einheimischen Schmied Heinz Deuble geschaffen. Das Ungetüm wird am Ortsausgang umrundet, und mit dem festen Willen, wiederzukommen, wird der heimatliche Herd angesteuert.

Zu Hause ist Tochter Eva bereits schwer am Küchenwerkeln. Sie kocht für Heiligabend thailändisch. Von dieser Küche habe ich nur mäßige Ahnung. Irgendwann stieg die Erkenntnis in mir auf, dass die zentraleuropäische Küche dermaßen umfangreich ist, dass man schon in dieser niemals ein Ende finden kann. Ich habe vor Jahren in Bangkok vierzehn Tage lang nachts mit Straßenköchen gekocht, um darüber eine Geschichte für die Zeitschrift *GEO* zu schreiben. Im jugendlichen Wahn fühlte ich mich anschließend als Spezialist, bis mir dämmerte, dass alles nur kulinarische Trittbrettfahrerei gewesen sein könnte. Um mich überzeugend und für mich befriedigend mit asiatischer Küche zu beschäftigen, müsste ich viele Jahre dort gelebt haben. Sollen andere das kochen, so wie meine Tochter, die zweifellos über ein wesentlich unbefangeneres Kulturempfinden verfügt als ihr Oldie.

Schädel und Schnäpse in Talheim

Wir Schwaben waren, das ist bereits deutlich geworden, schon immer vornedran, leider aber nicht nur bei den schönen Dingen. Auch der erste Massenmord der Weltgeschichte fand in «The Länd» bei Heilbronn, genauer in Talheim, statt. Ja, im Ländle findet nichts mehr statt. Unser aller Hipster, der Ministerpräsident Winfried Kretschmann, meinte, wir Schwaben müssten uns so langsam ans Englische gewöhnen. Recht hat er, und so werde ich nördlich «of the Länd» (lässig ohne Diminutiv), in der Nähe von Heilbronn ermitteln.

Es ist ein verregneter Montag im Januar 2024, mein freier Tag. Schnell rein ins Auto und nach fünfundvierzig Minuten auf der Autobahn bin ich über Ludwigsburg hinaus. Links und rechts werden die Industrieansiedlungen immer weniger, Hügel und Wälder lösen sich ab, dazwischen immer häufiger Autobahnabfahrten zu berühmten Weinorten wie Großbottwar, Abstatt, Untergruppenbach. Die Straße führt an Lauffen am Neckar vorbei, am Geburtsort Friedrich Hölderlins. Für Romantiker empfiehlt es sich, diese reizvolle Stadt zu besuchen, die vom Neckar geteilt wird.

Wenig später bin ich in Heilbronn, im Mittelalter ein bedeutendes Handelszentrum. Die Stadt wurde im 8. Jahrhundert zum ersten Mal erwähnt und stieg unter Kaiser Ludwig dem Bayern zur Freien Reichsstadt auf. In der Folge erwarb Heilbronn das sogenannte Neckarprivileg, ein Stausystem, durch das das Wasser des Neckars an der Stadtmauer umgeleitet und zugleich der Schiffsverkehr gelenkt werden konnte. Heilbronn wurde so zum Endpunkt der Neckarschifffahrt und gilt bis heute als Binnenhafenstadt.

Wunderschön ist die Umgebung Heilbronns mit den aneinandergereihten Weinbergen. Schöne Orte im Inneren der Stadt sind eher selten, denn der Bombenhagel des Zweiten Weltkriegs hat fast die ganze Stadt zerstört. Der Ratskeller wäre als gute Mittagsrast zu empfehlen, aber ich habe mir für später etwas Ländlicheres ausgeguckt.

Früh am Morgen ist noch genügend Zeit für das Museum im Deutschhof. Ich bin hier der einzige Kunde, offensichtlich sind die Heilbronner keine Frühaufsteher. Die Dame am Tresen zeigt sich sehr hilfsbereit und weist mir den Weg zu den knapp 8000 Jahre alten Schädeln, die allesamt am Hinterkopf ein durch Steinbeile oder durch Pfeile hervorgerufenes Loch aufweisen. Die Originale sind im Landesmuseum in Stuttgart, Kopien der 34 Toten schaue ich mir hier genauer an. Sechzehn Kinder und Jugendliche sind darunter, sieben Frauen und neun Männer. Bei zwei Personen ließ sich das Geschlecht nicht feststellen. Sie alle wurden von hinten, also auf der Flucht, ermordet. Für die Frühzeit des Paläolithikums, die Altsteinzeit, sind Gewalttaten noch relativ wenig dokumentiert. Es mag daran gelegen haben, dass noch genügend Platz für die Menschen vorhanden war und sie sich aus dem Weg gehen konnten.

Der Zeiger meiner Uhr geht auf die Zwölf zu, es nähert sich die Essenszeit. Der Weg nach Bitzfeld in das «Gasthaus zum Löwen» führt mich an Talheim vorbei. Ich drehe einige Runden durchs Dorf, finde aber nirgends einen Hinweis auf die Fundstelle.

Dann halt nicht und weiter geht es auf die Fleischtöpfe des Gasthofs zu. Im Ort dumpft der völlig öde Sonntagmittag, aber kaum stoße ich die Türe zur Wirtschaft auf, steppt hier der Bär, der Laden ist gepratzelt voll. Es bereitet einige Mühe, mir einen Tisch zurechtzurücken. Meine Dankbarkeit ist unendlich. Ganz und gar bodenständig wie das ganze Lokal schmeckt auch die Flädlesuppe und danach der Rahmsauerbraten. Das saugute Essen belastet meinen Geldbeutel kaum, es addiert sich geradezu obszön billig. Diese Umstände machen mich immer ganz kirre, denn die Zukunft der Gastronomie muss jenseits von Almosen stattfinden. Es geht ja nicht nur ums Essen, sondern auch um die Bediensteten, die hier im sehr gefüllten Lokal mit Hingabe und Können den Service meistern. Zum Wohlbefinden kommt noch hinzu, dass in Bitzfeld der Handyempfang besser funktioniert als in Stuttgart. Die Wartezeit aufs Essen verbringe ich mit Googelei um das Talheimer Massaker. So entdecke ich die Adresse des Fundortes, wo heute die Familie Schoch ansässig ist mit ihrer Brennerei.

Also nichts wie hin. Das Navi weist mir den Weg, und nach fünfzehn Minuten bin ich vor Ort. Ein schmales Sträßchen führt leicht bergab. Ich stelle mein Auto ab und beobachte einen jungen Mann, der vor dem Anwesen herumwerkelt. Hier gibt es nun endlich ein großes Hinweisschild. Mir fällt es nach wie vor schwer, einfach jemanden anzuquatschen, deshalb gehe ich auf den Mann zu, der so etwas Ähnliches wie einen Wochenmarkt-Wagen von unzähligen Schnapsflaschen befreit. Ich frage, ob ich ihm zwei Flaschen Schnaps abkaufen könne.

Ich muss zugeben, ich bin das, was man einen Schnapsler nennt. Jeden Abend vor dem Zubettgehen gönne ich mir einen kleinen, denn man soll mit dieser Taktik über hundert Jahre alt werden. Tüttelige Mediziner nennen es Altersalkoholismus, ich aber finde, es ist allemal gesünder als eine

Schlaftablette. Begonnen hat alles mit einer Schottlandreise, die eine fast pathologische Anhängerschaft zu Scotch Whisky nach sich zog. Meinen Kampf gegen die Pharmaindustrie und Schlaftabletten setzte ich mit heimischem Obst fort, mit Birnenschnaps, Apfelschnaps, Schlehenschnaps. Korrekt bezeichnet ist aber eigentlich nur das Kirschwasser. Es gibt auch Himbeerwasser, denn «Wasser» bedeutet, dass die süße Frucht, beispielsweise die Himbeere, mit ihrem eigenen Zucker sich in Alkohol vergärt. So etwas ist nicht billig zu haben. Himbeergeist dagegen trinke ich nicht, denn «Geist» bedeutet Medizinalkohol, da werden die Himbeeren mit dem reinen Alkohol vermengt, das Aroma wird vom Alkohol aus den Früchten gelöst und dann gebrannt. Aqua Vitae hingegen, Wasser des Lebens, das ist auch das Zwetschgenwasser, für das reife Zwetschgen «eingeschlagen» in einem Behälter vergoren werden. Für mich die edelste Art, Obst zu essen.

So stehe ich voller Vorfreude im Pfädle Hausnummer 1. Der junge Mann outet sich als Juniorchef der Brennerei. Wir gehen zuerst ums Haus, und mit Verve erklärt er mir, wie alles geschah. Es war ein schöner Tag im März 1983. Erhard Schoch, der Vater meines hilfsbereiten Schnapsbrenners, war auch schon ein Könner des Hochprozentigen. Seine Frau Anneliese kümmerte sich sehr um ihn, vor allem darum, dass es ihm im Garten an der Hausmauer nicht langweilig wurde. «Erhard, des Frühbeet isch zu niedrig, do musch unta a bissle ausgraba.» Ein Frühbeet ist meist eine Holz- oder Steinumrandung, ungefähr zwanzig Zentimeter hoch. Darüber kommen Glasfenster. Gattin Anneliese meinte zu Recht, dass die Pflanzen mehr Platz in der Höhe benötigen würden. Es galt also, entweder die Brüstung zu erhöhen oder tiefer zu graben. Für die einfachere Lösung, das Hinuntergraben, entschied sich der praktisch veranlagte Erhard. Er grub und wurde wenig später von einem Totenschädel angeglotzt. Mit etwas Herumgescharre kamen noch andere Knochen frei, woraufhin der Bürgermeister gerufen wurde. Bürgermeister in diesen Landstrichen, das sind Leute, die an allem Schuld haben, alles wissen, immer im Dienst sind und stets für Abhilfe sorgen. Nach kurzer Zeit fuhr also der Schultes Hansjörg Apprich auf den Hof und schaute sich den Unterkiefer an. Er hatte berechtigte Ahnungen und verständigte das Landesdenkmalamt. Mittels Radiokarbonmethode wurde eine Altersbestimmung vorgenommen und das Gerichtsmedizinische Institut der Uni Tübingen hinzugezogen.

Man fand heraus, dass die Knochenkarle in der Grube in der sogenannten Bandkeramischen Kulturzeit gelebt hatten, also ungefähr vor siebentausend Jahren. Der Juniorchef befand sich nun fast am Ende seiner Erklärungen: «Die waret damals net ganz blöd. Die habet net drunten am Wasser, am Neckar, ihre Siedlung gebaut, sondern hier auf der sanften Anhöhe.»

Das Massengrab fand Herr Schoch keine dreißig Zentimeter von der Südwestecke seines Hausfundaments. Als das Haus gebaut wurde, hatte der Bagger das wertvolle Zeugnis aus der Urzeit nur um Haaresbreite verfehlt. Durch neueste Forschungen stellte sich heraus, dass es sich um einen Überraschungsangriff in den frühen Morgenstunden gehandelt haben muss. Die Motive bleiben im Dunklen, aber jüngste Überlegungen gehen davon aus, dass es sich um Frauenraub gehandelt haben könnte, denn es wurden nur ältere weibliche Skelette gefunden. Das alles haben Wissenschaftler mit Genanalysen aufgedeckt.

Wie ich mir das alles so anhöre, denke ich, puh, ein kleiner Schnaps wäre mit jetzt hochwillkommen. Und so geschah es dann auch. Der Hofladen der Schochs ist reich bestückt, auch Honig wird dort verkauft. Alsbald hatte ich sechs oder sieben Flaschen Feuerwasser beieinander und machte einen Hunderteuroschein voll, damit mein Cicerone nicht ums Wechselgeld rennen musste. Die Krönung war übrigens ein Pfirsichschnaps, den man selten mit deutlichem Aroma erlebt.

Keltenwelten: Ausflug zur Heuneburg

Im Schwabenland verfügte ein Bauernhof in den meisten Fällen über zwei Bücher. Da wäre zuallererst die Bibel, unmittelbar gefolgt vom Steinzeitroman *Rulaman* (1878). Meine Frau und ich erinnerten uns gut daran, dass wir dieses Buch als Heranwachsende mit heißen Ohren nicht nur einmal gelesen haben. Geschrieben wurde es von dem Zoologen David Friedrich Weinland (1829–1915), der in Grabenstetten auf der Alb, südlich von Kirchheim an der Teck, geboren wurde. Er schrieb es für seine Kinder und wäre nie auf die Idee gekommen, damit einen Bestseller zu landen. Anschaulich und fern jeder Wissenschaftlichkeit wird geschildert, wie eine Steinzeitfamilie den Tag verbrachte, sich gegen Feinde, Wetter und wilde Tiere verteidigen musste.

Die Nachkommen des Schriftstellers wohnen heute noch in einem romantischen Herrenhaus, dem Hofgut Hohenwittlingen. Wer selbst noch nicht zur Ruine mutiert ist, könnte aus dem Ermstal, das von Bad Urach nach Münsingen ansteigt, beim Parkplatz «Rulaman» pausieren und die Ruine der Burg Hohenwittlingen erklimmen. Ich selbst habe diese Erhebung noch nie erwandert, denn schon lange gehöre ich zu jener bedeutenden Interessensgemeinschaft, die in ihrem Schild das Wappen trägt: «Berge von unten, Wirtschaften von innen!»

Noch berühmter als durch den Zoologen und Schriftsteller wurde das Dorf Grabenstetten durch die keltische Wall-

Schwäbische Ostalb bei Gmünd, mit Blick auf den Schönberg

anlage des Heidengrabens. Die Gräben und Wälle sind noch vorhanden, die Holz-Palisaden natürlich nicht mehr. Sie umgrenzten eine der größten keltischen Siedlungen Mitteleuropas, die sich auf knapp 17 Quadratkilometer erstreckt. Im Ort gibt es ein Keltenmuseum mit vielerlei Fundstücken. Es handelt sich bei der Gegend um eine Hochfläche, die sich auch für konditionsschwache Spaziergänger anbietet.

Mit dem Auto zehn Minuten bergab, mündet der winzige Ort Schlattstall in eine Sackgasse. Der Talschluss endet an einem Felsen, der auf einen Ruck einen kleinen Fluss ausspuckt. Diese Quelle, das Goldloch, habe ich schon lange nicht mehr aufgesucht, denn will man dorthin, muss man am «Gasthaus Hirsch» vorbei, was mir nur einmal gelang. Es ist mittlerweile eines meiner Lieblingsgasthäuser, die ich an meinem freien Tag immer wieder ansteuere. Zu meiner großen Freude ist die Wirtschaft stets rappelvoll, und das hat gute Gründe. Da wäre zunächst der Saalchef Ralf Stümpfle zu nennen, ein gestandener Mann, der souverän seine Gäste versorgt. Er wirkt trotz seiner Lebenserfahrung sehr jung auf mich, was eventuell daran liegt, dass ich mittlerweile ziemlich alt bin. Die andere Säule des Erfolgs ist mein geschätzter Kollege Stefan Finger, der seinen Beruf von der Pike auf gelernt hat, und zwar in einer Handwerklichkeit, die heutzutage ausgestorben scheint.

Durch einen Windfang geschritten, steht man in einem geschmackvollen, gediegenen Interieur. Eichenvertäfelung ohne knarzende, anbiedernde Rustikalität, weiße Wände mit Landschaftsgemälden, solides Gestühl, weiße Leinenvorhänge, gestärkte Tischtücher. Ich setze mich immer gerne an den Kachelofen. Ich kann hier nicht immer essen, was ich will, sondern gehorche dem Koch, wenn er Kalbskutteln gekocht hat oder im Winter eine Gänsesuppe serviert, im Frühjahr kommt Spargelsuppe daher oder Stangenspargel mit verschiedenen Beigaben wie Schinken oder Wiener Schnitzel. Hier wird zubereitet, was die Saison bietet und was dem Koch von den Rezepten seiner Mutter in Erinnerung geblieben ist.

Ich sag's, wie's ist: Der Herr Stümpfle und der Koch Stefan Finger haben klassische Gastgeberschaft und Küche noch richtig gelernt, und so schmeckt auch das Essen in der heimeligen Stube. Hier finden sich noch Raritäten wie Kalbskopf, Hirnsuppe, echte Spätzle zum Rostbraten, Rinderzunge oder Gänsebraten, schlichtweg alles, was ich meinem kulinarischen Himmel zuordne. Das Essen bewegt sich in jenem Preisbereich, der sich für ein Gasthaus gehört, nicht teuer, aber auch nicht ganz billig.

Und an dieser Stelle räume ich schon einmal mit einem Vorurteil über meine Landsleute auf: Der Schwabe ist nicht geizig, aber er will für sein Geld Qualität, mit schlampiger Gastronomie kann man ihn nicht überlisten. Der Schwabe weiß: Wenn er ein billiges Schnäppchen gemacht hat, wird es immer ein billiges Schnäppchen bleiben. Echten Schwaben muss man nicht erklären, was Nachhaltigkeit ist. Einmal Qualität erworben, reut vielleicht zunächst der hohe Preis, aber die Freude am Guten überwiegt den Preis allemal.

Eines Tages, im Winter 2023, fahre ich auf Reutlingen zu, die Achalm, die aussieht wie ein Vulkan, aber keiner ist, immer fest im Blick. Ihr harter Jurakalk blieb einst stehen, drumherum bröckelte das poröse Gestein zu Tal. So ist es auch mit den drei Kaiserbergen bei Schwäbisch Gmünd, dem Hohenstaufen, dem Rechberg, dem Stuifen. Es sind sogenannte Zeugenberge, allesamt eine Laune der Erosion. Am Fuße der Achalm arbeitete vor vielen Jahren der von mir bewunderte Künstler HAP Grieshaber (1909–1981). Er setzte sich für Natur und Ökologie ein, wetterte gegen Raubtierkapitalismus und Atomkraftwerke und kämpfte zeitlebens für mehr soziale Gerechtigkeit. Viele Jahre lebte er unter Kanzler Adenauers Konservatismus, als soziale und ökologische Ideen noch als nahezu staatsfeindlich missbilligt wurden. Er entwickelte die Holzschneidekunst zu hoher expressionistischer Ausdruckskraft, mit dem Menschen im Mittelpunkt. Der Holzschneider war zeitlebens ein sperriger, mir jedoch sehr sympathischer Querulant. Er lehrte eine Zeit lang als Professor in Karlsruhe, was aber naturgemäß nicht lange gut ging.

An der Heimat des Künstlers fahre ich in romantischen Spitzkehren bergan, auf die Hochfläche der Alb zu. Es ist Winter, und ich muss den Hals recken, denn ganz oben an der Windschutzscheibe funkelt die schneegezuckerte Burg Lichtenstein. Verwegen, am Rande des Absturzes, hängt die Burg mit ihrem Märchenturm an einem Felsvorsprung. Oft schon wollte ich meine Frau von dem romantischen Zauber dieser Burg überzeugen, aber sie empfand das ganze Ensemble als «unecht». Solcherlei Empfinden hegte sie auch gegenüber Schloss Neuschwanstein, da kam bei ihr der volle Protestantismus zum Tragen, jeglichen Schein konnte sie nicht leiden und hatte für historistische Architektur nicht viel Bewunderung übrig.

Mich rührt diese Romantik dagegen schwer am Herzen, allerdings bin ich auch ein Liebhaber der Märchen des jung verstorbenen Dichters Wilhelm Hauff (1802–1827). Es mag daran liegen, dass ich als junger Kerl viele Romane von Sir Walter Scott gelesen habe, allen voran den *Ivanhoe*. Scott war sicher auch ein Vorbild für den jungen Hauff, dessen Roman *Lichtenstein* von 1826 in unseren Gefilden als erster historischer Roman gilt. Das Buch entfaltete eine solche Wirkung,

Kitsch oder dramatische Romantik? Schloss Lichtenstein.

dass König Wilhelm von Württemberg in Reaktion darauf ab den 1840er-Jahren die romantischen Gemäuer der Burg Lichtenstein errichten ließ. Vordergründig spielt sich im Roman Hauffs eine Liebesgeschichte ab, aber der Kern ist politischer Natur, denn das Ganze spielt zur Zeit des Bauernkrieges, des Streits zwischen den Reichsständen und Herzog Ulrich von Württemberg (1487–1550), einer äußert dubiosen Figur, die immer als großer Opportunist auf den eigenen Vorteil bedacht war. Im Roman *Lichtenstein* versteckt sich der berüchtigte Herzog unter anderem in der Burg, um den Truppen des Schwäbischen Bundes zu entkommen.

Am Schloss geht's heute aber vorbei und hoch auf die «Rauhe Alb», rau wegen des rauen Klimas. Im Schwabenland sagt man, dort sei es immer «einen Kittel» kälter als im Unterland, und das kann man wörtlich nehmen. Auf der Rauhen Alb hat sich in den letzten Jahren vollkommen berechtigt ein solider Fremdenverkehr entwickelt. Auch mir hat es die Schwäbische Alb schwer angetan. Sie ist letztlich ein versteinertes Urmeer, das uns den Kalkstein mit vielerlei eingeschlossenen Pflanzen und Tieren hinterlassen hat. Schaut man sich Süddeutschland mit seinen Nachbarn als ein Quadrat an, so zieht sich das Mittelgebirge von rechts oben aus dem Fränkischen bis weit in die Schweiz und nach Frankreich, bis in die Nähe der Stadt Lyon hin. Aufwärts von Schwaben Richtung Franken nennt sich die Alb Jura und südlich genauso, je nach Land Schweizer Jura oder Französischer Jura. Die Pflanzenwelt ist hier eher karg, von Wacholderheiden und Schafweiden geprägt. Die Böden sind steinig, und die Menschen, die darauf leben, sind von ähnlich festem Charakter.

Vor langer, langer Zeit hatten die Bewohner dieser harten Erde noch nicht das volle Korn wie heute zur Verfügung, sondern nur etwas, was an Grassamen erinnert. Zwischen zwei

Steinen wurden die Samen, später das Korn, zu Mehl zerrieben. So machten es bis zum Zeitalter der Industrialisierung die bis dahin sehr armen Schwaben. Ein Grundnahrungsmittel war damals das Mus, das wir heute auch «Habermus» nennen.

Habermus, Schwarzes Mus

Das fertige Mus ist meist nicht wirklich schwarz, sondern braun, was vom Vollkorn herrührt. Es gibt aber auch Variationen, in denen das Mehl vorher in der Pfanne angeröstet wird, was geschmacklich interessant ist. Dies Gericht war in frühen Zeiten überlebenswichtig. Das grobe Mehl wurde mit Wasser zu einer Art Grießbrei verkocht, zu Tisch gebracht und mit heißem Schweineschmalz übergossen.

Musmehl kann man heute überall im Internet bestellen. Habermus ist nicht nur für mich ein Kulturgut, sondern auch für die Slow-Food-Vereinigung. Man kann den Brei problemlos auf eine höhere Ebene bringen, indem man geröstete Zwiebelwürfel untermengt, Scheibchen von Räucherwürstchen oder Wiesenkräuter unterhebt. Die Wielandshöhe wird mit Dinkelmehl von der Luz-Mühle in Buttenhausen (Lautertal) beliefert. Diese Mühle verkauft auch hervorragendes Musmehl.

ZUTATEN

500 ml	Milch oder Fleischbrühe
50 g	Musmehl (grobes Vollkornmehl)
2 EL	Schmalz
	Pfeffer, Salz, Muskat

Flüssigkeit aufkochen und mit dem Schneebesen das Mehl einrühren. Je nachdem wie grob das Mehl ist, dürfte nach einer Viertelstunde alles okay sein. Würzen und mit heißem Schmalz übergießen. Dem Mus hilft man auch auf die Sprünge, wenn schon in den Brei ein Esslöffel Schmalz eingerührt wird.

Die Straße führt nun an Münsingen vorbei, wo ich Anfang der Siebzigerjahre als Unwilliger einige Zeit als Soldat verbrachte. Folgt man dem Schild «Altes Lager», gelangt man an ein Informationszentrum. Die Baracken aus der Zeit des Königlich Württembergischen Armee-Korps sind restauriert, und nicht nur für Architekturfreunde lohnt sich der Besuch, auch für Radtouren ist der Truppenübungsplatz ein attraktives Ausflugsziel.

Noch bis 1992 stand das Gelände unter französischer Verwaltung, und zu meiner Zeit konnte man sich dort wirklich wie in Frankreich fühlen. Über der Kantine stand «Casino», und die Flasche Vin Mousseux kostete 2 Mark zwanzig, was für uns jungen Kerle verheerende Folgen hatte. Die Drahtsicherung der Sektflaschen wurde beim Verkauf entfernt, damit man damit keinen Schmuggel betreiben konnte. Wir bunkerten die Flaschen im Dutzend. Im Panzerinneren befanden sich Halterungen für Nebelgranaten, in die jeweils eine Sektflasche passte, als wäre sie eigens dafür konstruiert worden. Wenn wir zu unserem jeweiligen Standplatz losfuhren, wurden wir und die Flaschen erheblich durchgeschüttelt. Eine nach der anderen befreite sich vom Korken, und das halbsüße Gesöff besprühte uns und unsere «Wohnstube». In unserem Panzer roch es wie in einer Küferei.

Ich könnte noch viel erzählen, aber weil mir das heute alles eher peinlich ist, fahre ich nun endlich weiter zur Heuneburg an der Donau. Die Gegend, die ich gerade durchkreuze, nennt sich «Biosphärengebiet Schwäbische Alb» mit der Zielvorgabe, einen nachhaltigen Tourismus zu fördern. Mit dieser Idee geht es gut voran, denn heute ist die Hochfläche ein Biotop für seltene Orchideen und andere Raritäten der Flora.

Die Fahrt durchs Tal der Großen Lauter, eines Donauzuflusses, wird nun noch schöner. Spreche ich von einer Märchenlandschaft, wäre das bestimmt nicht übertrieben: Links und rechts zieht sich Baumwuchs hoch, im Talgrund schlängelt sich das Flüsschen in Trinkwasserqualität durch saftiges Grün. Dazwischen immer wieder ein Gehöft und eine kleine Ortschaft. Buttenhausen kommt in Sicht. Das Tal der Lauter, eines kristallklaren Flüsschens, ist berühmt für seine Bachforellen. Danach geht es weiter nach Kloster Zwiefalten auf die Donau zu. Das gewaltige Kloster ist heute ein staatliches psychiatrisches Landeskrankenhaus. Eine Brücke führt weiter im Tal bei Riedlingen über den Fluss, und ein paar Minuten weiter, in Binzwangen, bin ich am Ziel.

Was ich hinter mir habe, ist eine wahrhaft romantische Reise, die am Heuneburg-Museum vorläufig ihren Höhepunkt findet. Die Burg ist auf alle Fälle einen Besuch wert. Sie ist ein bedeutender keltischer Fundort, ein Fürstensitz aus der Zeit von ungefähr sechshundert Jahren vor unserer Zeitrechnung. Ich wandle durch die Anlage, in der immer noch ausgegraben wird. Ein rekonstruiertes Haus schaue ich mir genauer an und muss sagen, dort könnte man eigentlich gleich einziehen. Solide aus Holz gebaut, mit einem präzisen Holzdach und schmucken Giebelzacken, macht es einen modernen Eindruck.

Sogar die Römer sollen ja vor den Kelten gezittert haben. Ich stelle mir vor, wie sich die Nordmänner mit markerschüt-

Der Eingang zum Areal Heuneburg. Uralte Historie, modern aufbereitet.

terndem Geschrei auf ihre Feinde stürzten. Es heißt ja, sie glaubten an ein besseres Leben im Jenseits und kannten deshalb keine Furcht, was die Römer schwer ins Grübeln brachte. Die Kelten waren jedenfalls ziemlich aktiv, immer auf Beutezug oder auf der Suche nach Weideplätzen und gehaltvollen Böden. Ihre Zeit nennt man «Eisenzeit», denn die Kelten pflegten ein sehr geschmackvolles Kunsthandwerk. In der Produktion von Gold- und Silberschmuck brachten sie es auf ein Niveau, das heute noch zeitgemäß wirkt, und in der Herstellung von Schwertern, Lanzen und Dolchen bis hin zu Damaszenerklingen galten sie als wahre Weltmeister. Ihr Einflussbereich reichte bis nach Kleinasien, und die Kunst des Eisenschmiedens dürften sie im arabischen Raum gelernt haben.

Die Heuneburg, ein riesiges Areal, lasse ich nun aber wieder hinter mir und fahre über Herbertingen hinunter ins Donautal. Der Ausblick ist bewegend. Im Talgrund schlängelt sich sanft der Fluss, es ist eine Landschaft zum Verlieben und eine Erinnerung daran, dass man eigentlich gar nicht ins Flugzeug steigen muss.

Spätzle, Bier und ein Fürstinnengrab

Mein Uhrzeiger nähert sich nun wieder der Zwölf, und die aufmerksame Leserschaft weiß mittlerweile, dass in mir damit ein Hebel umgelegt wird. Für die Auswahl eines Gasthauses bin ich heute schlecht vorbereitet, da wäre zwar im oberen Donautal in Friedingen ein guter Trog, aber der ist nicht vor halb zwei zu erreichen. Mein Handy orakelt mir den nahe gelegenen Ort Scheer und das «Restaurant Brunnenstube». Zwar hege ich gegenüber dem Internet Vorbehalte, aber letztlich gilt: Der Verhungernde lässt auch mal fünfe gerade sein.

Also los. Um halb eins steige ich aus dem Auto, und als ich die Türe zur Wirtschaft aufstoße, vollzieht sich ein kleines Wunder. Es duftet nach gastronomischer Wolke sieben. Betrete ich ein Lokal, achte ich zuallererst auf den Geruch. Der Dunst sterbender Fritteusen verjagt mich im Augenblick eines Wimpernschlags. Aber hier kann ich bleiben. Eine gut gekleidete Dame versorgt die Kundschaft, unterbricht ihre Arbeit, als sie mich sieht, und geleitet mich an einen Tisch. Sie besitzt die fast ausgestorbene professionelle Gangart geübter Kellnerei, eine Leichtfüßigkeit, die in Italien und Frankreich häufig anzutreffen ist.

Wasser kommt auf den Tisch, die Karte wird gereicht, in die ich gar nicht erst hineinschaue. Ich frage, was es gibt, und die Lady antwortet kurz und selbstsicher: Pâté Maison und Hirschrücken mit Spätzle und Rotkohl. Der Mittag wird zum

Fest. Ich erfahre, dass Wirtin Rita vor Jahren den französischen Koch Fabrice Coquelin geheiratet hat. Welch ein Glück für die ganze Gegend. Monsieur Coquelin kocht vorwiegend schwäbische Gerichte, aber mit französischer Anmutung. Der Hirschrücken und die Pâté Maison hätten auch in der Auvergne auf den Tisch kommen können, und die Spätzle könnte ich überhöht als eine Geste deutsch-französischer Freundschaft loben. Der gute Fabrice hat im Schwäbischen gelernt, dass es bei uns eine Hochkultur der Beilagen gibt, mehr noch als in seiner Heimat. Seine Spätzle schmecken jedenfalls fantastisch. Seit die Tütenspätzle erfunden wurden, gehören handgemachte Spätzle meiner Meinung nach unter Denkmalschutz (ein Rezept finden Sie im Küchenkapitel). Der Abschied vom Brunnenstüble, das mitnichten ein Stüble ist, sondern ein aufgeräumtes, veritables Restaurant, endet mit einem üblichen Gespräch zwischen zwei Meistern. Wir sind uns einig, dass das Handwerk insgesamt zu wenig geschätzt wird, verabschieden uns aber trotzdem mit frohem Zuwinken. Kurz vor Drucklegung habe ich leider erfahren, dass das Restaurant nach über 40 Jahren nun schließt.

Mittlerweile regnet es. Auf dem Rückweg nach Stuttgart bleibe ich noch unten im Tal und suche eine Sumpfwiese auf, die sich Bettelbühl nennt. Dort entdeckte man 2010 das vollständige Grab einer keltischen Fürstin samt Grabbeigaben. Mit seinen 80 Tonnen Gewicht wurde das ganze Grundstück mit schwerem Gerät auf einen Tieflader gepackt und anschließend im Landesdenkmalamt bei Ludwigsburg in aller Ruhe untersucht. Zu den Funden gehörten über 40 Schmuckstücke aus Gold und über 100 Preziosen aus Bernstein sowie eine bronzene Pferdemaske. Die hohe Qualität des Schmucks deutete für die Archäologen auf eine Verbindung der keltischen

Eliten zu den Etruskern Mittelitaliens hin. Es wurde zudem als Beleg dafür gewertet, dass die Keltinnen keineswegs in der zweiten Reihe standen, sondern auch als Chefinnen agierten. Das Fürstinnengrab von Bettelbühl ist jedenfalls eine der bedeutendsten Entdeckungen der letzten Jahrzehnte.

Die Fahrt über das bereits erwähnte Benediktinerkloster Zwiefalten ist ebenfalls zu empfehlen. Dort gibt es eine sehr erfolgreiche Brauerei, deren Produkte ich mir schon in großen Mengen einverleibt habe. Der Brauausschank wird nach dem zweiten Bierchen noch etwas schöner, denn es ist ein Ort für große Horden von Hopfenaposteln und kommt deshalb etwas hallenartig daher.

Auf dem weiteren Heimweg nehme ich aus den Augenwinkeln ein Ortsschild wahr, das mit unwillkürlichem Frohsinn über mich kommt: «Upflamör». In der Nähe gibt es zudem «Pflummern» bei Riedlingen, also «das Gelände, auf dem Pflaumen oder Zwetschgenbäume wachsen». Man kann es sich zusammenreimen: Upflamör bedeutet so etwas wie «Oberpflummern», denn es ist der höchste Ort in der Gegend.

Von den Kelten verzaubert, wird eine Woche später mit Tochter Eva, meiner Ausflugskomplizin, eine Fahrt nach Hochdorf unternommen. Dort, im Keltenmuseum, eine halbe Stunde nördlich von Stuttgart, besichtigen wir das eben erwähnte Fürstinnengrab. Das Highlight ist ein sehr filigraner, äußerst schmuckvoller, vierrädriger Wagen aus Bronze, daneben steht eine ungefähr vier Meter lange Bronze-Bank, die aussieht, als wäre sie gestern von einem Spitzendesigner entworfen worden. Schmuck und unzählige andere Gerätschaften können hier ebenfalls beäugt werden. Man bekommt durchaus einen Eindruck von dieser Hochkultur. Freilich, es sind Nachbildungen, die Originale sind im Landesmuseum Stuttgart zu besichtigen.

Kornbühl, typische Wacholderheide

Die Kelten in unserer Gegend zogen damals weiter nach Galicien und in nördlichere Gefilde, ihre Sprache und Sitten lebten im englischen Wales und in Irland weiter. Immer wieder höre ich irische Musik, die wunderbarerweise viel keltisches Flair über die Jahrhunderte gerettet hat. Ich muss aber zugeben, länger als zwanzig Minuten halte ich das Gefiedel nicht aus.

Verschwiegenes Pfullingen

Der Rückweg nach Stuttgart geht nun wieder am Kloster vorbei, am Schloss Lichtenstein und dann in Serpentinen hinunter ins Tal nach Pfullingen. Dort lege ich eine kurze Rast ein. Alle Welt fährt an diesem geschichtsträchtigen Ort auf der Umgehungsstraße vorbei. Ich nicht. Durch meine literarischen Interessen wurde ich nämlich schon vor Jahren auf das Klarissenkloster Pfullingen aufmerksam. In der dort angrenzenden Idylle wurde der Neske-Verlag gegründet, einst ein kleiner, aber bedeutender Quell der Literatur, später Teil von Klett-Cotta. Hans Arp, Djuna Barnes, HAP Grieshaber, Wolfgang Hildesheimer, Peter Härtling, Walter Jens und Ernst Jünger wurden dort verlegt und gaben sich nach dem Zweiten Weltkrieg in den heutigen Räumen des Neske-Museums die Klinke in die Hand. Außerdem bin ich ein großer Fan der Gedichte von Brigitte Neske, die gemeinsam mit ihrem Mann Günther 1951 den Verlag gründete, als symbiotisches Gespann.

Im Museum des Verlags ist bis heute eine Schwarzweißpostkarte käuflich, die das sogenannte Sprechgitter des Klarissenklosters zeigt. Günther Neske hatte sie einem auf den 3. Juni 1957 datierten Brief an Paul Celan beigegeben in der Hoffnung, ihn für seinen Verlag zu gewinnen. Eine Antwort erfolgte alsbald, es kam zu einem wohlwollenden Hin und Her. Letztendlich entschied sich Celan für den größeren S. Fischer Verlag, aber die Postkarte mit dem Sprechgitter blieb dem Dichter fest im Kopf. Er hat daraus ein Sprachgitter gemacht. Über das genaue Entstehungsdatum seines berühmten Gedichts streitet sich die Wissenschaft bis heute.

Sprachgitter

Augenrund zwischen den Stäben.

Flimmertier Lid
Rudert nach oben,
gibt einen Blick frei.

Iris, Schwimmerin, traumlos und trüb:
Der Himmel, herzgrau, muß nah sein.

Schräg, in der eisernen Tülle,
der blakende Span.
Am Lichtsinn
Errätst du die Seele.

(Wär ich wie du. Wärst du wie ich.
Standen wir nicht
Unter *einem* Passat?
Wir sind Fremde.)

Die Fliesen. Darauf,
dicht beieinander, die beiden
herzgrauen Lachen:
zwei
Mundvoll Schweigen.

Ich sehe in dem Gedicht zwei Themen, die typisch sind für Celan, die Dunkelheit und der Austausch von Ich und Du. Und dann das Augenmotiv im ersten Teil, Augenrund, Flimmertier Lid. Der Blick wird frei mit der «Iris». Bei Celan sprüht oft ein froher Funken, der sich dann gleich wieder eintrübt: «Der Himmel, herzgrau, muß nah sein.»

Seit Jahren zieht es mich immer wieder zum Neske-Museum mit seiner wunderbaren Chefin und dem poetisch anmutenden Wiesengrün zwischen Sprechgitter und Kirche. Schmal und hoch ragt diese Klosterkirche auf, das Parterre wird für Kunstausstellungen genutzt. Ein Stockwerk höher werden unter wertvollen Fresken Konzerte und andere Kulturveranstaltungen geboten. Das neue Kulturhaus wurde direkt an die Kirche angebaut. Wir alle wissen, dass es schwierig ist, Altes und Neues geschmackvoll zusammenzuführen. In diesem Fall ist es gelungen, dank dem Architekten und dem Gemeinderat, der seinen Ideen gefolgt ist.

Nun ein paar Worte zum Klarissenkloster. Die Ordensregel dieses Schweigeklosters sah zwei Redefenster vor: Eines befand sich im Kircheninnern und hatte ein kleines Türchen, durch das der Priester den Schwestern in der Eucharistie die Oblate auf die Zunge legte. Ein zweites Gitter sorgte für die Verbindung zur Außenwelt. Da von dem Kloster nicht mehr viel übrig ist, steht das gotische Sprechgitter allein im Freien, als solitäres Fragment und Mahnmal für alle Leute mit Redezwang. Dieses zweite Sprechgitter, eine grob geschmiedete Eisenplatte mit Löchern, lag ursprünglich an der Außenmauer des Klosters. Sie wurde so gefertigt, dass man miteinander reden, sich aber nicht sehen konnte.

Im 13. Jahrhundert wurde den Nonnen unter den strengen Regeln der Clara von Assisi (1194–1253) einiges abverlangt. Die Frauen schliefen auf einem Strohsack, allenfalls

Das berühmte Sprechgitter ist in Pfullingen noch erhalten.

durch eine Wolldecke geschützt. 1252 wurde die Ordensregel von Papst Innozenz IV. eingeführt. In der Folge wurden den Aspirantinnen beim Eintritt in das Kloster die Haare abgeschnitten, eine weißgestärkte Haube, die bis zu den Schultern reichte, verdeckte den kahlen Kopf. Die durch einen Strick geraffte Kutte hing fast bis auf den Boden. Persönlicher Besitz war verboten. Am vierten und sechsten Tag der Woche blieb die Küche kalt, rohe Äpfel und Birnen mussten den Schwestern reichen. In der Fastenzeit sah es dann völlig zappenduster aus, und man muss annehmen, dass alle Nonnen unter Mangelerscheinungen litten. Ich empfinde dies als eine besondere Form von Folter, ungeachtet des Versprechens, dass später im Himmel alles ganz anders laufen wird. Ich glaube auch nicht, dass die Novizinnen ausnahmslos freiwillig solch ein Leben wählten. Dass junge Frauen ins Kloster abgeschoben wurden, hat in Europa leider eine lange Tradition, davon hat mir sogar noch mein Vater erzählt, dem solcherlei als Landtierarzt auch noch begegnet ist.

Leben am Limes

Nun bewegen wir uns aber in eine entgegengesetzte Richtung und wechseln nach Nordosten an den Rand des Schwäbischen Waldes. Ich bin ja direkt südlich des römischen Festungswalls am Limes in Schwäbisch Gmünd aufgewachsen. Damals gab es in der Schule noch den sogenannten «Lerngang». Solche Unternehmungen mit dem vorausstürmenden Lehrer, dem graumelierten und zähschlanken Herrn Rettenmaier, empfanden wir Schüler als echte Zumutung. Zu Recht, wie ich noch heute finde. In sommerlicher Hitze marschierten wir von Schwäbisch Gmünd auf Pfahlbronn zu. Allein auf dem Hinweg kamen da 14 Kilometer zusammen, die es später freilich auch wieder zurückging. Zu sehen gab es leider vor Ort nicht viel, nämlich: einen Graben. Teilweise lagen noch Bruchsteine herum.

Am Limes entlang gibt es so einige Orte, die mit «Pfahl» beginnen. Man darf sich den Limes deshalb nicht durchgehend als Mauer vorstellen, sondern vielmehr als einen Graben mit Palisaden. Ganz in der Nähe könnte man beispielsweise den Wachturm bei Welzheim anschauen oder gleich eine Ausfahrt ins Römische Museum nach Aalen unternehmen. Es ist ein üppig ausgestatteter Bildungsort, keine provinzielle Kleinigkeit, selbst die moderne Architektur des Gebäudes innen und außen ist sehenswert. Ganze Rüstungen sind dort zu bewundern, Schwerter, Helme und vielerlei Gerät. Sehr angetan bin ich von dem grünlichen Glas, aus dem die Römer gewiss keinen schlechten Wein getrunken haben.

Das Schwabenland war ein zentraler Schauplatz der Völkerwanderung (ca. 375–568 nach Christus), wobei der Begriff Wanderung nicht ganz zutreffend ist. Da wurde nämlich nicht gewandert, sondern germanische Stämme suchten neuen Lebensraum, fruchtbares Land und die Wärme des Südens. Sie zogen auch nicht dauernd umher, sondern verblieben oft jahrzehntelang. Es hatte sich aber herumgesprochen, dass man in Rom über Fußbodenheizung, Steinhäuser, Kanalisation, angenehme Innenarchitektur, Schnellimbisse und sonstigen Luxus verfügte, was die drängenden Horden aus dem Norden geradezu in Rauschzustände versetzte. So stelle ich mir das jedenfalls vor. Es ist heute noch so, der Drang zu vollen Fleischtöpfen ist ungebrochen, und wo es schön ist, da wollen nun mal alle hin.

Es ist den Römern zu verdanken, dass wir von den marodierenden germanischen Stämmen überhaupt etwas wissen. Der römische Philosoph und Historiker Seneca beschrieb den Stamm der Sueben als kraftvoll mit Ellenbogenmentalität und attestierte ihnen einen «wilden, unformbaren Geist», der zum eigenen Vorteil andere Stämme gerne vertrieb. Das Bevölkerungswachstum führte unter einfachen wirtschaftlichen Verhältnissen dazu, dass Jagd, Viehzucht und Landwirtschaft die Menschen nicht mehr ernähren konnte und Auswanderung die Lösung darstellte. Laut Seneca waren die Sueben aber keine Nomaden, sondern zogen nur weiter, wenn es nichts mehr zu beißen gab.

Der Limes, anfangs ein Patrouillenweg, wurde alsbald zu einer Wehrgrenze ausgebaut, um Obergermanien bis hinauf nach Koblenz zu schützen. Gelinde gesagt, es kam zu einer Art Superstau entlang der Grenze zum gelobten Römischen

Reich. Ich will es uns ersparen, die vielen Dutzend Stämme namentlich aufzulisten, aber allesamt zeigten sie sich als tüchtige Geschäftsleute und trieben mit den Römern Handel. Sie sorgten beispielsweise für Nachschub des berühmten Bernsteins, der sich bei den römischen Frauen äußerster Beliebtheit erfreute und hohe Preise erzielte. Der Tauschhandel blühte. Viele Germanen traten auch als Gastarbeiter und Söldner in die Dienste der Römer. Der suebische Stamm der Hermunduren, der das Gebiet zwischen Elbe und Donau besiedelte, erhielt wegen seiner umgänglichen Art einige Privilegien, die anderen Suebenstämmen vorenthalten wurden.

Von den Sueben haben wir Schwaben unseren Namen. Die Blondschöpfe aus dem Norden Skandinaviens trugen ihre Haare kunstvoll zum Dutt aufgezwirbelt. Seneca hielt fest: «Die Sueben kämmen bis ins Alter das widerspenstige Haar nach hinten und binden es oft gerade auf dem Scheitel in einem Knoten hoch, und die Haartracht der Vornehmen ist noch kunstvoller. Das ist zwar Schönheitspflege, aber harmloser Art; denn nicht für Liebesabenteuer putzen sie sich so, sondern um größer zu erscheinen und um Schrecken zu erregen, da sie ja vor die Augen des Feindes treten wollen.»

Da bin ich nicht ganz der Meinung des römischen Philosophen. Der Suebenknoten sieht in meinen Augen wirklich schön und geradezu hipstermäßig aus.

Die fein frisierten Sueben haben uns jedoch nur den Namen hinterlassen und zogen alsbald in wärmere Gefilde nach Galicien weiter, in die Landschaft hinter den Pyrenäen, die an Asturien angrenzt.

Flädlesuppe im Remstal

Im Frühling 2024 spende ich meiner Remstäler Kamarilla und mir ein soziales Wochenende, indem ich alle in den «Bärenhof» einlade. Die Obstbäume der Streuwiesen leuchten in voller Blütenpracht, so als hätten sie sich weiße Mützchen übergestülpt. Die Verwandtschaft meiner Frau lebt gegenüber dem Gasthaus auf der anderen Talseite. Nicht weit entfernt vom Limes wird hier reelle schwäbische Küche geboten. So mancher Remstäler ergötzte sich übrigens noch in meiner Jugendzeit daran, dass er südlich des Limes lebe und nicht nördlich des Grenzwalls, dem Barbarenland. Gelobt sei die heutige Zeit, die weitaus weniger Vorurteile bebrütet.

Von Stuttgart kommend, fahre ich mit Eva durch Urbach, und unweit des Ortsausgangs führt ein Teersträßchen zum «Bärenhof». Vor vielen Jahren hatte es mir die hiesige Idylle so angetan, dass ich den hinter der Gaststätte liegenden Bauernhof kaufen wollte. Meine weitsichtige Elisabeth warf sich aber mit Gezeter dazwischen. Es wäre ein Wahnsinn gewesen, dreißig Kilometer von unserer Wirtschaft entfernt, und dann das völlig marode Ensemble sanieren. Nun, eine gute Ehe verträgt nur einen Träumer. Vielleicht wurde Elisabeth auch einfach an ihr eigenes Zuhause, den auf der anderen Talseite siedelnden Neuweilerhof erinnert. So eine Baurensach mit fünf Kühen und wenig Ackerland befindet sich in der Realität schlicht jenseits aller Romantik.

Wir gelangen vor die Wirtschaft, ohne einen Wanderer umzufahren, denn viele Wege der Frischluftfreunde kreuzen sich hier. Den «Bärenhof» gibt es schon ewig. Da der Koch sein Handwerk in der «Sonne-Post» in Murrhardt erlernte, schmeckt sein Essen ausgezeichnet. In der «Sonne-Post», die damals von der Familie Bofinger geleitet wurde, habe auch ich als Bub das Essen auf Tischtuch und mit Serviette gelernt. Dieser Ort bot große Kochkunst und galt als Solitär schwäbisch-französischer Küche. Es war damals der beste Ausbildungsbetrieb im östlichen Schwaben. Wer dort seine Lehre absolviert hatte, musste sich keine Sorgen um den beruflichen Werdegang machen.

Die Kocherei ist ein klar definiertes Handwerk, und zu meiner Zeit wurden die Handgriffe noch in französischer Sprache benannt. Man hielt sich an die Fachsprache des «Hering», das allgemein verbindliche *Lexikon der Küche*, 1907 herausgegeben vom österreichischen Koch Richard Hering (1873–1936), der als Küchendirektor im «Hotel Bristol» in Wien regierte. Der Hering wird bis heute ständig überarbeitet und auf den neuesten Stand gebracht, die 25. Auflage erschien zuletzt 2012. In diesem Buch steht detailliert beschrieben, was in eine Sauce Hollandaise hineingehört und was nicht. Für Amateure ist es allerdings nur zu empfehlen, wenn man sich mit einiger Verbissenheit seinem Hobby widmet. Man findet in dieser Küchenbibel, die heutigen Jungköchen nahezu unbekannt ist, beispielsweise Anweisungen über alles, was man als Eierspeise bezeichnen kann. Ich habe nicht nachgezählt, aber es sind bestimmt an die dreihundert Nennungen, jeweils mit kurzer Anleitung. Kartoffelgerichte sind in ähnlicher Anzahl notiert. Durch diese Schule ist der Koch des Bärenhofs gegangen. Heute sind solch fundierte Lehrbetriebe nahezu ausgestorben, und es hat sich modisches Gourmet-

Schwiegervater Eugen mit seinen Ochsen

surfen etabliert, das allerdings auch seine Berechtigung hat. Erst die Zukunft wird zeigen, was von der Kreativität unserer Zeit übriggeblieben ist.

An einem langen Tisch lassen wir uns nieder, neben mir Eva, daneben Schwager Andy, rechts von mir Schwager Manuel, ein herrlich anzusehender Portugiese, schlank und feingliedrig. Gerda, Andys Frau, mit lustigen Sommersprossen und quirligem Temperament, ist meiner Tochter wie aus dem Gesicht geschnitten. Ute, etwas stiller und nachdenklicher, bekocht ihren Portugiesen aufs Vorzüglichste, das hat er jedenfalls gesagt. Inge, die Älteste, schlank und selbst im Sitzen hochaufgerichtet, trägt einen markanten Kopf auf dem Hals und würde in jedes Familienfoto des Hochadels passen.

Für Schwager Andy, egal an welchem Wirtshaustisch er lagert, ist ein Rostbraten obligat. Meine Schwägerin mag es vegetarisch, also Semmelknödel in Champignoncreme. Die Verwandtschaft, verdammt echte Schwaben, bestellt niemals eine Vorspeise. Infolge schwäbischer Basisgourmandise sind die Hauptgänge in den Wirtschaften immer derart üppig auf den Teller gehäuft, dass man schon einen reißfesten Ranzen haben muss, um vorher auch noch eine Vorspeise unterzubringen.

Eva und ich sind allerdings durch französische Sitten verdorben, bei uns geht es nicht ohne Vorgericht zur Einstimmung. Wir bestellen Flädlesuppe, die gut hergestellt fast so selten vorkommt wie Goldnuggets im Neckar. Die Fleischbrühe des Chefs Hermann Pfeiffer kann man nicht besser machen, den Schnittlauch nicht feiner schneiden, und die Flädle – dünne Pfannkuchen – sind hier wirklich dünn und keine Fensterlederlappen, wie sie in den Suppentellern der meisten Wirtschaften vor sich hinmatschen.

Ich wähle eine meiner Leibspeisen und bestelle Cordon bleu, Eva tut es mir nach. Schnitzel mit Schinken und Käse gefüllt, paniert und ab ins Butterschmalz. Wichtig ist, was unter der Panade aufwartet. Ich schmecke besten Schinken und Käse jenseits jeder Supermarkterniedrigung. Der Salat dazu erweist sich als schwäbisches Original, Kopfsalat, Gurken, herrlicher Kartoffelsalat, Rettichsalat. Achtung, nun kommt der wirkliche Hammer: endlich mal ein Salat ohne den Kellergeruch von Blödsinnssprossen, Nüssen und sonstigem Gerümpel!

Nun will ich aber noch etwas zur Flädlesuppe deklamieren. Pfannkuchenteig muss man nicht erklären. Interessant wäre, dem suppigen Teig, der einer dicklichen Soße ähnelt, ein bisschen heiße Butter oder Öl unterzumixen. Dadurch wird der Pfannkuchen zart und luftig, wie ein Crêpe.

Flädlesuppe

Für die Fleischbrühe

ZUTATEN

1 kg	Rinderfleischknochen (am besten Brustkern)
1	Bund Suppengemüse
1	kleine Zwiebel
	Pfeffer, Salz, Muskatblüte
2 ℓ	Wasser
1	Bund Schnittlauch

Knochen unter fließend Wasser abwaschen, in einen großen Topf geben und mit Wasser auffüllen. Etwas Salz dazu und alles zum Kochen bringen. Dass die Brühe klar wird, hängt zum großen Teil von den ersten Sekunden ab, wenn der Topfinhalt aufkocht. Es entsteht dabei Schaum, und dieser muss mit der Kelle, besser noch mit dem Suppenschöpfer, abgehoben werden. In der ersten halben Stunde sollte sehr darauf geachtet werden, dass der entstehende Schaum immer wieder entfernt wird.

Die Zwiebel mit der Schale halbieren und mit den Schnittstellen nach unten auf der Herdplatte rösten. Nach einer halben Stunde das Suppengemüse, die Muskatblüte, die geröstete Zwiebel und einige Pfefferkörner in den Topf geben. Die Brühe sanft weiterköcheln lassen, sie darf nicht sprudeln. Das dauert schon mal zwei Stunden. Dann alles abpassieren, die Flädle mit etwas Schnittlauch in den Suppenteller geben und heiß mit der Brühe übergießen.

Flädle (dünner Pfannkuchen)

ZUTATEN

2–3	Eier
150 g	Mehl (gesiebt)
1/4 ℓ	Milch
1 EL	flüssige Butter
	Prise Salz
	etwas Butter zum Ausbacken

Eier, Mehl, Milch und etwas Salz am besten mit dem Schneebesen verrühren. Zum Schluss die flüssige Butter darunterschlagen. In der Pfanne bei mittlerer Hitze etwas Butter zerlaufen lassen, bis sie braune Flecken zeigt. Ist die Pfanne heiß, den Teig schräg rundum laufen lassen. Die Pfanne drehen und abwinkeln, sodass der Teig sich gleichmäßig verteilt. Lieber etwas zu wenig Teig in die Pfanne geben als zu viel, selbst auf die Gefahr hin, dass das Flädle einige Löcher bekommt. Sobald das Flädle Blasen wirft und auf der Unterseite braun wird, mit dem berühmten Pfannkuchenschwung das Flädle auf die andere Seite wenden (mit der Palette kann diese Übung für Ungeübte erleichtert werden).

Flädle zusammenrollen und in Streifen schneiden.

Merke: Will man Fleisch und Knochen auslaugen, also eine kräftige Brühe bereiten, sollte man das Fleisch und die Knochen kalt ansetzen. Kocht man Siedfleisch in der Brühe, dann das Fleisch in die kochende Brühe geben: Die Poren schließen sich sofort, und das Fleisch bleibt saftig.

Die furchtlose Agatha

Wieder zu Hause angekommen, sitze ich bei einer Tasse Tee in meinem Schreibhäuschen. Je nach Laune und Betätigung wird es auch Musikhäuschen oder Malhäuschen genannt. Es ist winzig, hat aber trotzdem ein Parterre und ein Obergeschoss. Oben wird geschrieben und künstlerisch gearbeitet, aber weil nur etwas aus der Feder fließen kann, wenn man den Füller betankt hat, steht geistiger Nachschub in Form von ungefähr zweitausend alten Büchern im Untergeschoss parat. Englische, amerikanische und moderne deutsche Literatur sind nebenan im Haupthaus untergebracht.

Die Bibliothek im Schreibhäusle birgt eine Abteilung mit Württembergica, mit alten, sehr alten, aber auch ganz neuen Büchern rund um Württemberg und Schwaben. Selbst wenn ich nicht alle gelesen habe, laufe ich immer wieder an den Buchrücken vorbei, und irgendwann kommt der Tag, an dem ich aus einem bestimmten Werk einen Nutzen ziehen kann. Die Bücher verdanke ich zum großen Teil meinem Großvater, nach dem ich benannt bin. Opa war ein echter Schwabe, jedoch von der extremen Sorte. Er bezog die Pension eines Oberstudiendirektors, was damals ein Haufen Geld war. Wie viele Lehrer besserte er sein Einkommen durch Bienenzucht zusätzlich auf und kaufte davon wertvolle Bücher und Kunst. Mit fünfzig Bienenvölkern erntete er in einem mittelmäßigen Jahr einige Zentner Honig. Er fungierte als Präsident des württembergischen Imkerverbandes und beschäftigte sich auch wissenschaftlich mit den Immen. Man sollte meinen, dass beim Opa Honigbrote zum Frühstück obligat waren, doch weit gefehlt. Der Alte achtete darauf, dass immer nur ganz dünn gestrichene Butter aufs Brot kam, und das wurde mit etwas Zucker bestreut.

Es wurde gespart auf Teufel komm raus. Abends erlaubte der «Alte Vinz» das Entzünden des Lichts erst dann, wenn die Augen wehtaten. Schade, dass meine Elisabeth ihn nicht mehr erleben durfte, wir lernten uns erst drei Jahre nach seinem Tod kennen. Sie kam aus den gleichen Verhältnissen wie der «Alte Vinz», fünf Kühe, ein bisschen Ackerland und ein kleines Waldstück. Diese kleinen Höfe waren im Gegensatz zur Landwirtschaft in Bayern das Resultat der «schwäbischen Realteilung». Unter den Nachkommen wurde alles gleich verteilt, aus größerem Landbesitz wurden immer kleinere «Handtücher», die entweder mit Obstbäumen oder mit Wein bepflanzt wurden. Dies ist auch der Grund für die vielen kleinen «Baumstückle», auch für die vielen kleinen Weinerzeuger und das Entstehen zahlreicher Genossenschaften, in denen sich die Weinbauern, im Schwäbischen «Wingerter» genannt, gemeinsam die teuren Pressen, Pumpen und Fässer teilen konnten.

Diese Leute waren nicht arm und hatten keinen Vorgesetzten, aber an Urlaub war nicht zu denken. Meine Schwiegermutter («Meine Einnahmen sind, dass ich keine Ausgaben habe») starb mit fast hundert Jahren, mit ausdrucksstarkem Gesicht, feiner Haut und attraktiven Fältchen. Sie verwendete ihr Leben lang, als einzige Zutaten gehobener Körperpflege, Niveacreme und Melkfett. Den einzigen Ausflug in die große weite Welt machte sie zusammen mit dem Remstäler Bauernverein aufs Nebelhorn bei Oberstdorf. Mein Opa, der arme Bauernbub aus Bildechingen, wurde vom Dorfpfarrer als gescheitester Kerl der Hochfläche oberhalb von Horb am Neckar gefördert. Das Bistum Rottenburg übernahm die Kosten für die sechs Kilometer entfernte Lateinschule, die der Bub täglich hin- und zurücktippeln musste. Auch das anschließende Theologiestudium zahlte das Bistum.

Bildechingen, dort stamme ich also ursprünglich her. Von der dörflichen Struktur ist nicht mehr viel übriggeblieben, der Ort lehnt sich heute an ein Industriegebiet. Als ich wegen der Recherche zu dem Buch dort herumgeisterte, fand ich das Bauernhaus meiner Vorfahren gar nicht mehr wieder. Was Bildechingen in gewisser Weise adelt, ist der Umstand, dass es dort ein gutes Gasthaus gibt: «Straub's Krone».

Opas Bruder Wilhelm bestellte gerade mal so viel Land, dass man die Viecher ernähren konnte und selbst nicht verhungerte. Meinen Großonkel lernte ich als Zehnjähriger noch kennen. Er war ein armer Bauer, jedoch im Auftritt ein würdevoller Herr im Sonntagsanzug, der für den Kirchgang üblich war. Auf Schwäbisch nennt man solcherart Outfit «Sonntagshäs». Der altüberlieferte Ausdruck kommt vom Mittelhochdeutschen «haeze», das Wort für Kleidung, im Althochdeutschen spricht man von «Hâze».

Eines Sonntags nahm mich Opa Vincenz mit Oma Elisabeth und der Haushälterin Agatha mit auf die Fahrt an den Rand des Schwarzwalds, zu dem Ort oberhalb der pittoresken Altstadt von Horb am Neckar. Mir fällt der Vorname meines Großonkels nicht ein, aber es gibt in diesen Gefilden nicht viel mit Namen zu jonglieren, entweder Gottlob oder Gotthilf, und weil der schwäbische König ein Wilhelm war, ist auch dieser Name ein Sammelbegriff.

Dass die Sonntagsgesellschaft damals heil anlangte, ist in hohem Maße der Haushälterin Agatha zu danken. Sie galt als unangefochtene Autorität in der Familie und kam mit der Geburt meines Vaters ins Haus des «Alten Vinz». Geboren wurde sie in Zipplingen, am Rande des bereits erwähnten Nördlinger Rieses. Zu dem Bauernhof ihrer Eltern gehörte eine Hufschmiede, wo ich bis zum zwölften Lebensjahr meine Ferien verbrachte. Agatha, für mich uneingeschränkter Mutterersatz, war der Star meiner Kindheit. Sie konnte Pfeil und Bogen basteln, Gummischleudern herstellen und alles bauen, was mein Bruder, aber auch meine Schwestern an Abenteuerutensilien benötigten. Ohne sie wären wir vor Langweile verschimmelt. Agatha musste auch als Copilotin neben Opa im VW Käfer sitzen und die Regie über den Schaltknüppel übernehmen. Opa war dermaßen schwerhörig, dass er den Motor auch dann nicht hörte, wenn dieser wegen abartig hoher Drehzahl zu platzen drohte. Der luftgekühlte Käfer pfiff wie ein Düsenflugzeug, und ob dieser ohrenbetäubenden Lärmentwicklung schrie dann Agatha, die vom Autofahren an sich keine Ahnung hatte: «Herr Dokter, jetzt schalta!» Opa gehorchte, und ich kann auf den unzerstörbaren VW Käfer und Agatha nur ein Loblied singen.

Nie wäre man auf die Idee gekommen, an einem Werktag die Verwandtschaft aufzusuchen. Zum einen war diese immer auf dem Feld beschäftigt, und zu Hause beim Opa musste Agatha den Haushalt und die Bienen versorgen. Honigbienen stachen damals ziemlich aggressiv zu, mehr als die heute auf Frieden gezüchteten Tiere. Agatha kassierte unzählige Stiche, aber sie war irgendwann dagegen immun.

Neben der tüchtigen, unentbehrlichen Haushälterin hatte Oma letztlich nicht viel zu melden. Sie hatte zwar viel Geld in die Ehe mit- und einen Sohn auf die Welt gebracht. Ihre Eltern, also meine Urgroßeltern, besaßen drei Brauereien und sechzig Häuser in Schwäbisch Gmünd. Sie lebten in

Baden-Baden, Bad Ems oder Marienbad. Oma verbrachte ihre Jugend ausschließlich in Pensionaten, bei Klavierspiel und dem Zeitvertreib damaliger höherer Töchter.

Ohne Agatha wäre der Haushalt des Altvorderen nicht zu bewältigen gewesen. Sie übte ihren Chefposten mit unermüdlichem Fleiß aus und war ausnehmend gescheit. Höhere Schulbildung kam wie bei meiner Frau, die aus dem gleichen Milieu stammte, nie in Frage. Meine Frau litt ihr ganzes Leben darunter, dass sie nie eine weiterführende Schule besuchen durfte, und bei Agatha war es sicherlich ähnlich. Sie lernte viel vom Opa, der Lateinisch genauso gut sprach wie Schwäbisch. Ab und an bewirtete sie bei uns zu Hause den Stammtisch, dem mein Opa angehörte. Normalerweise hatte der sein Stammlokal «Adler» in Straßdorf beim Wirt Mühleisen, und es wurde an diesem Tisch ausschließlich Lateinisch gesprochen. Auch der spätere Herausgeber der *Stuttgarter Zeitung*, Josef Eberle, kam immer wieder aus Stuttgart angereist. Opa und seine Eierköpfe diskutierten im Krieg über die Nachrichten der *BBC London*. Am Nebentisch saß oft der NS-Gauleiter Oppenländer und grinste vermutlich über die verhirnten Deppen am Nebentisch. Der Zeitungsmann Eberle, mit Dichternamen «Sebastian Blau», wird heute noch in Stuttgarter Kreisen verehrt. Dieses Pseudonym legte Eberle sich zu, als er wegen der Heirat mit seiner jüdischen Frau Else von der Reichsschrifttumskammer ausgeschlossen wurde, was einem Schreibverbot gleichkam.

Wenn ich wie heute an meinen Bücherregalen entlangwandele, kommen mir all diese Figuren, alles alte Schwaben, aus meiner frühen Vergangenheit in den Sinn, und besonders an Agatha denke ich mit warmen Gefühlen zurück.

Köche und Könige

Vor Jahren lud mich das Goethe-Institut nach Palermo zum Musikmachen ein, und ein kleiner Vortrag zu Nachhaltigkeit und Reinheit von Lebensmitteln schloss sich an. Die Sizilianer sind ganz anders, als man hierzulande manchmal glaubt. Natürlich ist Sizilien eine Keimzelle der Mafia. Die ist heute aber überall und auch verschärft im Schwabenland unterwegs. Die Mehrheit der Sizilianer ist mit den Schwaben ziemlich wesensverwandt, nämlich ehrlich, korrekt und höflich und insbesondere auf dem Land eher von der Machart eines Albbäuerles.

Auf der Bühne erzählte ich, dass ich auf meinem Schulweg in die Klösterleschule immer den Hohenstaufen im Blick hatte. «Ich bin also ein direkter Nachfahre Federico Secondos von Hohenstaufen», schleuderte ich ins Publikum, was natürlich in hohem Maße spaßig gemeint war. Aber wie unter schwäbischen Bauern tut man sich mit Witzen auch in Sizilien schwer. Die Palermitaner nahmen meine Behauptung für bare Münze und ließen sich auch nicht mehr davon abbringen. Tags darauf wurde ein kleiner Umzug organisiert, wir zottelten zum Dom von Palermo. Am riesigen Porphyr-Sarkophag Friedrichs II., der mir dunkelrot entgegenschimmerte, schmetterte ich mit meinem Flügelhorn die Schwäbisch Gmünder Hymne *Grüß di Gott Alois* unser aller Kaiser entgegen. Ich weiß es nicht mehr ganz genau, aber ich denke, es floss mindestens eine Träne.

Schwaben wurde stark von den Staufern geprägt, und mit dem großen Stauferkönig Friedrich II. (1194–1250) verbindet mich zudem noch ein gewisser kollegialer Umstand. Wer von Stuttgart aus eine halbe Stunde gen Osten fährt, dem schiebt sich zwangsläufig der markante Waldkegel vors Auge. Von dort aus erstreckte sich das Heilige Römische Reich von der Ostsee bis Sizilien. Der Berg «Hohenstaufen» diente auch als Namensgeber des Kaisergeschlechts, der Begriff «Stauf» lebt in dem Wort Stufe fort, und das westgermanische Adjektiv «staupa», was steil bedeutet, steckt ebenfalls drin.

Für die Hohenstaufen interessierte ich mich bereits als Bub. Wir spielten «Ritterles» und lieferten uns mit den Buben aus anderen Stadtgebieten sogenannte «Kämpfle». Mit Holzschwertern und selbstgebastelten Schilden gingen wir aufeinander los. Ich hatte mir mit Hilfe meiner Mutter einen Schild mit den drei übereinander liegenden Löwen auf gelbem Grund bemalt. Das staufische Wappen ist auf den Fahnen Württembergs immer noch präsent. Schon in der Volksschule wurde uns Gmünder Kindern eine kaiserliche Verehrung eingeträufelt, die bis heute nachwirkt.

Das Zeitalter der Staufer wird teilweise immer noch dem «dunklen Mittelalter» zugerechnet, doch wie modern diese Epoche bereits war, konnte man eindrucksvoll in der großen Staufer-Ausstellung im Württembergischen Landesmuseum im Jahr 1977 bewundern, deren drei Katalogbände ich mir antiquarisch besorgt habe. Die Leute standen damals stundenlang Schlange, um die hervorragend aufbereitete Ausstellung zu sehen, und sie führte zu einem großen Popularisierungsschub der Geschichte Württembergs.

Auch mich begeistert diese Epoche sehr, man denke nur an die fantastischen Bauwerke der staufischen Gotik, an die Systematik der Dreifelderwirtschaft, die Verbreitung des Tritt-

Ein Berg der Orientierung: der Hohenstaufen

webstuhls, des Spinnrads oder der Nockenwelle, das Kummet, mit dem man endlich statt Ochsen auch Pferde einspannen konnte und damit die Zugkraft der Tiere verdoppelte. In der Architektur kam es zum Kreuzrippengewölbe, das die Bauweise hoher Fenster mit viel Lichteinlass ermöglichte.

Es ist schon viele Jahre her, da fuhr ich mit meiner Frau von Citulo in Apulien geradewegs auf das Stauferschloss Castel del Monte zu. Wer das gesehen hat, vergisst die riesige Steinkrone auf der Anhöhe niemals mehr. Für mich ist dieses Achteck die Krone der Welt.

Der berühmte Friedrich Barbarossa von Hohenstaufen (1122–1190) regierte von 1152 bis 1190 als König von Schwaben und als Kaiser des Heiligen Römischen Reichs. Seine zweite Frau, Beatrix von Burgund (1143–1184), förderte modernes Denken im Schwabenland, denn Burgund war damals ein schwerreicher Landstrich von hoher Kultur. Der in Italien kurz nach dem Tode Barbarossas geborene Friedrich II., in Sizilien aufgewachsen, war bestens mit der arabischen Kultur und einer verfeinerten Lebensart vertraut. Er leistete sich im Castel del Monte auf jedem Stockwerk ein Marmorbad.

Die Zeit der Staufer brachte auch Neuerungen in der Tafelkultur, was uns nun zu meinem «Kollegen» Federico Secondo bringt. Eines Tages stieß ich beim Stöbern in meiner Bibliothek auf einen Hinweis für ein kaiserliches Rezept. Ich besorgte mir daraufhin einen wissenschaftlich fundierten Nachdruck des sogenannten *Liber de Coquina,* eines Kochbuchs aus der Stauferzeit, das in zwei Teilen in der Nationalbibliothek von Paris aufbewahrt wird.

Forschungen an der Universität Bari, unter der Ägide von Frau Prof. Anna Martellotti, brachten diesbezüglich erstaunliche Erkenntnisse ans Licht. Martellotti vertritt die Ansicht, dass es sich beim *Liber de Coquina* nicht um ein Werk handelt, das im Laufe vieler Jahrhunderte entstand, sondern innerhalb weniger Jahrzehnte Gestalt annahm. Der Verfasser muss offenkundig einer höheren Bildungsschicht angehört haben, denn selbst wenn die Rezepte in Umgangssprache verfasst wurden, wurden sie gleichzeitig von jemandem mit guten Arabisch- und Französischkenntnissen ins Lateinische übersetzt. Für die Wissenschaftlerin deutet alles darauf hin, dass der damalige Autor sich der Mithilfe von Berufsköchen bedient hat. Die Mitwirkung eines Arztes, der sich in arabischer Ernährungsweise auskannte, gilt ebenfalls als gesichert. Die Wissenschaftlerin unterstreicht, dass solch ein Werk auf jeden Fall eines Förderers und Unterstützers bedurfte. Sie konnte plausibel machen, dass das Buch nur im Sizilien Friedrichs II. entstanden und der begeisterte Förderer sogar der Kaiser selbst gewesen sein kann.

In ihrem Buch *I ricettari di Federico II* (2005) präsentiert Martellotti einen Hinweis auf Friedrich II. anhand des Originaltextes. Es geht dabei um die Zubereitung von Kohl: «… ad caulles virides secundum usum imperatoris». Hier steht nicht, wie sonst bei Rezepten gebräuchlich, «ad usum», sondern «secundum usum» (also «nach dem Rezept von»), und dann folgt das entscheidende Wort, «imperatoris», «des Kaisers». Der Stauferkaiser selbst könnte also dieses Rezept entwickelt haben.

Die traditionelle Küche im Europa der damaligen Zeit war mehr als einfach, ja geradezu asketisch. Eine der wenigen Ausnahmen bildete die Umgebung Friedrichs II. und seines Sohnes Manfred. So werden in einem Kochbuch in venezianischem Dialekt Rezepte folgender Speisen aufgeführt: *torta manfreda bona e vantagiata* (mit Leber), *torta di re manfredi da fava frescha* (mit grünen Flageoletbohnen) sowie *fritelle da imperadore magnifici* (eine Scheibe Käse wird zuerst in Eiweiß gewendet, dann mit Pinienkernen bestreut und schließlich kurz frittiert).

An dieser Stelle nun zur Stärkung der geschätzten Leserinnen und Leser ein Rezept, das dem Sohn Friedrichs II. folgt. Es ist einfach in der Herstellung und preiswert obendrein:

Torta Manfreda Bona e Vantagiata (Leberkuchen nach Manfred)

ZUTATEN

500 g	Schweinefleisch, durchwachsen mit Fett
200 g	Schweineleber (oder Hühnerleber)
2 EL	Pistazien
1/2 TL	Thymian
1/2 TL	Majoran
1 TL	Muskat
	Salz und reichlich Pfeffer, aus der Mühle

Das Schweinefleisch durch die grobe Scheibe des Fleischwolfs drehen. Die Leber in ein separates Gefäß geben. Nun an das Schweinefleisch Salz, Pfeffer und alle Gewürze tun. Man muss probieren, ob man mit der Salzmenge richtigliegt. Ein Teelöffel wird ungefähr richtig sein.

Jetzt wird das Hackfleisch so lange geknetet, bis es eine zähklebrige, gummiartige Masse ist. Anschließend wird die Leber intensiv untergeknetet. Unser Gemenge wird nun in eine gebutterte Porzellanschüssel gepresst. Alufolie wird bündig auf die Hackmasse gedrückt, und bei 80 Grad kommt das Ganze für eine Stunde in den Ofen. Dazu braucht es ein Ofenthermometer, oder man stellt die Schüssel in einen Topf, der mit Wasser bis drei Zentimeter unter dem Schüsselrand gefüllt wird. Deckel

drauf und das Wasser auf 80 Grad heizen. Immer wieder mal den Deckel lupfen und die Temperatur prüfen. Über Nacht auskühlen lassen. Es schmeckt wegen des Thymians etwas eleganter als bei uns eine Leberpastete. Drei bis vier Tage ist dieses staufische Wunderwerk im Kühlschrank haltbar.

Bei Professorin Martellotti finden sich sogar Beschreibungen des Königs durch Zeitzeugen: «Nach der Ankunft in Foggia fordert er mehr Wein und befiehlt dem Koch Berardo, er soll mit den Fischen aus dem Lago di Lesina ‹askipeciam et gelatinam›, ein Fischgericht in Gelée, zubereiten.» Friedrich kümmerte sich, auch das ist den Forschungen zu entnehmen, um die Vorratshaltung seines Hofes, ließ Hammel und Kühe aus Kalabrien herantransportieren, bestellte einmal für ein Fest höchstpersönlich 600 Stück Käse aus Sizilien. Es wird zudem deutlich, wie sehr er sich um die Land- und Viehwirtschaft bemühte.

1200 Jahre lang, seit dem Römer Apicius, wurde kein nennenswertes Kochbuch verfasst, und folgt man den Forschungsergebnissen Martellottis, gab Friedrich II. die erste Ausgabe eines europäischen Werkes über Kochkunst in Auftrag. Er bevorzugte offensichtlich die italienische Küche, und wenn unter den erwähnten Regionen Sizilien fehlt, dann nur, weil dieser Landstrich ohnehin die Grundlage des Werks darstellt und griechische, arabische, aber auch normannische Einflüsse aufweist. Das Buch enthält zudem eine Einführung in Warenkunde.

Nachdem die letzten Staufer, Manfred und sein Halbbruder Konrad IV., dahingegangen und der Sohn des letztgenannten Konrad in Neapel geköpft worden war, ging die Herrschaft Süditaliens an den Franzosen Karl I. von Anjou über.

Aus diesem Grund liegen die beiden Teile des «Liber» heute in Frankreich. Der Grundstein der französischen Küche wird allenthalben Katharina von Medici angerechnet. Die italienische Küche wurde aber bereits ca. 300 Jahre zuvor schon nach Frankreich exportiert, indem das *Liber de Coquina* nach Paris gelangte. Den Grundstein der französischen Hochküche legten also die Hohenstaufen.

Ein Hoch auf die Schwaben!

Stupor Mundi in Kloster Lorch

Mit den Staufern teile ich noch eine weitere Leidenschaft. Die Rede ist von der Musik. Ursprünglich interessierte mich ausschließlich der Jazz, aber mit Zunahme von Alter und Weisheit rückte immer mehr das Klassische in den Vordergrund. Irgendwann erinnerte ich mich an den wirklich guten Musikunterricht meiner Klosterschule, in dem ausführlich über Guido von Arezzo gesprochen wurde, der im 11. Jahrhundert die Notenschrift erfand. Meine Begeisterung für diese Erfindung ging so weit, dass ich sogar die Seite eines mittelalterlichen Antiphonars (eine Art Gesangbuch) bei einem Antiquar besorgte. Auf Ebay kann man ein sehr dekoratives Blatt aus dem 15. oder 16. Jahrhundert für um die hundert Euro erwerben.

Bis ins elfte Jahrhundert hinein diente Musik vorwiegend der Unterstützung der Liturgie, mit dem Minnesang kam das Besingen von Liebe und Leid, Sieg und Niederlage, Kummer und Glück hinzu. Von Aquitanien aus, also dem südfranzösischen Landstrich, der die Pyrenäen gegen die Iberische Halbinsel begrenzt, hielten die Poetik und Sangeskunst der Troubadoure auch in schwäbische Lande Einzug. Der Minnesang lieferte höfische Unterhaltung, zugleich befriedigten die fahrenden Sänger aber auch das Klatschbedürfnis der Menschen, berichteten von entlegenen Liebeshändeln und sonstiger mittelalterlicher «Yellow Press».

Unsere Vorstellungen von der Musik des Mittelalters sind

stark klischeebehaftet. Mit jeder Menge Kitsch und aufgesetzter Fröhlichkeit in knirschenden Quinten glauben wir uns im Besitz des damaligen Klangs zu wissen. Nimmt man die Musik der Stauferzeit wirklich ernst, tun sich viel interessantere Aspekte auf. Minnesang, meist gereimte Ich-Erzählung, wurde zwar vornehmlich einstimmig vorgetragen, der Sänger bediente sich aber gerne einer Vielle (einer Fidel) als Begleitung, die zwischen den Knien gespielt wurde. Es sind sogar Noten überliefert, die jedoch nur mit vier Notenlinien versehen waren und keinen Hinweis auf Takt und Rhythmus gaben.

Die Notenschrift des Guido von Arezzo mündete zur Zeit der Staufer nach und nach in die Mehrstimmigkeit. Zu der einen Tonreihe hatte der französische Benediktinermönch Hucbald bereits im 10. Jahrhundert eine zweite Reihe hinzugefügt, und alsbald folgte noch als dominante Höhung die Quinte, die schon seit den alten Griechen als Inbegriff des Wohlklangs galt.

Kirchentonarten, auch «Modi» genannt, bilden das tonale Ordnungsprinzip der abendländischen Musik vom frühen Mittelalter bis zum 16. Jahrhundert, mit unmittelbaren Nachwirkungen bis ins 17. und 18. Jahrhundert. Bis heute greift die Jazzmusik ständig darauf zu.

Vor Jahren, im Jahr 2012, gab ich einmal ein Konzert im Kloster Lorch, das 1102 von Herzog Friedrich I. von Schwaben (1050–1105) gestiftet wurde und als Hauskloster der Staufer fungierte. Einige wichtige Persönlichkeiten sind dort beigesetzt, der Stifter selbst sowie seine Brüder Ludwig und Walther, Judith von Bayern, die Mutter Friedrich Barbarossas, und Prinzessin Irene von Byzanz, die Frau des Barbarossa-Sohnes König Philipp von Schwaben.

Das Orchester nannte sich «Stupor Mundi-Orchestra», weil

Kaiser Friedrich II. im Volksmund auch «Stupor Mundi» («das Staunen der Welt») genannt wurde. Die romanische Kirche des Klosters Lorch platzte aus allen Nähten. Das lag aber nicht an mir, sondern an der Anwesenheit von Elite-Musikern. Tosenden Beifall erhielt Carlo Rizzo, der auf einem Tamburin herumzauberte, als würde er zwei Schlagzeuge bedienen. Gavino Murgia spielte sehr modernes Saxofon in kompliziertesten Tonkaskaden und gab reichlich von seinem sardischen Obertongesang zum Besten. Diese Technik geht bis in die Bronzezeit zurück. Aus seiner Kehle tönten gleichzeitig zwei Stimmlagen, eine hohe Obertonlage und ein tiefer Bass. Es war gelinde gesagt mystisch. Dazu trug auch der berühmte Tubist Michel Godard bei. Immer wieder spielte er auf dem Serpent, einem Blasinstrument, das aussieht wie eine gebogene Schlange und in der Renaissancezeit erfunden wurde. Auf diesem Instrument hatte er einen sehr schönen Ton. Der Chef der Truppe, der den Laden zusammenhielt, war und ist mein alter Freund Patrick Bebelaar, ein fantastischer Pianist. Er schrieb die Kompositionen, die vorwiegend auf dem Minnesang der Troubadoure Aquitaniens gründeten.

Fast siebenhundert «Liebhaber der Staufermusik», die in unserer Interpretation stark von modernem Jazz unterfüttert war, bevölkerten bei schönstem Ausflugswetter den Klosterberg. Ungewöhnliche Harmonien und auch sperrig-moderne Intervalle und Rhythmen reicherten die mittelalterlichen Melodien an, welche die zauberhafte romanische Kirche erzittern ließ. Die Kompositionen bewegten sich zwischen hochkomplex und drängend, es gab zarte Stücke und Lieder von archaischer Kraft. Es war eine Musik aus tiefer Tradition, welche sich Erneuerungen verschrieben hat und vielleicht gerade deshalb Jazz genannt werden sollte.

Ich hatte die fatale Idee gehabt, den Konzertbesuchern eine gratis «Gmünder Batzenwurst» zu offerieren. Diese Würste machten wir damals von Hand. Ich bekam rechtzeitig Panik und produzierte mit einem befreundeten Metzger 1200 Würste, zur Abwicklung des erwarteten Ansturms wurde eine Cateringfirma engagiert. Es stellte sich heraus, dass so manche Besucher die Musik eigentlich verfluchten und sich immer wieder für eine Wurst anstellten. Seitdem gibt es bei meinen musikalischen Lesungen niemals mehr etwas zu essen. Das Rezept gebe ich aber trotzdem preis.

Gmünder Batzenwurst

Das Schwein ist insofern unterprivilegiert, da es fatalerweise in seine eigenen Därme gestopft wird. So etwas ist immer eine Entehrung, nicht aber bei Familie Klink. Die Gmünder Batzenwurst ist eine meiner Jugenderinnerungen und ganz aus dem hiesigen Bewusstsein verschwunden. Das Metzgerhandwerk kam vom Schwein auf den Hund, und das mit immer raffinierteren Kreationen. So kam immer mehr Wasser in die Wurst, und solche Konstrukte nennen sich heute «bezahlbar».

In der Gmünder Batzenwurst steckt kein Wasser drin, dafür aber Fleisch von der Menge eines Superschnitzels. Nicht irgendein Fleisch, sondern bezogen von der Demeter-Hofgemeinschaft Heggelbach oder von der Schwäbischen Erzeugergemeinschaft Schwäbisch Hall. Würste in dieser Qualität sind Kunstwerke, erfordern viel Können und halten in meinen Augen mit Dreisterneküche locker mit.

«Gell, des glaub'sch net.» Doch, sage ich, es liegt nur daran, dass fast niemand mehr die wirkliche Metzgerei-Kunst kennt. Es gibt sie aber noch, jedenfalls bei uns und natürlich auch in anderen Landstrichen. Es gibt viele gute Sachen, aber man muss sie finden.

ZUTATEN

500 g	Schweinehals, möglichst schlachtfrisch
10 g	Meersalz
1 TL	geschroteten Fenchel
1/2 TL	Zucker
	Prise Muskatblüte
	etwas abgeriebene Zitrone
	etwas gemahlener Pfeffer
1 Rolle	Küchengarn
2	Schweins-Mitteldärme, die man sich beim Metzger besorgen kann

Erst einmal die Hände gut waschen, Nägel kurz schneiden oder Latexhandschuh verwenden. Das Fleisch durch die mittlere Scheibe des Wolfs treiben und alle Zutaten beigeben. Mit den Händen mindestens fünfzehn Minuten gut durchkneten. Anfangs ist das Brät noch locker. Es muss so lange bearbeitet werden, bis es zäh und klebrig wird.

Das Brät in einen Spritzbeutel füllen, vorne über die Tülle den Schweinsdarm stülpen und das Brät in den Darm drücken. In Abständen mit Küchenschnur abbinden. Ideal wäre eine Wurstpresse. Auf die lange Tülle wird der Darm aufgezogen. Es gibt auch Fleischwölfe, die über eine Wursttülle verfügen.

Die Würste in leicht gesalzenem Wasser brühen, wie man das bei Würsten üblicherweise macht, bei ungefähr 80 Grad 20 Minuten lang ziehen lassen.

Kloster Lorch liegt ungefähr fünfzehn Minuten westlich von Schwäbisch Gmünd, und wer auf der Schnellstraße nach Stuttgart unterwegs ist, dem schiebt sich zumindest der Klosterturm deutlich vors Gesicht. Die romanische Pfeilerbasilika verbindet ein Querhaus mit dem Chor. Es ist einer meiner Lieblingsorte in der ganzen Gegend, ein schlichter, ergreifender Bau. Die erdgebundene Romanik ist mir sowieso eine große Leidenschaft. Tritt man aus der Kirche, steht man im gotischen Kreuzgang und weiterspazierend erblickt man später erbaute Wirtschaftsgebäude, die heute als evangelisches Altenheim dienen.

In der entgegengesetzten Richtung, am Turm vorbei, ist die Klostermauer zu sehen, und in ihr ist ein Quaderstein eingelassen, den ich schon unzählige Male besichtigt habe. Kaum jemand weiß davon, da er etwas versteckt liegt. Ein Pelikan ist dort eingemeißelt, in der christlichen Tradition ein Symbol für Nächstenliebe. In einer engen Biegung reckt er Hals und Schnabel nach hinten, um sich eigenes Fleisch aus dem Körper zu reißen, der Legende nach, um seine hungernden Jungen durch seinen eigenen Körper zu ernähren.

Das Geschlecht der Staufer, so sagt man, nahm seinen Anfang auf dem Wäscherschloss nahe dem Hohenstaufen, das man auch die «Wiege der Staufer» nennt. Man sieht es mir heute nicht mehr an, aber ich drehte dort in jungen Jahren auf meinem Mercier-Rennrad am freien Tag gerne meine Runden. Die Lieblingsstrecke führte von Gmünd in Richtung Lorch, und dann das Beutental hinauf. Das Wäscherschloss ist ein geheimnisvolles Bauwerk, es steht da wie ein Klotz, und es wird mir ein Rätsel bleiben, warum man es Schloss nennt. Eine gewaltige Mauer türmt sich vor dem Betrachter in den Himmel auf. Die versteckte Lage, fast vollständig von Wald umgeben, schützte sicher das Bauwerk vor der Zer-

Grablege einiger berühmter Staufer: Kloster Lorch

störung. Spaziert man durch das riesige Tor, zeigt sich ein erstaunlich weitläufiges Fachwerkhaus. Ursprünglich verbarg sich alles hinter der Mauer, in der Renaissancezeit wurde jedoch ein oberes Stockwerk draufgesetzt, das einen schönen Blick auf den Hohenstaufen freigibt.

Die Burg Hohenstaufen aus dem 11. Jahrhundert, die im Wanderer-Tempo in einer Stunde bergan erreicht werden kann, ging im Bauernkrieg verloren. Immer wieder frage ich mich, warum man bloß schöne, alte Bauwerke zerstörte. Denn so eine Burg einzureißen, mit staufischen Buckelquadern errichtet, kostet viel Schweiß und kann nicht allein mit Wut erklärt werden. Die präzise gehauenen Buckelquader, einer wog ungefähr einen halben Zentner, waren schon damals sehr teuer in der Herstellung. Kurzum, es ging vermutlich um die Ausbeutung eines Steinbruchs, Gier und darum, an billiges Baumaterial ranzukommen.

Meine Heimat Schwäbisch Gmünd trägt übrigens den Titel, die älteste Stauferstadt zu sein. Die Römer waren vorher auch schon da, und man kann hier die Reste des Kastells Schirenhof besichtigen, das zur Sicherung des nahe gelegenen Limes errichtet wurde. Zu Barbarossas Zeiten, im Jahr 1188, wurde Gmünd zum ersten Mal als «burgum Gemunde» genannt. Mein Lieblingsbauwerk in der gesamten Stadt ist die Johanniskirche am Marktplatz. Der Sage nach bekam Agnes von Hohenstaufen (ca. 1072–1143), die Tochter des berühmten Heinrich des IV., einen gewaltigen Schrecken, als sie auf der Jagd im Remstal bei Gmünd ihren Ehering verlor. Sollte der Ring gefunden werden, so die Legende weiter, würde sie an dieser Stelle eine Kirche bauen.

Mit den Jahreszahlen geriet ich aber in gewisse Zweifel. Die Johanniskirche wurde vermutlich erst nach dem Tod der famosen Agnes gebaut. Erwiesen ist aber, dass es zwei Vorgängerbauten der romanischen Kirche gab. Stehe ich im Inneren des dreischiffigen Bauwerks, so überkommt mich jedes Mal eine Italiensehnsucht. Man glaubt hier nicht in Deutschland zu sein, sondern in der Toskana oder in Umbrien, auf alle Fälle in der Nähe Roms.

Ein schreibender Arzt im Schweizer Chalet

Während der Recherche zu diesem Buch beäugte ich immer wieder meine große Württembergica-Sammlung. Da standen sie: Hartmann von Aue, Hölderlin, Schiller, der grandiose Mörike, Uhland, Hauff, und dann ein halber Regalmeter Justinus Kerner. Nur leider nicht sortiert, sondern in wildem Durcheinander. Es war kein haltbarer Zustand, und so begann ich zu lesen und zu ordnen, was zunehmend ein inneres Feuer für das ganze «alte Zeugs» entfachte.

Der in Ludwigsburg geborene Arzt und Schriftsteller Justinus Kerner (1786–1862) hat es mir besonders angetan. Er wirkte ab 1822 als Oberamtsarzt in Weinsberg, und ich verehre ihn vor allem für sein kulturelles Engagement, er ist mir aber auch sympathisch, weil er einen ähnlich imposanten Schatten geworfen haben muss wie ich.

Mein nächster Ausflug führt mich deshalb im Winter 2022 nach Weinsberg. Mit Eva wird über Ludwigsburg hinaus, dem Neckartal folgend, die Burg Weibertreu angesteuert. Vielleicht, denke ich, hat Kerner die Arztstelle dort nur angetreten, weil ihn der Schemelsberg gelockt hat. Dort wächst nämlich hervorragender Wein, woran die hier ansässige Weinbauschule nicht ganz unschuldig ist. Sie hat viel zu der erfolgreichen Entwicklung des Württemberger Weins beigetragen.

Nun aber zu Kerner. Weinsberg, etwas nördlich von Heil-

Die Johanniskirche in Schwäbisch Gmünd. Man fühlt sich wie in Umbrien.

bronn gelegen, stand im Mittelalter unter der Herrschaft der welfischen Bayern und hielt diesen die Treue, als sich Konrad III. von Hohenstaufen (1093–1152), der Sohn der sagenumwobenen Agnes, den markanten Ort einverleiben wollte. Es war das Jahr 1140. Damals gab es den Schlachtruf «Hie Welf, hie Waibling», der den Konflikt zwischen den papsttreuen Welfen und den kaisertreuen Waiblingern ausdrückt.

König Konrad, in direkter Linie, hätte zum Kaiser gekrönt werden müssen, wozu es aber nicht kam, da er mit dem Papst in Fehde lag. Er kämpfte um die Weinsberger Burg, die im Besitz der Welfen war. Eine Unterwerfung stand für die Weinsberger aber nicht zur Debatte, und auch Konrad lagerte eisern vor den Mauern, bis die Eingeschlossenen den letzten Krümel und die letzte Maus verspeist hatten. Am kommenden Tag sollte die Burg gestürmt werden. Eine junge Weinsbergerin schlich sich jedoch ins staufische Heerlager und bat um Gnade, wenigstens für die Frauen. Der Charme der Frau, so geht die Legende, stimmte Konrad III. zur Milde: «Alles, was die Weiber tragen können, dürfen sie mitnehmen.» Die Weinsberger Amazonen schnallten daraufhin ihre Kerle auf den Rücken, wankten den Buckel hinab und gingen mit ihrer Tat als die «Weiber von Weinsberg» in die Geschichte ein. Seitdem heißt die Burg Weibertreu.

Diese Burg wurde zu einer Herzensangelegenheit Kerners. Schaute er aus dem Fenster, hatte er sie immer vor Augen. Von der Geschichte der mittelalterlichen Frauen offenbar beeindruckt, rief er am 8. Dezember 1823 mit einigen Bürgerinnen des Orts den Weinsberger Frauenverein ins Leben, zu deren Gründungsmitgliedern auch seine Frau Friederike gehörte. Der Verein widmete sich fortan der Pflege und Bepflanzung der Burganlage. Kerner, alles andere als kontaktscheu, suchte für sein Projekt weitläufig Unterstützerinnen und Förderer, unter anderem war er bei Pauline von Württemberg und König Wilhelm I. von Württemberg erfolgreich. Der Verein, der als erster das Wort «Frauen» im Titel führte, war nicht das, was man heute einen «Charity-Club» nennt, sondern hatte denkmalpflegerische Absichten. Die Gemäuer wurden renoviert, das Gestrüpp am Hang entfernt und Rebstöcke gepflanzt. Auch heute noch ist die Ruine im Besitz dieses Vereins, der sich 1920 mit dem neu gegründeten Justinus-Kerner-Verein zusammenschloss.

Die Burgruine ist gut in Schuss, besser als ich. Ich wuchte meinen Bauch hinauf, der Ausblick von hier ist gigantisch. Ich studiere das in Stein gehauene Unterschriftenalbum, das Rahel von Varnhagen signiert hat, der von mir sehr geschätzte Dichter und Orientalist Friedrich Rückert, aber auch Achim von Arnim, Clemens Brentano und Friedrich de la Motte Fouqué. Auf der Burg betreiben die Weinsberger Frauen mittlerweile ein kleines Museum. Dass rundum Autobahnen das Juwel im Würgegriff haben, muss man mit Fassung hinnehmen. Dessen ungeachtet liegt der Ort im Schutz der Burg in absoluter Ruhe.

Wir umrunden nun die Weinsberger Johanneskirche, mit den Gebäuden drumherum ein wahrhaft mittelalterliches Ensemble. Besonders gefällt mir der schmucklose klare Innenraum der romanischen Basilika. An einer Gedenkplatte verweile ich, sie widmet sich einem gewissen Johannes Oekolampadius (1482–1531). Dieser Weinsberger Reformator und Humanist mit dem zungenbrecherischen Pseudonym (eigentlich hieß er Johannes Heussgen) ließ seinen Namen der Mode dieser Zeit entsprechend ins Altgriechische übertragen. Alles kann man ja nicht wissen, deshalb verziehe ich mich mit Eva in einen Kirchenwinkel, und die Tochter, Virtuosin des Internets, kriegt rasch raus, dass das «G'scheitle»

Burgruine, links die Weinsberger Johanneskirche

in Weinsberg geboren und ein Mitarbeiter des Erasmus von Rotterdam war.

Das Kernerhaus in Weinsberg, von Bäumen und Wiesen umgeben, ist ein besonderer Ort, von seinem Bewohner, dem Arzt und Dichter geprägt, und zugleich Ausdruck seiner Zeit. Im 19. Jahrhundert wurden in Deutschland viele Häuser im Stil von Schweizer Chalets gebaut, man folgte dem Ideal einer ländlich-romantischen Idylle, bis hin zum märchenhaften Garten. Dahinter stand das Unbehagen am Größerwerden der Städte, die Sehnsucht nach dem Landleben, frischer Luft und unverbrauchter Natur. Kerners Anwesen in Weinsberg war Dreh- und Angelpunkt, eine Art Boardinghouse bzw. Versorgungseinrichtung für zahlreiche Poeten und Intellektuelle seiner Zeit. Mit Eva steige ich über den Zaun, um ein schönes Foto zu machen. Wir müssen nochmal wiederkommen, wenn das Haus geöffnet hat.

Ich will nun aber kurz ein Licht auf ein Buch werfen, das den Arzt mit dem Schriftsteller Justinus Kerner verbindet. Als Arzt betreute er zwei Jahre lang eine Frau namens Friederike Hauffe (1801–1829), Tochter des Prevorster Revierförsters. Friederike Hauffe zeigte Symptome, die damals unter «Dämonen- und Geisterbesessenheit» abgespeichert wurden. Sie hörte Stimmen, hatte Lichterscheinungen und sagte Ereignisse voraus. Kam sie in Trancezustände, redete sie in einer unbekannten Sprache, von der sie behauptete, es sei die Ursprache der Menschheit. Über diesen Fall veröffentlichte Kerner 1829 einen Roman mit dem Titel *Die Seherin von Prevorst.*

Kürzlich las ich bei Hermann Bausinger, dem berühmten Germanisten und ausgewiesenen Kenner der schwäbischen Kultur, Kerner habe sich mit dieser Krankenstudie Wege eröffnet, die lange vor Sigmund Freud in Richtung Psycho-

Kernerhaus Weinsberg

analyse führten. Während ich interessiert an meinem Kaffee nippte, fiel aus dem Buch ein Zeitungsartikel über die Seherin heraus. Es wird darin über das Geburtshaus Friederike Hauffes berichtet, ein schön restauriertes Fachwerkhaus an der Hauptstraße von Prevorst. Ich lese von einer alten Wirtschaft mit einer ebenso betagten Chefin in dem alten Gebäude und beschließe, die Dame eines Tages aufzusuchen.

Kerner hatte, schon bevor er Friederike Hauffe betreute, einen bekannten Patienten gehabt. Am 15. September 1806 nahm die Tübinger Universitätsklinik den zwangseingewiesenen Friedrich Hölderlin in Behandlung. Unter dem damals weitgerühmten Klinikchef Johann Heinrich Ferdinand Autenrieth arbeitete hier auch der Medizinstudent Justinus Kerner. Das Rezeptbuch der Klinik verzeichnet einige Eintragungen Kerners, die belegen, dass er vor allem für die Verabreichung der von Autenrieth verordneten Arzneimittel zuständig war. Die Medikation liest sich aus heutiger Sicht ziemlich hanebüchen, Aufgüsse des Alkaloids Belladonna wechselten sich mit einem Absud von Digitalisblättern ab. Melangen von Quecksilbersulfat, Opium, Cantharidin, ein hochgiftiges Monoterpen, wurden verabreicht.

Justinus Kerner startete in den folgenden Jahren eine medizinisch-poetische Doppelkarriere und entwickelte sich zu einem der bedeutendsten Dichter der sogenannten schwäbischen Romantik. Er amtete zugleich als Amtsarzt in Weinsberg, hatte für jeden Patienten ein offenes Ohr und galt als Kenner der Seelenheilkunde.

1811 veröffentlichte er seinen Roman *Reiseschatten*, eine poetisch-medizinische Darstellung seiner Erlebnisse an Friedrich Hölderlins Krankenbett. In eine Reise durch Süddeutschland werden satirische oder märchenhafte Sequenzen eingefügt, in denen ein wahnsinniger Dichter namens

Holder die Handlung zum Sprudeln bringt. Das Buch fand nicht nur Freunde, Verehrer Hölderlins empfanden die Darstellungen als zu grotesk und dunkel. In der Tat gelang Justinus Kerner mit dem Roman ein Höhepunkt der Groteske in der deutschen Romantik.

Vor der Französischen Revolution hatte der Wunderheiler Anton Mesmer für Furore gesorgt. Er lebte im Bodenseegebiet und therapierte mit Magnetismus und gewissen Vorformen der Hypnose. Justinus Kerner war von ihm angetan und forschte ebenfalls in diese Richtung. Dennoch war er kein Esoteriker, beschäftigte sich aus medizinisch-beruflicher Neugierde mit Spiritismus und Hellseherei.

Ausgiebig laborierte der umtriebige Mediziner an den Phänomenen eines Bakteriums. Die Rede ist vom Botulus-Bakterium, für dessen Erforschung er die Grundlagen lieferte. Botulus ist das lateinische Wort für Wurst und auch der Name für ein Nervengift, das Atemlähmung hervorruft und vor der Erfindung des Penicillins meist zum Tod führte. Das Bakterium ist in Wurstdosen und Gemüsekonserven gerne zu Gast. Die Erreger gedeihen auch unter Luftabschluss, und Kerner kam mit seinen Forschungen sehr weit. Das interessiert mich neben der Wurst auch deshalb, weil mein Vater als Tierarzt und Bakteriologe darüber promoviert hat.

Maultaschen bei Beutelsbach

Nun aber zurück in frühere Zeiten. Ich will von einer großen Familie berichten, die heute noch höchst munter und solide ihre Güter verwaltet und als moderne Firma von sich reden macht. Von Stuttgart, eine halbe Stunde nach Osten, fuhr ich einst mit meiner Elisabeth nach Beutelsbach. Eigentlich ein Zwischenziel. Zuerst ging es mir darum, die burgartige Kirche zu fotografieren. Denn in Beutelsbach beginnt die Geschichte der Grafen, Herzöge und späteren Könige von Württemberg.

Bereits im Mittelalter wurde um den Namen Wirtemberg gerätselt, Sagen ranken sich darum. Der Name könnte auf die Bewirtschaftung des Bergs zurückgehen, einige Wissenschaftler erhärten jedoch die These, dass der Name keltischer Herkunft sei, «Wirodunum», eine Bezeichnung für Festung. Bereits in den Jahren ab 1080 verlegte die Familie ihren Sitz auf den Wirtemberg, den heutigen «Rotenberg». Seinen Namen verdankt er der eisenhaltigen, rostroten Erde. Früher war der Berg eine Festung mit drei Ringmauern, die dreimal zerstört und dreimal wiederaufgebaut wurde.

Bevor ich aber davon erzähle, fahren wir von Beutelsbach weiter ins Tal und die Schnaiter Weinberge hinein. Am Talschluss, wo die Straße hinauf nach Esslingen führt, steht als letztes Haus mein geliebtes Gasthaus, der «Adler Baach». Viele Jahre lang war es das Stammlokal von meiner Frau und mir, das uns an unserem Ruhetag einen besonderen Luxus bot. Man kann hier nämlich noch an Sonntagen nachmittags um vier zum Mittagessen einkehren. Bei Familie Kiesel bin ich bis heute immer gut untergebracht. Es kann mit geschmälzten Maultaschen anfangen, danach kommt Forelle oder Wiener Schnitzel in Perfektion mit Kopfsalat auf den Tisch. Einfache Küche, und ich sage es zum hundertsten Male, die einfache Küche ist die wirklich schwierige. Als ab 1978 mein Restaurant in Schwäbisch Gmünd, der «Postillion», von einem Michelinstern beleuchtet wurde, war das zwar eine schöne Sache, aber auch ein bisschen beklemmend, denn ich musste nun nicht mehr nur für die Gäste kochen, sondern auch nach dem Gusto der Michelintester. Eine Maultasche gehörte nicht in den elysischen Kanon der damaligen «Nouvelle Cuisine».

Mittlerweile kocht die Wielandshöhe fast ausschließlich nostalgische Gerichte, allerdings mit moderner Überarbeitung. Die schwäbischen Hausfrauen, die Maultaschenköniginnen, es gibt sie zum Glück noch zuhauf. In der Gastronomie allerdings sieht es trübe aus, denn die Personalkosten und -knappheit erlauben es der bürgerlichen Küche, die mir die liebste ist, großenteils nicht mehr, handwerklich gut zu fertigen. Deshalb anbei nun das Rezept der Maultaschen, die bei uns täglich frisch «genudelt» werden.

Maultaschen Schwäbisch

ZUTATEN

Nudelteig

250 g	Mehl
2	Eier
1/2 EL	kaltgepresstes Olivenöl
	Prise Salz

Den größten Teil des Mehls auf ein Nudelbrett häufen und in der Mitte ein Loch freischieben. Die Eier einschlagen, das Olivenöl dazugeben, und alles zu einem glatten Teig kneten. Immer wieder Mehl dazu und so lange walken, bis alles an Knetmasse erinnert.

Möglichst dünn ausrollen, eine Nudelmaschine ist von großem Vorteil. Ältere Italienerinnen nehmen ein Stück geraden Besenstiel. Ich erinnere mich noch an die Reaktion meiner Frau, als ich ihrem Besen ein Stück absägte, es war die Hölle los. Mit diesem Rundholz funktioniert aber alles nur dann gut, wenn man in der Küche eine Anrichte aus Stein hat.

Füllung

500 g	Spinat (fein gehackt)
2	Zwiebeln
1	Stange Lauch
1	Bund Petersilie
250 g	Hackfleisch (am besten nicht zu mageres Schweinefleisch wie Hals oder magerer Bauch)
100 g	Rauchfleisch (muss nicht sein, in manchen Gegenden verpönt)
2	Scheiben altes Weißbrot oder ein Brötchen (in dünne Scheiben geschnitten und in etwas Milch eingeweicht)
2–3	Eier
	Salz, Pfeffer, Muskat

Zwiebeln, Speck und den in Scheiben geschnittenen Lauch in Butter gut anrösten und in eine Schüssel geben. Das Hackfleisch, das ausgedrückte Brot / Brötchen und die restlichen Zutaten dazugeben. Mit Pfeffer, Salz und Muskat durchmengen und würzen. Alles muss gut durchgeknetet sein, damit die Farce eine gute Bindung bekommt.

Nun den ausgerollten Nudelteig auf einem bemehlten Brett ausbreiten, in circa 8 cm lange Streifen zerteilen und diese anschließend in Rechtecke schneiden. In der Mitte einen aprikosengroßen Kloß Brät platzieren, die Ränder mit etwas Ei bepinseln, ein gleich großes Stück Teig obenauf legen und die Ränder gut andrücken. Anschließend die Maultasche ebenso flach drücken, damit das Innere schneller gart. Ist das Innere zu kugelig und dick, braucht es zum Garen ziemlich lange, sodass der Teig zu weich wird und beim Servieren abfällt.

In leicht kochendem Salzwasser ca. 10 Minuten ziehen lassen. Maultaschen können in zweierlei Versionen angerichtet werden, entweder als Suppe oder als Gericht mit grünem Salat oder Kartoffelsalat. In jedem Fall sollte eine Butter-Zwiebel-Schmälze (von Schmalz = Fett) darüber geträufelt werden.

Anmerkung: Die Füllung macht sicher jede schwäbische Hausfrau in anderer Version. Ursprünglich war die Maultasche sicherlich ein Resteessen. Alles Übriggebliebene, zum Beispiel Bratenstückchen, wurde durch den Wolf gedreht und als Wiederauferstehung des Fleisches aufs Neue in kulinarische Höhen befördert.

Nach dem Essen fuhren meine Frau und ich wieder das Remstal hinab, passierten Fellbach und erblickten dann links den «Rotenberg», der nicht mehr die Festung der Württemberger ist, sondern das Mausoleum der Königin Katharina Pawlowna Romanowa (1788–1819) beherbergt, Großfürstin von Russland und geborene Württembergerin. Katharina heira-

Der Rotenberg

tete am 24. Januar 1816 in Sankt Petersburg ihren Cousin, den württembergischen Kronprinzen Wilhelm. Die Ehe folgte einem politischen Diktat, das auf dem Wiener Kongress 1815 lanciert wurde. Es ging darum, die nationalen Verbindungen zwischen Russland, Österreich und Preußen zu sanieren.

Der Ort ist eine Besonderheit und von einer Schönheit, die an die Antike erinnert. Nicht nur einmal haben wir vom Remstal kommend einen Abstecher hierher gemacht. Die hübsche und gescheite Katharina erfreute sich durch ihr soziales Engagement großer Beliebtheit bei der Bevölkerung. Zu sagen, sie war die Lady Di der damaligen Zeit und Region, wäre nicht übertrieben, und ihr Name lebt heute noch im großen Katharinenhospital (Klinikum Stuttgart) fort.

Die Grabkapelle zu besuchen, empfiehlt sich ebenfalls. Im Inneren des «Tempels des schlechten Gewissens» steht der Weihestein der Württemberger aus dem Jahr 1083, das Monument aus der Beutelsbacher Kirche. Er ist das früheste Zeugnis des Hauses Württemberg. Das mit dem schlechten Gewissen will ich noch kurz erklären: König Wilhelm I. von Württemberg (1781–1864), als notorischer Fremdgeher bekannt, konnte trotz frischer Heirat von seiner Geliebten nicht lassen. Der König weilte, so wird es erzählt, im königlichen Privatgestüt Scharnhausen, und Katharina folgte ihm dorthin in offener Kutsche, erfüllt von Eifersucht und in zu leichter Kleidung. Eine Gürtelrose hatte sie bereits geschwächt, und eine fiebrige Erkältung warf sie in der Folge aufs Krankenlager, wo sie schließlich mit nur 30 Jahren verstarb. Mittlerweile sind die Historiker anderer Meinung, aber die Geschichte mit der wilden Kutschfahrt hat sich bei uns Schwaben verfestigt. König Wilhelm I. fiel nach Katharinas Tod in große Trauer und bereute seine Untreue zutiefst. Er baute das Mausoleum in der Anmutung eines griechischen

Tempels auf dem geschichtsträchtigsten Ort seiner Dynastie. Über dem Portal ließ er einmeißeln: «Die Liebe höret nimmer auf.»

Wilhelm I. liebte auch die Kunst und sammelte Gemälde und Skulpturen, vor allem weibliche Akte ließ er in großer Zahl zusammentragen. 1843 eröffnete er das «Museum der Bildenden Künste», die heutige Staatsgalerie Stuttgart, und erwarb 1852 aus privater Schatulle die Sammlung Barbini-Breganze in Venedig. Mit 250 Gemälden im Gepäck ging die Reise direkt nach Stuttgart. Mit dieser Gabe legte er den Grundstein für die bedeutende barocke Abteilung des heutigen Museums.

Die alte Malerei, für die Italien berühmt ist und die ich so liebe, zeigt sich nördlich der Alpen, im Schwabenland, ebenso in großer Meisterschaft. Die Tafelmalerei, Gemälde auf Holz oder stoffbespanntem Holz, begann im Florenz des 13. Jahrhunderts mit dem Maler Cimabue (eigentlich Cenni di Pepo). Er malte noch ganz unter byzantinischem Einfluss, einer Stilistik, die sich bis heute in der Ikonenmalerei auf Goldgrund erhalten hat. Dann folgte wie ein Donnerschlag das Genie Giotto di Bondone, dessen Kunst man in der Cappella degli Scrovegni auf dem Weg nach Venedig, in Padua, kennenlernen kann. In meinem Venedig-Buch beschäftige ich mich ausführlich mit diesem Maler, dessen Lapislazuli-Blau mir nie aus dem Kopf geht. Die Malerei dieser Zeit wirkte noch recht statisch. Richtig lebendig, was Farbe und Gestik anbelangt, geriet die Kunst dann ein Jahrhundert später, in der Spätgotik oder, wenn man so will, in der Frührenaissance. Aus unserer Gegend stammend wäre da zunächst Stephan Lochner zu nennen, um 1400 in Meersburg am Bodensee geboren. In Köln wurde er zur Berühmtheit und ist im Kölner Wallraf-Richartz-Museum zu bewundern.

Uhren, Ochsen und Altäre

Eine starke halbe Stunde nördlich von Stuttgart befindet sich der liebliche Ort Tiefenbronn, und es gibt mindestens drei Gründe, dorthin zu pilgern. Erstens, den Magdalenenaltar von Lucas Moser, zweitens das Restaurant «Ochsen Post» und drittens den Uhrmacher Wilhelm Rieber.

Zur Spargelzeit 2023 fahre ich also die Autobahn nach Pforzheim entlang, und dort, wo die Hautevolee von Stuttgart Golf spielt, in Heimsheim, nehme ich die Ausfahrt und düse schräg durch das Heckengäu nach Tiefenbronn. Die Gegend, sanft hügelig, wirkt mir gut aufs Gemüt, und tatsächlich sind die Felder und Weiden vielerorts von Hecken, meist Weißdorn, begrenzt. Im Frühling zeigt sich die Landschaft südlich von Pforzheim wie im Brautkleid, blütenweiß besprenkelt und heute durch Regennässe immer wieder sonnenbefleckt zum Leuchten gebracht.

Ein Kreisverkehr legt sich in den Weg, und nach rechts haltend entkomme ich ihm und sehe schon die Häuser der Ortschaft. Sie liegt nicht im benachbarten und tiefen Würmtal, sondern oben auf der Höhe. Neben mir sitzt Tochter Eva, die mittlerweile fast zu meinem Reiseschatten avanciert ist. Wir betreten das Restaurant «Ochsen Post», seit vielen Jahren eine Institution in der Gegend. Es ist Sonntagmittag, der Laden ist proppenvoll, aber wir haben reserviert. Drinnen sitzen wir im Grün einer üppigen Pflanzenwelt. Ich beglückwünsche Eva zu ihrer Idee, hier einzukehren, und schlage vor, nach dem Essen zur Kirche hinüberzuwackeln, um den berühmten Altar zu besichtigen. Sie erwidert, es sei wichtig, als Kulturmensch erst einmal gut zu vespern. Ich unterlasse es zu sagen, dass es bei mir umgekehrt eindeutig besser läuft, weil sich nach dem Essen das ganze Hirn mit der Verdauung beschäftigt.

Eva hat sich in den letzten Jahren von Coca-Cola in die Welt der guten Weine vorgearbeitet. Ich vertraue ihr blind, und sie bestellt einen Spätburgunder, auch wenn ich den dann zum Spargel trinke. Das Mittagessen zieht sich wohlig in die Länge. Inmitten der Spargelzeit kommen diese perfekt gegart mit kleinen Schnitzelchen auf den Tisch.

Wir zahlen und tapsen dem Ausgang zu. Herr Jost, Gastwirt, Koch und Autor, verabschiedet uns. Wie so oft, wenn wir uns zu einer Kulturanstrengung aufmachen, ist der Markt schon «verloffen», alles dicht, wie man auf Schwäbisch sagt, auch die Kirche. Es bekümmert uns letztlich wenig, denn das gute Essen und der Lemberger von Christian Dautel aus Bönnigheim hat uns prächtig wattiert. Der Moser-Altar hat seit sechshundert Jahren auf uns gewartet, da kommt es auf einen Tag auch nicht mehr an.

Eva, mit der Nase immer dicht am iPhone, hat stattdessen einen kleinen Spaziergang ausgekundschaftet und schlägt vor, zur Burg Steinegg zu laufen. Ich halte das prinzipiell für eine gute Idee, aber mit meinem vollen Ranzen entscheide ich mich dafür, im VW-Bus ein Mittagsschläfchen zu machen. Eva hockt sich auf die Kirchentreppe, und ich bin wenig später im Reich meiner Träume. So lange, bis jemand die Autotür aufreißt. «Jetzt hast du eine Stunde geschlafen, ich hab extra noch gewartet und gedacht, dass es dir guttun würde. So ist es hoffentlich auch?» Eva, ein wahres Energiebündel, als hätte sie die Finger permanent in einer Steckdose, hilft mir schon durch ihre Energieabstrahlung in die Welt zurück.

Wir fahren den Berg hinab ins Würmtal, auf der anderen Seite wieder hinauf und folgen dem Schild «Burg Steinegg». Die Fahrt wäre zu Fuß in die Nähe des Everestwahnsinns gekommen, und ich hätte womöglich den Bergwachthubschrauber ordern müssen. Der Besuch der Burg, die heute auch als evangelisches Freizeitheim genutzt wird, lohnt sich. Wir wandern an einem aufgelassenen Friedhof vorbei, im schrägen Nachmittagslicht mutet er mir in einer Weise romantisch an, dass ich denke, gleich könnten Schiller, Uhland oder der Hölderlin um die Ecke wandeln. Solche stillen Orte sind mir wie Kathedralen und spenden mir Momente der Besinnung. Wir spazieren am alten Gemäuer vorbei und östlich ansteigend in den Wald hinein. Ich weiß nicht, ob ich erwähnt habe, dass ich ein besonderes Faible für Kapellen hege. Wenn nicht, sei es hiermit kundgetan.

Eva ist schnellen Schrittes voraus, und nach fünf Minuten bin ich bei ihr. Sie ist schon drin im winzigen Refugium, und ich verharre vor dem Eingang und genieße die besinnliche Stimmung. Auf dem Rückweg nach Stuttgart kommen wir wieder an der Magdalenenkirche vorbei. Ich grüße artig gegen den Kirchturm und murmle das Versprechen, dass ich bald wiederkäme.

So war es dann auch in den letzten Tagen des Augusts. Für eine Führung hatte man mich am Telefon an eine Frau Gindele verwiesen, und es ergab sich, dass die Lady gern kochte und auch von meiner Profession wusste. Immer wieder muss ich feststellen, dass der Kochberuf, fast möchte ich sagen weltweit, von Zuneigung getragen wird. Die Frau am Telefon war mir sofort sympathisch, und ein Termin war schnell gefunden. Es bot sich ein Donnerstag an. Ich schwänzte meinen Küchendienst, fuhr die Autobahn entlang und bei Heimsheim wieder in die sanften Hügel des Heckengäus.

Waldkapelle Mariahilf Steinegg

Pünktlichkeit ist mir geradezu eine Zwangseigenschaft und eine Art Maßeinheit für Zuverlässigkeit. Das ist vielleicht nicht ganz gerecht, aber sehr schwäbisch. Heute bin ich aber tatsächlich ein wenig zu spät, es wird also falsch geparkt, die Gasse hinuntergeeilt und auf die Kirchentüre zugestürzt. Es ist eine Minute vor zehn. Die Großwesirin über die Gotik des unvergleichlichen Malers Lucas Moser (ca. 1390–ca. 1434) steht schon parat. Die Türe schlägt hinter uns zu, und ich sehe mich zwei Frauen mittleren Alters gegenüber, die den

Eindruck erwecken, als könne man mit ihnen eine Kneipe umtreiben. Ein höheres Lob kann ich nicht spenden.

Annemarie Gindele und ihre Freundin Heidemarie Stehle haben die Befehlsgewalt über die Alarmanlage und diese bereits lahmgelegt. In Sachen Magdalenenkirche macht Frau Gindele keiner was vor, und ich darf ganz nah mit der Nase heran an die Malerei.

«Der Moser hat im Burgundischen sich in Buchmalerei geübt. Das war damals in der Spätgotik die hohe Schule der Malerei», erklärt Frau Gindele.

Ich will nun auch etwas Schlaues beitragen und erwähne, dass das Herzogtum Burgund im 15. Jahrhundert eine riesige Fläche umfasste. An südlicher Grenze begann es unweit von Lyon und erstreckte sich über Lothringen, Luxemburg, Flandern, das heutige Belgien, bis hinauf nach Holland an die Nordsee. Die höchste Malkunst der Gotik entwickelte sich ums Jahr 1400 in Flandern, im nördlichen Belgien. Die weltberühmten Gebrüder van Eyck arbeiteten für den burgundischen Hof, sowie Hugo van der Goes und der Seligenstädter Hans Memling, der in Flandern arbeitete. Berühmt aus dieser Zeit ist etwa das Porträt des schönen Jünglings Karl des Kühnen, mit dem Goldenen-Vlies-Orden auf der Brust, den Rogier van der Weyden beseelt aus dem Bilderrahmen blicken ließ.

Frau Gindele führt anschließend aus, dass zahlreiche dieser Maler am Hof von Dijon arbeiteten, wo auch Lucas Moser viel gelernt hat, so viel, dass er durchaus mit den Großen dieser Zeit in einem Satz genannt werden darf. Von seinem Kollegen Hans Memling hängt ein großes Bild in der Stuttgarter Staatsgalerie, *Bathseba im Bade* (um 1485), ihre Haut rein und hell wie Alabaster. Ich verrate Frau Gindele einen Trick: In vielen Museen ist es ja erlaubt, mit dem Handy ohne Blitz zu fotografieren. Letztens kam mir die Erleuchtung, und ich schaltete mein Telefon auf Teleobjektiv, ging so nah wie möglich an das Gemälde heran und zielte auf das Fußgelenk der hübschen Bathseba, die gerade in ihr Handtuch steigt. So konnte ich in starker Vergrößerung auf meinem Display einen großen Wassertropfen funkeln sehen. Solche Details zeigen mir die absolute Präzision dieser Maler.

«Das können Sie bei Lucas Moser auch beobachten.» Frau Gindele kriegt richtig rote Backen: «Schauen Sie sich diese perfekte Malerei an, die vor vielen Jahren einmal gereinigt wurde und immer noch in kräftigen Farben frisch und ohne größere Risse daherkommt, grad so, als wäre das Bild letzte Woche erst vollendet worden.»

Lucas Moser wurde um 1390 in Weil der Stadt geboren, aus dem auch der Astronom Johannes Kepler kommt. Man weiß so gut wie nichts über ihn, er gilt als Phantom, an dem sich die Wissenschaft nach wie vor abarbeitet. Mosers Altar in der Kirche ist mit einer Inschrift auf das Jahr 1432 datiert und vom Maler signiert. In seiner Zeit war Moser neben Stefan Lochner der bedeutendste Künstler hierzulande und durchaus vergleichbar mit den frühen italienischen Meistern wie Fra Angelico oder Lorenzo Veneziano. Die allseits bekannten Megastars wie Dürer, Tizian, Michelangelo oder Raffael beglückten erst hundert Jahre später die Kunstwelt.

Der Altar hat verschiedene Ansichten. Man kann die großen, schweren Holzrahmen ein- und ausklappen und je nach Stimmung immer andere Sujets betrachten. Das Zentrum ist dreiteilig. Darüber, ganz oben, gibt es ein Giebelfeld, auch Lünette genannt. Darin wird das Gastmahl des Simon dargestellt, Magdalena trocknet Jesus mit ihren langen Haaren die Füße. Sind die Seitenteile darunter zusammengeklappt und der Altar geschlossen, wird links der Betrachter auf eine Seefahrt übers Mittelmeer mitgenommen. Das Bild in der Mitte schildert die Ankunft mit dem Schiff in Marseille, rechts wird Magdalena in der Kathedrale von Aix-en-Provence die Hl. Kommunion verabreicht. Der Legende nach wurde die Heilige zusammen mit ihrer Schwester, ihrem Bruder Lazarus und zwei Freunden in Nordafrika in ein steuerloses Boot gesetzt, damit sie im Meer versinken. Sie überlebten aber und landeten in Marseille an.

Den Sockel, auf dem die Bilder ruhen, nennt man Pedrella. Dort wird das Gleichnis der klugen und törichten Jungfrauen und zwei Stifterwappen gezeigt. Der Malerei Mosers sieht man bereits den flämischen Realismus an. Die Figuren sind für ihre Zeit nicht mehr starr, sondern in ihrer Dynamik gut beobachtet und in der Mimik voller Leben. Der Künstler beherrscht die Perspektive, missachtet sie aber auch, um gewisse Darstellungen besser hervortreten zu lassen.

An den Außenrändern des Altars zieht sich eine Inschrift entlang, um die es bis heute noch gewisses Rätselraten gibt. Dort steht: schri · kvnst · schri · vnd · klag · dich · ser · din · begert · iecz · niemen · mer · so · o · we · 1432 (Schrei, Kunst, schrei, und beklag dich sehr, deiner begehrt jetzt niemand mehr so, o weh.) Ich deute es so: Kultur und Kunst hatten auch schon damals keinen leichten Stand.

Nun folgt das dritte Highlight Tiefenbronns, und zwar in Gestalt eines Mannes, den ich ebenso wie Lucas Moser sehr bewundere. Der Uhrmachermeister Wilhelm Rieber ist ein wahrer Meister seines Fachs, und ihm statte ich im Hochsommer 2024 einen Besuch ab. Für mich ist Rieber ein hervorragendes Beispiel schwäbischer Feintüftelei und fundierten Handwerks. Seine Werkstatt und die Werkstatt für historische Mercedes-Modelle gegen Ende des Buchs sind für mich

Tiefenbronn

stellvertretend für Tausende von genialen Erfindern, Ingenieuren und Handwerkern, die allesamt die Tradition der schwäbischen Feinmechanik hochhalten.

Es geht wieder an der Magdalenenkirche, dann am Restaurant «Ochsen Post» vorbei und wenige Meter danach rechts ab in die Straße. Vor dem Haus kommt mir eine lebhafte Frau entgegen, gerade so, wie man sich eine schwäbische Schafferin vorstellt, eine schicke Dame, die gerade vom Bäcker oder vom Einkaufen kommt. Sie geht freundlich auf mich zu. Ich sage artig: «Grüß Gott, sind Sie die Frau Rieber?» «Jawohl», sagt sie in straffer Tonlage, aber mit einem freudigen Lachen. Der Mann werkelt in seiner Werkstatt, die Frau erledigt das Büro und hat die Hand auf der Kasse.

«Kommen Sie mit», sagt sie und geht mir stramm voraus. Wir eilen über den geräumigen Hof an einem langgezogenen eingeschossigen Gebäude entlang, das nach einer kleinen Fabrik aussieht. Es geht die Treppe hoch, und der Meister steht schon an der Türe. Ganz klar, diese Leute sind vorbereitet.

Wilhelm Rieber, groß gewachsen und schlank, hat ein markantes Gesicht mit leicht angegrauten Haaren und einen bemerkenswerten Blick. Immer wieder konnte ich bei kreativen Menschen ein ganz bestimmtes Feuer in den Augen ausmachen. Ich hatte mir den Mann irgendwie anders vorgestellt, denn wer winzige Zahnräder von Hand aussägt oder Schräubchen von 0,2 Millimeter selbst aus dem Stahl dreht, also Schrauben mit dem Durchmesser einer Stecknadel, kann ja eigentlich nicht ganz normal sein. Genau, er ist auch wesentlich mehr als normal. Insofern schwebte mir ein etwas verwunschener, introvertierter Zausel vor dem inneren Auge. Dem war aber ganz und gar nicht so. Er hat mir auch wenig später gesagt, er könne Holz hacken und gröbste

Gartenarbeiten erledigen, seine Finger und Hände taugen fürs Feine und fürs Grobe.

Von Anfang an, bereits auf der Furtwangener Uhrmacherschule, hat Wilhelm Rieber immer das interessiert, woran andere scheiterten. Seit seiner Meisterprüfung dreht sich bei ihm alles um das Tourbillon. «Herr Rieber, sagen Sie, ich glaube, Sie haben auch sportliche Gründe, dass Sie sich ins Komplizierteste begeben haben, was es an Uhren gibt, oder?» Er antwortet in ruhigem Ton, aber mit einem Leuchten in den Augen: «Ja, mich reizte das Unerreichbare. Irgendwann kam aber der Tag, dass ich das doch erreicht habe, nämlich die komplizierteste Uhr zu bauen, die möglich ist. So ist das mein ganzes Leben geblieben. Ich wollte schon immer etwas machen, was andere nicht so hinkriegen.»

Dann erklärt mir der Meister, was es mit so einem Tourbillon auf sich hat. Er muss es mir zweimal erklären, bis ich es einigermaßen kapiere, und ich schreibe das nun in möglichst einfachster Art hier aufs Papier. Also, das Herz einer Uhr ist die Unruh und die Feder, die sie antreibt. Hinzu kommt die Hemmung, die das drehende Zahnrad im Sekundentakt stoppt und wieder freigibt. Es geht hin und her, am besten kann man das bei einer Pendeluhr beobachten. Das Pendel fällt nach unten und schwingt wieder zurück, nach oben, um dann wieder zu fallen. So geht das mit der Armbanduhr auch die ganze Zeit, solange die Feder für den Antrieb sorgt.

Frau Rieber bietet mir einen Espresso an. Der Meister stellt ein Tourbillon-Uhrwerk auf den Tisch, das er extra für Demonstrationszwecke gebaut hat. Der Glassturz darüber hat ungefähr die Größe einer Kokosnuss, ein Zahnrad mit dem schneckennudeligen Rund einer Feder wird im Sekundentakt um die eigene Achse bewegt. Es geht also nicht hin und her, sondern im Ring herum. Weil es rundum geht, nennt sich diese Mechanik Tourbillon, auf Deutsch könnte man das Wort mit «Wirbelwind» übersetzen. Diese Konstruktion erfand 1801 der geniale Pariser Uhrmacher Abraham-Louis Breguet (1747–1821). Wie gesagt, das Pendel, die kleine Unruh, schwingt nicht mehr hin und her, sondern ist mittelachsig befestigt und dreht sich im Kreis. Sie tickt im Sekundentakt rundum. Hat sie sich einmal ganz gedreht, ist eine Minute herum. Keine manuelle Uhr geht genauer als dieses hochkomplizierte Schmuckstück.

Leute, entschuldigt, besser kann ich es nicht erklären, aber ich beginne zu verstehen, warum Herr Rieber für die Fertigung einer Uhr mindestens ein Jahr daran arbeiten muss. Es gibt natürlich noch einige weitere Hersteller von komplizierten Präzisionsuhren, aber die werden mit computergesteuerten Maschinen hergestellt. Ein bis zwei Jahre Handarbeit sind unglaublich teuer im Gegensatz zu einem computergesteuerten Automaten, der das Ganze in kürzester Zeit erledigt. Es geht dem Meister, wie auch seiner Kundschaft, letztlich aber nicht nur um die Uhrzeit, sondern um die Emotionen, die ein Kunstwerk vermittelt. Dem kann ich mich gern anschließen. Tief beeindruckt verlasse ich die Werkstatt.

Tiefenbronn, kleiner Ort, ganz groß.

Ein bärtiger Graf unter grünen Palmen

Auf dem Rotenberg, oberhalb von Untertürkheim, oberhalb des VfB-Stadions und des Daimler-Museums, setze ich mich eines Sommertages zwischen Löwenskulpturen auf sonnenbeschienene Steinstufen. Hinter mir erhebt sich die Kuppel des Mausoleums von Katharina Pawlowna. Meine Gedanken sind abermals beim Königreich Württemberg, insbesondere bei Eberhard im Barte (1445–1496), für den ich nun eine Kerze der inneren Einkehr anzünden möchte. Justinus Kerner hat 1818 über ihn ein ganzes Gedicht verfasst, das im Schwabenland sehr bekannt ist:

Der reichste Fürst

Preisend mit viel schönen Reden
Ihrer Länder Wert und Zahl,
Saßen viele deutsche Fürsten
Einst zu Worms im Kaisersaal.

Herrlich, sprach der Fürst von Sachsen,
Ist mein Land und seine Macht,
Silber hegen seine Berge
Wohl in manchem tiefen Schacht.

Seht mein Land in üpp'ger Fülle,
Sprach der Kurfürst von dem Rhein,
Goldne Saaten in den Tälern,
Auf den Bergen edlen Wein!

Große Städte, reiche Klöster!
Ludwig, Herr zu Bayern, sprach,
Schaffen, dass mein Land dem euren
Wohl nicht steht an Schätzen nach.

Eberhard, der mit dem Barte,
Württembergs geliebter Herr,
Sprach: Mein Land hat kleine Städte,
Trägt nicht Berge silberschwer;

Doch ein Kleinod hält's verborgen:
Dass in Wäldern, noch so groß,
Ich mein Haupt kann kühnlich legen
Jedem Untertan in Schoß.

Und es rief der Herr von Sachsen,
Der von Bayern, der vom Rhein:
Graf im Bart! Ihr seid der reichste,
Euer Land trägt Edelstein!

Graf Eberhard wusch und kämmte sich seinen Gesichtsflokati auf der Höhe der damaligen Hygienekenntnisse und zeigte allen, dass er ein echter Kerl war und dazu tiefreligiös. Er hatte 1468 eine Pilgerreise unternommen und von Mai bis November das heilige Jerusalem erkundet. Durch das Tagebuch seines Leibarztes Johann Münsinger sind die Geschehnisse säuberlich dokumentiert. In dieser Zeit war das Reisen stets mit gewissen Risiken verbunden, insofern kommt Eberhards Lebenswahlspruch «Attempto» («ich wag's») durchaus eine Bedeutung zu. Vor ein paar Tagen habe ich einmal einen Rotwein vom Herzoglichen Weingut getrunken. Auf der Flasche stand «Attempto», der Wein war aber kein Wagnis, sondern eine Lebenshilfe, die es eigentlich auf Krankenschein geben müsste.

In Jaffa wurde angelandet, und über Rama und Emmaus gelangte Graf Eberhard weiter ins Heilige Land hinein. In der Grabkapelle auf dem Jerusalemer Ölberg wurde er zum Ritter vom Heiligen Grab geschlagen. Er sah dies als Höhepunkt seines Lebens an und beschloss, sich fortan einen Mosesbart wachsen zu lassen. Drei Wochen verbrachte der Graf im Heiligen Land. Intellektuell sehr rege und Besitzer einer gut bestückten Bibliothek, empfand er die ganze Unternehmung auch als Bildungsreise. Man muss wissen, dass Leute wie der adelige Württemberger äußerst bibelfest waren und sich im Heiligen Land durch ständige Lektüre einigermaßen auskannten.

Graf Eberhard beendete seine Reise wieder in Jaffa. Zwar noch nicht mit langem Bart, jedoch mit einem Weißdornzweig am Helm und wuchernden Palmen im Kopf, schiffte er sich nach Italien ein und segelte über Tarent und Neapel nach Rom, wo er von Papst Sixtus IV. empfangen wurde. Mit von der Partie war der Pforzheimer Humanist und Jurist Johannes Reuchlin, der als wandelndes Lexikon diente, guten Rat gab, Vielsprachigkeit bereithielt und dem Grafen jahrelang als Diplomat den Rücken freihielt. Auf Reuchlin komme ich noch eigens zu sprechen.

Die Heimreise führte von Rom über Florenz, wo Lorenzo von Medici eine Aufwartung gemacht wurde, über Verona, Meran und den Reschenpass zurück ins schwäbische Ländle. Die Palmen in den bereisten Regionen beeindruckten ihn so sehr, dass er nach seiner Rückkehr im Torgewölbe des Uracher Schlosses Fresken von Palmen anbringen ließ. Im Obergeschoss kann man zudem heute noch den großen Palmensaal besichtigen.

Die Geburtsstadt des Grafen war Urach, und sie ist bis heute immer einen Ausflug wert. Von Stuttgart kommend, führt der Weg dorthin zunächst an Metzingen vorbei. Verwirren am Ortseingang Tausende Parkplätze das staunende Auge, ist man auf richtigem Wege, nämlich nahe der Einkaufsmeile. Alles, was in New Yorks Madison Avenue, der Münchener Maximilianstraße und in den Galerien Mailands als *high fashion* feilgeboten wird, liegt hier in den Schaufenstern zu Outletpreisen, was viele Busladungen von chinesischen und japanischen Touristen anlockt. Für Bundesbürger gilt: Wozu reisen, das Gute (und Überflüssige) liegt so nah. Ich bin jedenfalls auch schon einige Male durch Metzingen gewackelt und habe die moderne, oft interessante Architektur besichtigt.

Urach heißt mittlerweile Bad Urach, und dies aus gutem Grund. Aus über 700 Meter Tiefe sprudelt 61 Grad heißes Wasser ans Tageslicht. Auf erträgliche Wärme abgekühlt, ist das Wasser berühmt, um morsche Knochen wieder elastisch zu machen. Ich muss zugeben, dass ich nicht die Geduld habe, mich im Wasser zu pochieren, mich interessiert mehr die äußerst romantische Umgebung, der mittelalterliche Ortskern und der Blick auf die Burg Hohenurach.

Hier an den kühlen Wassern des Flüsschens Erms wurde Graf Eberhard 1445 geboren. Auf Schloss Urach erlebte er die Zeitenwende der Renaissance und so auch die Morgendämmerung des Bauernkriegs. Hätten der damalige Adel und das gehobene Bürgertum, die sich im Schwäbischen Bund konzentrierten, die Weltanschauung dieses gescheiten Mannes berücksichtigt, wäre es, diese steile These werfe ich in den Ring, womöglich nie zu diesem Krieg gekommen.

Blick auf Burg Hohenurach

Mit neunundzwanzig Jahren, am 4. Juli 1474, heiratete Eberhard die aus reichem Hause stammende Barbara Gonzaga von Mantua, und die Schwaben wollten die Hochzeit in Urach angemessen feiern. Den Ort behausten damals weniger als 2000 Bürger, und man kann sich vorstellen, welch Durcheinander herrschte, als 13 000 Hochzeitsgäste in die Idylle krachten. Der dreitägige Hochzeitstaumel ist genauestens protokolliert und heute noch im Württembergischen Staatsarchiv einzusehen. Der Schlossbrunnen wurde zur Weinquelle umgebaut und insgesamt ungefähr 130 000 Liter Wein gesoffen. Die Braut hielt ständig Händchen mit ihrem Gatten, denn sprechen konnten sie nicht miteinander. Sie beherrschte nur Italienisch, der Graf nur sein schwäbisches Genuschel.

Ich erinnere mich nicht mehr daran, wie ich vom Schloss «Einsiedel» bei Tübingen erfuhr, aber irgendjemand blies mir ins Ohr, dass vor dem Gebäude ein Weißdornbaum stehe, den Eberhard im Barte hat pflanzen lassen. Diesen Baum wollte ich sehen. An einem sonnigen Tag im Frühling 2023 wird die alte Hasselbladkamera eingepackt, und ich starte eine Safari in Richtung Tübingen. Kurz vor der Stadt verlasse ich gegenüber von Kirchentellinsfurt die Schnellstraße und kurve Richtung Osten über enge Wegeswindungen einen Wald hoch. Auf der Hochebene sticht kerzengerade eine Lindenallee auf die Sonne zu. Sie führt zu einem Anwesen, das heute noch den herzoglichen Württembergern gehört.

Ich halte an, mache ein Foto und genieße das Wunder der Perspektive, dass mit der Entfernung alles kleiner werdend dem Auge zu entschwinden droht. Für mich sind Baumalleen die reine Wonne, und ich frage mich, warum wir nicht in der Lage waren und sind, alte Bäume stehen zu lassen. Solche Alleen sind vorwiegend durch den Adel gepflanzt und erhalten worden. In Frankreich und dem preußischen Brandenburg kann man über viele Kilometer hinweg wunderschöne Alleen bewundern. Diese ließ allerdings der Preußenkönig pflanzen, damit seine Soldaten im Sommer durch den Schatten der Bäume kampffähiger blieben. Es geht auch ohne Militarismus. Sehr sympathisch empfinde ich die Obstbaumpflanzungen in schwäbischen Landstrichen, am Wegesrand zwischen Straße und Acker. Äpfel statt Gewehrkugeln.

Alles hat ein Ende, auch die Allee nach Schloss Einsiedel. Der Herrensitz ist schon für sich ein besonderer Ort von historischem Wert. Den Weißdorn davor habe ich eingehend beäugt und serviere nun meinen Lesern ein Gedicht von Ludwig Uhland (von 1810), das diesem Gewächs ein Denkmal setzt.

Graf Eberhards Weißdorn

Graf Eberhard im Bart
Vom Württemberger Land,
Er kam auf frommer Fahrt
Zu Palästinas Strand.

Daselbst er einstmals ritt
Durch einen frischen Wald;
Ein grünes Reis er schnitt
Von einem Weißdorn bald.

Er steckt' es mit Bedacht
Auf seinen Eisenhut;
Er trug es in der Schlacht
Und über Meeres Flut.

Und als er war daheim,
Er's in die Erde steckt,
Wo bald manch neuen Keim
Der milde Frühling weckt.

Der Graf, getreu und gut,
Besucht' es jedes Jahr,
Erfreute dran den Mut,
Wie es gewachsen war.

Der Herr war alt und laß,
Das Reislein war ein Baum,
Darunter oftmals saß
Der Greis in tiefem Traum.

Die Wölbung, hoch und breit,
Mit sanftem Rauschen mahnt
Ihn an die alte Zeit
Und an das ferne Land.

Es gibt ein Verzeichnis der deutschen Rekordbäume. Darin steht zu diesem Exemplar: Stammumfang: 1,62 m in 1,3 m Höhe (gemessen am 3.5.2021). Höhe: ca. 6 m. Kronendurchmesser: ca. elf Meter. Alter: ca. 555 Jahre (Entstehung 1468). Ist es nicht tröstlich, dass bei Bäumen gerne Größe und Umfang genannt werden, dann aber letztlich das Alter über die Würde entscheidet? Der heutige Baum ist der zweite Nachfolger, der aus dem Wurzelgeflecht des Originalbaumes, gepflanzt 1468 nach der Palästina-Reise, erwachsen ist.

Nun möchte ich aber endlich offenlegen, warum Graf Eberhard im Bart für mich eine der weitsichtigsten Figuren des Schwabenlands war. Es begann mit dem Nürtinger Vertrag von 1442, durch den das Land zwischen den beiden Brüdern, Graf Ludwig I. und Graf Ulrich V. von Württemberg, geteilt wurde. Hie Urach, hie Stuttgart. Ludwig bekam die östlichen und südlichen Landesteile und baute Urach zu seiner Residenz aus, Ulrich erhielt die nördlichen und westlichen Gebiete samt der Residenzstadt Stuttgart.

Vierzig Jahre später wurde dies durch Graf Eberhard mittels geschickter Politik rückgängig gemacht und das Land, das eigentlich immer ein Ganzes war, endlich wieder vereint.

Ich muss etwas genauer werden, denn was nun folgt, ist in meinen Augen eine Sensation. Am 2. September 1492 kam ein neuer Vertrag, der Esslinger Vertrag, zur Vereinigung des gespaltenen Herzogtums zustande. Am darauffolgenden Tag wurde mit dem Bau des dreistöckigen Jagdschlosses Einsiedel begonnen. Gleich daneben wurde das Stift Peter errichtet, in dem sich der Graf sechzehn Jahre später beisetzen ließ. Davon ist allerdings nichts mehr übrig.

Der Habsburger Kaiser Maximilian I., 1499 noch nicht Kaiser, jedoch schon König, besuchte Eberhards Grab auf Schloss Einsiedel und sprach: «Hier liegt ein Fürst, welchem ich im ganzen römischen Reich an Verstand und Tugend keinen zu vergleichen weiß.»

Maximilian hatte andere Gründe als ich, warum er Eberhard so auf den Schild hob. Meine Sympathie hat er sicherlich nicht in dem Maße geteilt. Graf Eberhard stiftete nämlich eine Ordensgemeinschaft, die ursprünglich aus Holland stammte und den Titel «Die Brüder vom gemeinsamen Leben» trug. Bis dahin hatte sich der Adel mit dem Bürgerstand nie auf gleiche Stufe gestellt, und so manche Nobile tun sich damit noch heute schwer. Eberhard aber berief zwölf Adelige, zwölf Kleriker und zwölf ehrbare Bürger dazu, in einem Gebäude

Schloss Einsiedel und der Weißdornbaum

ohne Standesunterschied zusammenzuleben. Zunächst war es nur als ein Experiment gedacht, denn man konnte sich gar nicht vorstellen, dass so etwas gut gehen könnte. Das gemeinsame Leben der drei Stände gestaltete sich jedoch überaus harmonisch. Die drei gesellschaftlichen Niveaus entwickelten sich zu einer regelrechten Denkfabrik, die Graf Eberhard oft in Anspruch nahm. Man kann, egal wie winzig, von der ersten Demokratie in Zentraleuropa sprechen. Da sage ich nur: «Sensationell!»

Überaus gerne lebte Graf Eberhard immer wieder bei den Brüdern zusammen auf Einsiedeln, als Gleicher unter Gleichen. Der Bärtige war ständig am Lernen, da er in seiner Jugend nur eine magere Ausbildung erleben durfte, wie es beim Rittertum üblich war. Diese Leute wurden in erster Linie zu Soldaten und Haudraufs deformiert. Eberhard war anders. Es blieb nicht aus, dass ihm eine besondere Auszeichnung zugewidmet wurde. Er wurde in den Orden der Ritter zum Goldenen Vlies berufen und gegen Ende seines Lebens zum Herzog geadelt.

Ebenso herausragend wie sein Entwurf der ersten Demokratie in Deutschland ist sein Gesetzestext, der bestimmte, dass nach seinem Tode das Volk das Recht haben sollte, den König abzusetzen, falls er nicht gut fürs Volk regierte. Nimmt man es genau, so hat nicht das Volk seinen Nachfolger, den Herzog Eberhard II., vertrieben, sondern die Standesräte des Volkes.

Auf die Bibliothek des Grafen muss ich noch zu sprechen kommen. An ihr kann man durchaus sein Weltbild ablesen, das sich auch aus fernen Kulturen speiste. Er ließ eine indische Tierfabelsammlung ins Deutsche übersetzen und informierte sich über zeitgenössische Philosophen wie Pico della Mirandola oder Marsilio Ficino, welche die antike Philosophie über die Alpen transportierten. Es konnte nicht ausbleiben, dass er 1477 die Universität Tübingen gründete.

Er berücksichtigte auch die Intelligenz des «gemeinen Volkes», indem er in Tübingen mittellosen Studenten ein vierstöckiges Wohnhaus baute, in dem sich heute die philosophische Fakultät befindet. Es wird ihn genauso gepiesackt haben, kein Lateinisch zu können, wie es mich ständig plagt, nicht über ein gestammeltes Küchenfranzösisch in diese schöne Sprache eindringen zu können. Graf Eberhard pflegte durch sein philosophisches Interesse guten Kontakt zu Florenz. Kaum zu glauben, er richtete Auslandssemester ein und gelangte so an florentinisches, humanistisches Wissen, das er nach Württemberg importierte.

Trotz dieses Wissens und all seiner Frömmigkeit verstieg er sich in einen vehementen Antisemitismus. Im Gründungsjahr der Fakultät forderte der Graf die Vertreibung der Juden aus der Stadt. Er verbot ihnen jede Werktätigkeit und nahm ihnen das Recht, sich jemals wieder in seinem Land anzusiedeln. Je heller das Licht, umso dunkler die Schatten.

Seit 1495 in den Herzogstand aufgenommen, wurde Eberhard im Bart auf Einsiedel beerdigt. Der Stift St. Peter wurde nach der Reformation aufgehoben, nahezu komplett abgetragen und hat einer Wiese Platz gemacht. 1537 wurde der bärtige Graf in die Stiftskirche Tübingen umgebettet.

Mit Bassflügelhorn im «Armen Konrad»

Nun geht es auf den Schwäbischen Bauernkrieg zu, die erste Revolution auf deutschem Gebiet. Die Bevölkerung, denn es nahmen nicht nur Bauern daran teil, war, verkürzt gesagt, wegen Misswirtschaft der Feudalen und infolge der Wetterabhängigkeit, ziemlich am Boden. Die Schwaben, durchaus langmütig, hungerten, und der Adel bekam den Kragen nicht voll. Ganz Süddeutschland stürzte sich ins Unglück.

In meiner Nähe, etwa in Beutelsbach im Remstal, sind diese Geschehnisse auch heute noch ein Thema. Zum ersten Mal fiel mir dies auf, als ich vor Jahren im Jazzclub «Armer Konrad» in Beutelsbach mit meinem Bassflügelhorn und dem Pianisten Patrick Bebelaar einige Jazzkompositionen zum Besten gab. Ein älterer Herr, einer der Begründer des Clubs, erläuterte mir vor unserem Auftritt, was es mit dem Namen des Etablissements auf sich hatte.

«Woisch, des war so, das hat mit dem Gaißpeter begonnen. 1514 hatten hier die Bürger, also nicht nur d' Bauern, so richtig d' Schnauz voll. Es gründete sich eine regionale Widerstandsgruppe mit dem Namen ‹Armer Konrad›.»

Mein sympathisches Gegenüber, Halbglatze, schwarze Architektenbrille, emphatisch leuchtende Augen und mit einem vertrauenerweckenden Bäuchlein versorgt, redete sich zunehmend einen heißen Kopf. Wenig später outete er sich als SPD-Parteimitglied. Er legte Wert darauf, mir mitzuteilen, dass er zum alten Schlag gehöre. Ich hatte den Eindruck, er hatte ein wirklich soziales Weltbild, das in höheren Rängen der Politik nicht mehr umfassend üblich ist.

«Also gut, der Gaißpeter, und sein Schorndorfer Komplize Caspar Pregatzer, traten mit Verbündeten im Remstal, in Stuttgart und Leonberg die erschte Revolution auf deutschem Boda los.»

Mein Redner ließ nicht locker, und ich musste ihn ein bisschen drängen, denn mein Verstärker musste noch aufgebaut, ein Soundcheck noch gemacht werden. Er versuchte, sich kurzzufassen: «Wisset'se, dr Nachfolger vom Eberhard im Bart, dr Herzog Ulrich, des war gar koi Guter, der hat a Steuer auf d' Lebensmittel erlassa. Er isch auf die tolle Idee gekommen, die Ware nicht zu verteuern, sondern d' Gewichte zu reduziera. Du kaufsch beispielsweis a Kilo Kartoffla, der Händler legt sein G'wichtstoi in d' Woogschal. Es isch aber koin Kilostein, sondern er isch nur 900 Gramm schwer. Der Bürger hat also für a Kilo zahlt ond blos 900 Gramm bekomma. So hat's dann an Granataschlag do, an rechta Rabatz gäba. D' Bürger send uff die Barrikada.»

Tatsächlich haben Historiker rekonstruiert, dass der erste Remstalrebell, der Gaispeter, im Jahr 1514 Maßgewichte aus einer Metzgerei holte und sie in den Fluss Rems warf, eine symbolische Handlung, mit der er auf die Verletzung des geltenden Rechts durch Herzog Ulrich aufmerksam machen wollte.

Mich interessiert das alles ganz gewaltig, aber ich muss nun auf die Bühne und mit meinem Pianisten die Stücke nochmal kurz anspielen. Mein Musikpartner hat das eigentlich nicht nötig, ich aber, der Amateur, spüre bereits, wie mir der Puls ansteigt. Auch wenn ich bei Lesungen und beim Musikmachen eine coole Fassade wahre, Lampenfieber ist immer dabei.

Grob gezählt verloren allein im Remstal etwa 3000 Bauern ihr Leben. Das Grummeln im Volk hatte jedoch schon früher begonnen. Es kam zur Gründung des Schwäbischen Bundes, der zwei bedeutende Gruppen, die schwäbischen Reichsstädte und den reichsunmittelbaren Adel, miteinander verband. Bereits am 14. Februar 1488 erfolgte der Zusammenschluss unter Kaiser Friedrich III. Er sollte dem Landfrieden dienen, aber wie es eben oft so ist, sorgte sich der Schwäbische Bund von Kaisers Gnaden vor allem um den Frieden der gehobenen Stände, nicht aber so sehr um die Bauern und sonstige hilfebedürftige Bevölkerungsgruppen.

Die Bauern und die untere Bürgerschicht kämpften um geringste Rechte. Wie schon erwähnt, von ihnen wurden im hohen Maße die Finanzen abgepresst, welche der Adel für seine Machtspielchen benötigte. Dem Abkassieren frönte der Adel, aber auch der Klerus in ergiebiger Manier. Dann betrat der «Bauernschlächter» Georg Truchsess von Waldburg (1488–1531), auch Bauernjörg genannt, die Bühne dieser unglücklichen Zeit. Er wurde als Heerführer des Schwäbischen Bundes und des Adels gegen die Bauern angeworben. Er befehligte eine Söldnertruppe geübter Soldaten, gegen die der Bauernhaufen, der militärisch kaum eine Ahnung vom Kämpfen hatte, nicht die geringste Chance haben konnte. Am 12. Mai 1525 kam es zur Schlacht bei Böblingen mit Georg Truchsess von Waldburg. Sie wurde zu einem gewaltigen Blutvergießen, zum schlimmsten Tag des großen Bauernkrieges (1524/25). Von den 15 000 Bauern des «Hellen Haufens» fielen 8000 den rund 10 000 Söldnern des Schwäbischen Bundes zum Opfer.

Der Nachfolger Eberhards, Herzog Ulrich von Württemberg (1487–1550), war unberechenbar, despotisch und ein

Erpresser des Volkes, der stets auf seinen Vorteil bedacht war und schließlich vom Schwäbischen Bund aus dem Land gejagt wurde. Es gab damals nur eine rudimentäre Gewaltenteilung, und über die Finanzen wachte der Schwäbische Bund, eine Vorgabe, die Ulrich ständig zu unterlaufen suchte.

In Memmingen wurden 1525 die berühmten «Zwölf Artikel» veröffentlicht. Es ist eine der ältesten jemals von einem Volk festgeschriebenen Menschenrechtsproklamationen. Die Schrift enthielt alle wichtigen Vorschriften, welche den Kern jeder Demokratie ausmachen, und ist bis heute ein Fundament unserer Verfassung. Es wurden letztlich sehr vernünftige und keineswegs überzogene Forderungen gestellt.

Vor etwa zwei Jahren besuchte ich das Bauernkriegsmuseum in Böblingen. Böblingen gilt heute als eine Hochtechnologiegegend mit vielen Fabriken und sonstiger Industrie. Die Zehntscheuer, die das Museum beherbergt, ist ein beeindruckend wehrhafter Bau. Innen wird detailliert geschildert, wie es zum Krieg kam und vor allem zu der entscheidenden Schlacht vor den Toren der Stadt. Es war der 12. Mai 1525, als hier die Bauern ihre Forderungen begraben mussten. Im Museum ist mit Zinnfiguren diese Schlacht nachgestellt, und mir wurde beim Anblick richtig melancholisch, die Bauern, die armen Teufel.

Ich muss diese finsteren Gedanken geradezu abschütteln, deshalb lege ich Brahms auf. Lassen wir es mit dem Bauernkrieg gut sein, und kommen wir auf Martin Luther zu sprechen, denn Württemberg ist ein evangelisches Land und ohne den Protestantismus nicht zu verstehen. Martin Luther war in dieser Zeit der richtige Mann am richtigen Platz, in vielem noch ein Mensch des Spätmittelalters und zugleich die Verkörperung eines neuen Nachdenkens, einer Zeit des Zweifels, der Abwägung und des Wandels. Nicht zuletzt des medialen Wandels: 1517 schlug er seine 95 Thesen an die Kirchentüre von Wittenberg. Sie gehörten zu den ersten Einblattdrucken, die in hoher Auflage unters Volk kamen. 1516 hatte bereits der Drucker Rhau-Grunenberg, der seine Druckerei in Grünberg (in der Nähe von Gießen) betrieb, Luthers *Theologia* (Theologie des Kreuzes) vervielfältigt.

Luthers Schrift *Von der Freiheit eines Christenmenschen* (1520) war für die Bauern Botschaft und zugleich Rechtfertigung für ihre Unabhängigkeit. Luther meinte es dann aber doch ganz anders und wandte sich von den Bauern ab. Er hatte allein die geistige Freiheit anempfohlen, was den Bauern nicht in den Kopf ging. In Ketten zu liegen und trotzdem einen freien Geist zu pflegen, das könnte man schon als ein sehr schwieriges Unterfangen bezeichnen.

Liebes Lesevolk, Sie mögen vielleicht denken, was hat denn Luther mit den Schwaben zu schaffen. Gemach, das tiefsitzende Grundrauschen des schwäbischen Charakters hat sehr viel mit dem Protestantismus zu tun. Ich selbst bin, wie der Augustinermönch Luther, katholisch geprägt, und meine Heimatstadt Schwäbisch Gmünd, eine Freie Reichsstadt, war und ist zwar umgeben von, wie man in Gmünd sagt, «Lutherischen», hielt aber am Katholizismus fest. Es ist natürlich verheerend pauschalisiert, aber der Katholik ist von Haus aus nicht so präzise wie der Evangelische. Wenn der Protestantismus dann auch noch verschärft agiert, dann haben wir zusammen mit dem Katholizismus in Württemberg ein wirkliches Erfolgsrezept. Gründlichkeit, Genauigkeit und trotzdem ein wenig schöpferisches Laissez-faire.

Auf dem Reichstag in Worms (1521) rief Luther sein berühmtes «Hier stehe ich und kann nicht anders». Er wurde für vogelfrei erklärt und verdankte letztlich sein Leben dem Sachsenkönig, Friedrich III. (1463–1525). Als «Junker Jörg» wurde der umtriebige Mönch auf der Wartburg des Königs versteckt. Luther selbst war infolgedessen alles andere als frei, sondern vom Adel abhängig und wies sogar seinem freigesinnten Priesterkollegen Thomas Müntzer die Tür. Dieser kämpfte nicht nur an der Seite der Bauern, sondern auch für sozialrevolutionäre Veränderung, also gegen adelige Willkür und Feudalismus.

Eine Gefolgschaft mit Müntzer hätte Martin Luther beträchtlichen Einfluss und Schutz gekostet. Gewiss betrieb Luther auch das, was man heute Populismus nennt. Hinzu kommt der alte Satz, der manches entschuldigt: «Wessen Brot ich esse, dessen Lied ich sing.»

Auf der Wartburg gestaltete sich der Aufenthalt nicht gerade kurzweilig, und der Mann hatte viel Zeit zum Schreiben. Die Bibelübersetzung vom Lateinischen ins Deutsche (1522) kann man getrost einen gewaltigen Kulturschub nennen. Martin Luther wird zu Recht als Erneuerer der deutschen Sprache angesehen, zumal der deutschen Literatursprache. Das, was wir heute Deutschland nennen, ist erst seit Bismarck ein einigermaßen geschlossenes Konstrukt. Das Land war bis dahin zerfasert zwischen kleinen Fürstentümern, und dies oft mit unterschiedlichen kulturellen Ansprüchen und Dialekten. Bruder Martin verfügte auch, dass alle Protestanten die Bibeltexte lesen mussten. Das bedeutete fürs Schwabenland eine entscheidende Linderung des Analphabetismus. Ich glaube, meine Behauptung ist nicht zu weit hergeholt, dass die frühe Lesefähigkeit der protestantischen Landstriche den Volksverstand gewaltig befeuerte, was ich bis heute im Schwabenland noch zu spüren glaube.

Die Reformation bis über den Dreißigjährigen Krieg hinaus wuchs sich zum Schrecken und zu erheblicher Entvölkerung aus. Etwas pauschal sage ich aber, als Ungläubiger und stark geprägter Katholik, dass die Reformation rundweg nötig war. Trotz aufkeimender seltsamer Sekten oder den Bilderstürmern, das Schwabenland hat dem Protestantischen viel zu verdanken.

Martin Luther wetterte zu Recht gegen die Ablassbriefe, doch alles hat zwei Seiten, und für fast alles hätten sich Kompromisse angeboten, um die der bedeutendste Humanist und Philosoph der Reformationszeit, Erasmus von Rotterdam, sich bemühte. Mit heutigem Blick wage ich die These, dass man den Ablasshandel auch als Vergnügungssteuer für die Zukunft hätte loben können. Ohne den Obolus für Seelenreinheit, ein offensichtlicher Riesenschwindel, wäre die Stadt Rom um viele Kunstdenkmäler ärmer. Leider ist es bei genauerem Besehen so, dass vieles Schöne auf dem Buckel armer und bedauernswerter Menschen ausgetragen wurde.

Die Lutherzeit ist nicht nur ein Aufbruch religiöser Diversität, sondern der Kultur überhaupt. Gemeinhin spricht man von Renaissance. Die Zeit gab uns vielerlei neue Errungenschaften, vor allem in der Kunst, der Literatur und der Philosophie. Johannes Reuchlin starb 1522, der streitbare Humanist Ulrich von Hutten ein Jahr später, und über beiden gab Erasmus von Rotterdam den Ton an. Diese drei gelten als die ersten wirklichen Intellektuellen der Neuzeit und hinterließen Schriften, die heute noch Gültigkeit haben. Nur ganz nebenbei, Erasmus' Buch *Lob der Torheit* lese ich immer wieder, und es bietet mir mehr als alle Coaching-Breviere.

Bei diesem Gedanken ziehe ich mir meinen Ehering vom Finger, um endlich mal genau zu gucken, wann ich als geborener Papist meine evangelische Elisabeth geheiratet habe: Es war am 11. Mai 1975 und bedeutete für meine erzkatholische Oma (Opa schimpfte sie immer als «Kirchenspringerin») ein ausgewachsenes Erdbeben, eine Katastrophe. Württemberg ist flächendeckend protestantisch, und meine Heimatstadt blieb als Freie Reichsstadt der katholischen Konfession treu. Umgeben von Evangelischen hat sich natürlich in der Stadt eine übertriebene «Rechtgläubigkeit» gegenüber den «Wüstgläubigen» verfestigt (bei den Evangelischen heißt es umgekehrt). Dieser Wahnsinn hat sich in unseren heutigen Tagen zum Wohle aller ziemlich verflüchtigt. Oma geriet mit der Wahl meiner «Lutherischen» in eine Art Vorhölle, war zunächst außer sich, jedoch ein Jahr später die beste Freundin meiner Ehefrau.

Die Stärke meiner Heimat liegt letztlich in der Vermischung der katholischen, traditionellen Konfession und der Reformation. Beide Teile lebten bis Anfang des 20. Jahrhunderts vorwiegend nebeneinanderher, pflegten aber guten Umgang miteinander. Meines Wissens fanden verbale Rangeleien nur in der Bevölkerung statt. Mit den vielen Pfarrhäusern, irgendwo war in diesem Buch die Rede von kleinen Universitäten, war das ganze Land übersät mit Keimzellen des Wissens. Nahezu der gesamte schwäbische Dichterkreis und viele der Philosophen wurden aus Pfarrhäusern in die Welt gesetzt. Von Frauen ist weniger die Rede, was aber nicht bedeutet, dass diese in der zweiten Reihe standen. In den Pfarrhäusern und in der Gemeinde hatten sie schwer was zu melden und großen Einfluss, wenn auch aus dem Hintergrund heraus. Kurzum, die Pfarrhäuser haben die Mentalität des rechtschaffenen Schwaben geprägt, die vom Grundrauschen der Gottgefälligkeit zusammengehalten wird. Ich neige nicht dazu, die Wesenszüge des Schwaben in die Historie abzuschieben. Es ist auch heute keine deutliche Sichtbarkeit zu erkennen, aber man bedenke, die DNA trägt man nicht als Tätowierung auf der Stirn.

Sherlock Holmes sucht die Heilige Barbara

In der bildenden Kunst begeistern mich heute noch die Meister aus Venedig oder Florenz. Aber auch in Süddeutschland fand Großartiges statt. Zwei Künstler haben es mir besonders angetan, beide sind in der Nähe meines Elternhauses in Schwäbisch Gmünd auf die Welt gekommen, und sie stehen den italienischen Renaissancemalern in nichts nach. Der Schwäbisch Gmünder Hans Baldung Grien (1485–1545) ist einigermaßen bekannt, und ich werde noch auf ihn zurückkommen, der andere, Jerg Ratgeb (1486–1526), ist meistens nur Kennern geläufig. Beide arbeiteten mit Albrecht Dürer zusammen, der als nahezu einziger deutscher Renaissancekünstler neben Matthias Grünewald zu internationalem Ruhm gelangte.

Die Sujets wurden nördlich der Alpen weitgehend vom Klerus bestimmt. Gegen den kunstsinnigen Adel, der die italienische, sprich katholische Malerei üppig alimentierte, erscheinen mir die Blaublütigen nördlich der Alpen als eher hartleibig und gerade mal zu Porträts zahlungsbereit. Man schaue sich einmal die Schmallippigkeit eines Jakob Fugger an. Dagegen wirkt die Darstellung der Familie Gonzaga aus Mantua, aus der auch die Ehefrau von Eberhard im Bart kam, geradezu als Quell der Lebensfreude.

Jerg Ratgeb, um den es mir nun geht, wurde 1480, fünf Minuten von meinem Elternhaus entfernt, am Kalten Markt in Schwäbisch Gmünd geboren. Eine Gmünder Geburt ist mir leider nicht vergönnt gewesen, da meine Mutter mich in Gießen an der Lahn zur Welt brachte. Mein Papa studierte in der hessischen Stadt Tiermedizin, und ich empfand diesen Geburtsort lange Zeit als Kainsmal, bis ich irgendwann herausfand, dass die Hessen, jedenfalls die Südhessen, einen wunderbaren, witzigen Dialekt sprechen. So ein Volk kann nicht ganz schlecht sein. Vielleicht hat es auch Jerg Ratgeb so gesehen, jedenfalls zog es ihn für einige Jahre nach Frankfurt.

Um Karriere zu machen, war Gmünd nämlich keine optimale Startrampe. Ratgeb verschob sich zunächst nach Stuttgart, wohin ich ihm dann ungefähr fünfhundert Jahre später folgte. Der Maler erlangte 1503 in Stuttgart das Bürgerrecht. Später wurde Ratgeb eine Art Hausmaler des Karmeliterordens, nicht nur in Frankfurt. Viele Werke hat er uns nicht hinterlassen, ein Großteil wurde in der Bilderstürmerei vernichtet. Das größte Fresko nördlich der Alpen, entstanden um 1514, überlebte einigermaßen und ist im Kreuzgang des Karmeliterklosters zu bewundern. Die Wandmalerei ist zwar durch Kriegsbomben stark dezimiert, aber trotzdem noch ungefähr 40 Meter lang. Kunsthistoriker meinen, kein anderer Künstler außer Ratgeb wäre damals imstande gewesen, ein solch monumentales Werk zu schaffen. Es lohnt, genauer hinzuschauen. Durch Gestaltung, Alter und Witterung sind die Farben des Kreuzgangs von zarter, fast moderner Anmutung.

Schon 1509 bekam Ratgeb den Auftrag, für die Kirche in Schwaigern bei Heilbronn einen Altar zu Ehren der Heiligen Barbara zu malen. Und diesen will ich eines schönen Sonntags im Mai 2023 besichtigen. Als notorischer Frühaufsteher rüttele ich im Morgengrauen am Portal der Stadtkirche. Ich staune nicht schlecht – sind nun auch an Sonntagen die Kirchen verrammelt? Dann entdecke ich ein Schildchen, dass heute um 10 Uhr der Gottesdienst beginne.

Ich vertreibe mir die Zeit mit einem Besuch des Weinguts der Grafen Neipperg. Berühmter kann ein Wein in Württemberg nicht sein, auch mir haben es die Weine der Domaine besonders angetan. Ganz erstaunlich ist allerdings, dass an diesem kleinen Ort große Geschichte geschrieben wurde. Ein Vorfahr des Grafen von Neipperg, von dem wir fleißig Wein kaufen, weil er so gut ist, bewegte sich in höchsten Kreisen des habsburgischen Kaiserreichs.

In die Reihe der Neipperg'schen Berühmtheiten gehört auch der Sohn des kaiserlichen Feldmarschalls Wilhelm Reinhard von Neipperg, der im Türkenkrieg an der Seite von Prinz Eugen 1717 Belgrad eroberte. Zudem war er ein lebenslanger Freund des habsburgischen Kaisers Franz I. und Ehegatten von Maria Theresia. Kurz, die Neipperger waren dermaßen erfolgreich, dass man ein separates Buch über sie schreiben könnte. Auch das Weingut, das Ableger in Bordeaux hat, ist in der europäischen Oberliga zu Hause.

Württemberg war schon immer für seinen Rotwein bekannt, man denke nur an den leichten Trollinger, den Spätburgunder und den kräftigen Superschwaben, den Lemberger. Bis vor fünfzig Jahren wurden diese Weine so gut wie ausschließlich in den Weinbergen der Grafen Neipperg angebaut, sie hatten den Lemberger gewissermaßen eingeführt. Ursprünglich stammt die Rebe aus dem östlichen Österreich und wird dort «Blaufränkisch» genannt. Aus Schwaben ist er kaum wegzudenken. Er ist gerbstoffreich, kräftig, dunkelrot. Sein Duft erinnert an Kirschen, Zwetschgen und Waldluft. Er passt ausgezeichnet zum berühmten schwäbischen Rostbraten (das Rezept kommt am Ende des Buchs in aller Genauigkeit).

Manchmal habe ich den Eindruck, viele Leute halten mich für einen Künstlertypen, der locker und beschwingt durchs Leben geht. In Wirklichkeit hangele ich mich als ziemlicher Spießer durch den Alltag, jedenfalls betrete ich um Punkt zehn Uhr die Stadtkirche. Die evangelische Gemeinde ist allerdings vom gleichen Hartholz wie ich, nicht die Kirche öffnet um zehn, sondern der Gottesdienst beginnt um Punkt zehn. Er ist bereits in vollem Gange, die Pfarrerin predigt etwas im Grundtenor von «so sollt ihr leben».

Ich schleiche mich zu einer Bank und werfe mich aus katholischer Gewohnheit auf die Knie. Dann darf sich die Gemeinde setzen. Unruhig schweifen meine Augen über die Wände, hoch bis zu den Fensterbögen. Nirgends ist der Barbara-Altar auszumachen, womöglich bin ich umsonst angereist. Dann aber denke ich, dass ich nun nach Jahren wieder mal einem Gottesdienst beiwohne, ist auch schon ein Erfolg. Ob es hilft, wer weiß, auf alle Fälle komme ich zur Ruhe. Selbst für einen ziemlich Ungläubigen sind kirchliche Rituale Seelenbalsam, bieten Zeit und Raum zum Nachdenken und Innehalten. Fast bin ich weggeträumt, als mich ein Gerumpel wieder in die Welt zurückholt. Der Gottesdienst ist beendet, die Gläubigen streben dem Portal zu.

So eine Kirchengemeinde ist ein lebhaftes Häuflein, und daher habe ich keine Scheu, einen Herrn anzusprechen und ihm zu erzählen, dass ich vor Jahren den Ratgeb-Altar an der linken Säule des Mittelschiffs ausgemacht hatte. Er antwortet: «Ja, verflixt nochmal, es ist in der Kirche doch sowieso schon feucht, trotzdem hat man ihn ins Loch gesteckt, hier ins linke Seitenschiff. Da ist die Luft noch feuchter als oben im Mittelschiff!»

Er zupft mich an der Jacke, und ich folge ihm einige Schritte. Der Altar ist ganz nah, er hatte sich nur im Dunklen hinter einem Pfeiler versteckt. «Ja», echauffiert sich ferner eine Dame, «do unten hots au immer wiedr a bissle Schimml.»

Das Gespräch zieht sich bis vors Kirchenportal, dann zerstreuen sich alle Beteiligten. Irgendwann stehe ich allein, wende mich wieder der Kirche zu, drücke erneut das Portal auf und setze mich im linken Seitenschiff vor das Altargemälde. Würde ich zu Übertreibungen neigen, käme es herzhaft aus meiner schwäbischen Brust: «Es isch Kuhnacht hier!» Etwas ratlos drehe ich den Hals und entdecke tatsächlich einen Lichtschalter, der das einmalige Kunstwerk der Finsternis entreißt und nun immerhin im Dämmerlicht ausmachen lässt.

Die mittlere Tafel des Altars in der Schwaigerner Kirche zeigt den Märtyrertod Barbaras und zwölf weitere Ereignisse der Heiligenlegende aus dem 3. Jahrhundert, die sie umrankt. Da ist ihr Vater, der sie an den Haaren zerrt und sie brutal enthaupten wird, weil seine Tochter sich weigert, ihren christlichen Glauben abzulegen. Im linken Bild sehen wir die Begegnung Christi und Magdalena am Ostermorgen der Wiederauferstehung und über allem dann die mystische Kommunion der Barbara. Auf der rechten Seite strahlt, in wunderbar abgestimmten Farben, die Darstellung der Bekehrung des Apostels Paulus, und an der Flügel-Außenseite, wenn die Seitenteile umgeklappt die Mitte verschließen, bekommen die Apostel den Segen von Christus, um in die Welt hinauszuziehen und zu missionieren.

Die hohen Holztafeln, mit Pergament und Blattgold grundiert, ruhen auf einer Predella, einem breiten Sockel, sozusagen dem Fundament des Kunstwerks. Diese Aufsätze sind nicht hoch, vielleicht einen halben Meter, und ungefähr 2 Meter breit, um den gesamten Flügelaltar zu stützen. Darüber, am unteren Rahmen der Mitteltafel lesen wir: «SPES. PREMII. SOLACIUM. LABORIS», «Die Hoffnung auf Lohn

Schloss Neipperg

ist der Trost für die Mühen». Anschließend die Signatur J. M. R.

Das für seinen Meistertitel stehende «M» strich Ratgeb durch. Ihm war es nicht erlaubt, diesen Titel zu führen, da er während seiner Zeit als Heilbronner Hintersasse nur sehr geringe Bürgerrechte hatte. Wiederholt hat er sich um Einbürgerung bemüht, aber Herzog Ulrich gab die Ehefrau des Künstlers, die seine Leibeigene war, nicht frei. Es folgten viele Aufträge, was den Maler zwang, immer wieder seinen Standort zu wechseln. Gemälde dieser Zeit erforderten die Mithilfe von Gesellen, allein eine Altarkonstruktion herzurichten, bis man überhaupt malen konnte, und die Farben anzurühren, all das führte dazu, dass Ratgeb zwei Jahre lang am Barbara-Altar zu tun hatte.

Der Altar gilt als erstes signiertes Werk des Schwäbisch Gmünders. Die Leute gucken immer komisch, wenn ich mit einem Vergrößerungsglas den Kunstwerken an den Firnis rücke. Einmal raunte mir in der Staatsgalerie ein Museumsbesucher zu: «Hallo, Sherlock Holmes.» Das Instrument hat die Größe eines Tischtennisschlägers und sorgt beim Aufsichtspersonal meist für Staunen. Sie halten mich wohl für halbblind, und ich entgehe nur knapp dem Bedauern. Mit dem Glasklotz kann ich aber gut erkennen, dass die Künstler von damals bereits im Filigranen leisteten, was heutzutage eine 40-Megapixel-Kamera kaum schafft. Mit der großen Lupe muss ich nicht so dicht an die Leinwand ran und löse deshalb keinen Alarm aus (den es in der Kirche bis heute nicht gibt). Zu sehen ist eine präzise Malerei, die sich mit den großen Künstlern der italienischen Renaissance messen kann.

Jerg Ratgeb leistete sich Freiheiten, wie sein Zeitgenosse Hans Baldung Grien. Beide, für die damalige Zeit geradezu revolutionär, fügten den religiösen Themen ab und an die Würze der eigenen Gedanken, Humor und mitunter auch so manche Bosheit zu. Sehr eindrücklich wird beispielsweise beim Herrenberger Altar des Jerg Ratgeb, der als Meisterwerk der schwäbischen Reformation gilt, der verräterische Apostel Judas geschildert. Vor seinem Mund, in seinem Atem, brummt eine Schmeißfliege. Damit wollte der Maler in meinen Augen auf die Lüge hindeuten, die aus dem Mund des Judas kam. Zudem verwahrt dieser Judas Geldscheine im Schritt, und an selber Stelle wächst ihm ein gewaltiger Penis. Das war den Frömmlern in Herrenberg irgendwann zu viel. Der Stadtrat verkaufte das heute unbezahlbare Ensemble 1890 für fünftausend Mark an die Königliche Gemäldegalerie Stuttgart. Dort hat das Werk einen eigenen Raum für sich. Die expressive Malerei war lange Zeit wenig geschätzt, denn vor Ratgebs Gemälden hat man keine Chance sich wegzuträumen, man wird gepackt und nicht mehr losgelassen. Wenn ich lange genug auf seine Bilder schaue, kommt er mir mit seinem Realismus vor wie ein Vorgänger von Otto Dix.

Unbestritten ist der Herrenberger Hochaltar ein Großereignis. In seiner Dimension, seinem dramatischen Gehalt und der malerischen Virtuosität steht er auf einer Stufe mit dem Isenheimer Altar von Matthias Grünewald. Ratgeb verlegte, um diesen Auftrag ausführen zu können, im Jahr 1520 seinen Wohnsitz nach Herrenberg. Seine Frau durfte ihm nach wie vor nicht folgen. Zum wiederholten Male berannte der Maler den Herzog, seine Frau freikaufen zu können. Es war vergeblich.

Die «Brüder vom gemeinsamen Leben» in Herrenberg, eine Ordensgemeinschaft von Laien, die wir schon bei Eberhard im Barte gestreift haben, beauftragte Ratgeb mit der Fertigung eines «Wandelaltars», der je nach Bedarf zusammen- oder auseinandergeklappt werden kann und unterschiedliche Sujets zu bestimmten Anlässen des Kirchenjahrs bereithält.

Gewogene Leserschaft, Sie werden sich vielleicht fragen, was der Klink dauernd mit seinen Jesus- und Marienbildern im Schilde führt. Ja, ich möchte Sie verführen, genauer hinzuschauen. Das Personal dieser Bilder – Jesus, die Apostel, Maria und Magdalena – war damals allgegenwärtig und ist vielen Kunstfreunden vertraut, doch jedes Werk transportiert seine eigene Botschaft. Die Bilder erzählen Geschichten, und ich lasse mir gerne Geschichten erzählen. Ratgeb hatte sich für die damalige Zeit zu einem modern denkenden Menschen entwickelt. Das macht wirklich gute Kunst aus, nicht nur die Darstellung des Offensichtlichen, sondern deren Hintergründe, die Hintergedanken und auch schelmische, satirische Ironie.

Den Ausflug nach Schwaigern noch in Kopf, mache ich mich auf in die Stuttgarter Staatsgalerie. Mittlerweile bin ich hier Mitglied, früher dachte ich immer, woanders, in der Pinakothek in München oder in Antwerpen, sei alles viel bedeutsamer. Heute sage ich ohne jeden Zweifel: Das Museum bietet alles, was den Kunstinteressierten begeistern kann. Von meinem Schreibzimmer sind es mit dem Fahrrad gerade mal fünfzehn Minuten. Der Hinweg führt steil den Berg hinab. Beim Museum angekommen, erwartet mich dann allerdings eine Treppe hinauf zu den alten Meistern, die für meine Altersklasse ein wenig anstrengend ist. Irgendwo versteckt findet man auch einen lahmen Aufzug. Die Räume sind zum Schutze der Farben abgedunkelt. Rechts weist ein Schildchen auf die italienische alte Malerei, ich halte mich links. An altdeutscher, spätgotischer Malerei vorbei, schnüre ich durch die Mitte dreier Räume, und am Ende fällt mir auf der linken Seite ein kleiner Flügelaltar des Nördlingers Bartholomäus Zeytblom ins Auge.

Ich recke den Hals nach rechts, und dann ragt der Herrenberger Altar wie ein Gebirge vor mir auf, nahezu fünf Meter

Staatsgalerie Stuttgart

hoch. In respektvollem Abstand steht quer zum Kunstwerk eine lange Bank. Vom Fußmarsch etwas derangiert, lasse ich mich aufs feine Leder fallen. So wie sich die Malerei vor mir aufrichtet, sehe ich links beginnend das Abendmahl, dann die Geißelung Christi, anschließend hängt Jesus am Kreuz, neben sich seine Leidensgenossen, und abschließend, ganz rechts, Christi Himmelfahrt. Insgesamt behandelt der Altar die Hochfeste des Kirchenjahrs. Die Rückseite der ganzen Stellage fällt um einiges verblasster aus, denn nach vorne geklappt würden diese Teile die eben beschriebenen Szenen bedecken. Nennen wir das den «Werktagsmodus». Er ist sozusagen die Verpackung und war deshalb ständig der Helligkeit ausgesetzt. Infolgedessen sind die Farben etwas ausgeblichen. Nicht nur die Szenerie, die Detailgenauigkeit, sondern auch die Komposition der Farbenanordnung versetzen mich jedes Mal in Euphorie.

Was macht man nach solch sinnlichem Hochgenuss? Ich setze noch eins obendrauf und marschiere Richtung Charlottenplatz. Unübersehbar ragt ein grünglasiges Hochhaus in den Himmel, und dahinter, richtiggehend hingeduckt, versteckt sich eine Stuttgarter Institution, die sich «Restauration zur Kiste» (heute «Weinstube zur Kiste») nennt. Kaum durch die kleine Türe geschlüpft, tut sich eine heitere Welt auf. Der Gastraum ist winzig, aber dafür doppelt vorhanden, nämlich im zweiten Stock.

Ich hatte kurz vorher angerufen, denn die Platzzahl ist begrenzt. Gleich links neben dem Eingang steht ein langer Tisch, an dem ich Platz nehmen darf. Als Kundschaft trägt seit Generationen eine honorige Mittelschicht von Staatsdienern zur guten Stimmung bei. Der Gastraum ist rundum getäfelt, hinter dem Buffet, bei der Registrierkasse, fährt ein kleiner Speiseaufzug rauf und runter. Die Apparatur ist eine

Fenster mit Messinggriff

Rarität, wie aus einem Heimatmuseum entlehnt. Sie leistet heute wie vor fast hundert Jahren verlässlich ihren Dienst und liefert das Essen. Ich sehe Rostbraten, Spätzle, Wurstsalat, Bratwürste, panierte Schnitzel und Cordons bleus neben Ochsenmaulsalat und Tellersulz.

Links von mir schaue ich auf ein Fenster mit einem blitzenden, antiken Fenstergriff, ähnlich einer aufrecht stehenden Smoking-Fliege. Dieses Detail signalisiert mir, dass hier nicht nur akkurat geputzt, sondern auch akkurat gekocht wird.

Erst kommt ein Bier und dann ein Viertele. Die junge Chefin bedient zügig, was mich beglückt. Wie oft habe ich es schon erlebt, dass die Bedienung mit Tunnelblick durch die Szenerie stürzt und mich Neuankömmling ums Verrecken nicht wahrnehmen will. So was gibt's, aber nicht in der «Kiste». Es gibt auch keine viereckigen Rindersteaks mit Rauchpfeffer oder achteckiges Bärlauchsorbet oder Tonkabohnensud mit Safrankaramell. Nein, hier wird echte Fleischbrühe serviert. Vor mir steht ein Gaisburger Marsch, eine Ikone der Stuttgarter Küche, um die viele Legenden kreisen (Rezept folgt hinten). Gute Brühe, Suppengemüse, Zwiebeln, Siedfleisch und Schnittlauch drüber. Der famose Kistenkoch schmeißt nicht alle Zutaten zusammen, um sie gemeinsam der Vollendung entgegenzusimmern. Nein, erst muss das Fleisch weich sein, dann kommt das Wurzelgemüse dazu und kurz vor dem Servieren die Spätzle, die deshalb keine matschigen Würmer sind. Manche rennen in der ganzen Welt herum, um das Glück zu suchen. Mit ein bisschen Demut ist es ganz nah. Ich fühle mich sauwohl. Das hängt sicherlich damit zusammen, dass der mich umgebene Gästekreis ebenso bodenständig ist wie ich. Auch so was gehört zur Heimat, die Nachbarn und erst recht die Tischnachbarn.

Humanismus in Pforzheim

Wir wissen alle, die Äpfel in Nachbars Garten schmecken am besten. Das Schwabenland, so wie es nach dem Krieg geregelt wurde, schließt ein, dass Pforzheim am Rande des pietistischen Gottesstaates Württemberg zu finden ist und eigentlich bereits zu Baden gehört. Ich hoffe, es wurde aber bereits deutlich, dass ich die heutigen politischen Grenzen schlicht nicht anerkenne.

Immer wieder fahre ich also ins Badische. Die Augenfreuden des Pforzheimer Schmuckmuseums hat mir meine Frau nähergebracht, das Technikmuseum schlägt allerdings mehr in mein Interessengebiet. Heute ist mein Ziel das Reuchlin-Museum. Der Weg dorthin führt durch die Innenstadt, die keineswegs schön ist. In den letzten Kriegstagen ging sie fast restlos im Feuersturm unter. Der Bombenangriff auf Pforzheim am 23. Februar 1945 dauerte 17 Minuten. Es hatte Napalmbomben geregnet, die ganze Stadt war ein Glutofen, die Bürger flüchteten in den Fluss Enz, aber der brannte zum Teil ebenso, denn das entsetzliche Napalm schwamm auch brennend auf dem Wasser. Detailliert will ich auf diesen Horror gar nicht eingehen.

Ich fahre an einem sonnigen Sonntagmorgen 2023 mit meinem Auto an den Pforzheimer Schlossberg und finde bequem einen Parkplatz, den von seinem Denkmal herab Philipp Melanchthon bewacht. In angenehmen Stufen bin ich kurzen Wegs oben bei der Kirche. Rechts ums Eck wartet das Reuchlin-Museum auf mich, links umrunde ich die Kirche. Siehe da, vom alten Pforzheim ist doch noch etwas übriggeblieben. St. Michael, im 13. Jahrhundert erbaut, zeigt sich als wuchtiges, hochstrebendes Bauwerk. Westlich finde ich romanische Architektur und etwas Frühgotik, alles in der schnörkellosen Stilistik, die auch ans Zisterzienserkloster Maulbronn erinnert. Ich gehe um die Kirche herum, hinein und wieder hinaus und kann zu einem Besuch auf alle Fälle raten. An der Westseite entlang blicke ich auf einen kleinen Park, und wenig später stehe ich vor dem Portal des Museums. Die Räume innen sind modern und hell gehalten. Ich drücke auf so manches Knöpfchen und bin ein wenig verwundert, wie man heutzutage junge Menschen an so ein Thema heranführt. Ich lese auf einer großen Tafel: «Humanismus ist geil», was mir erst einmal die Sprache verschlägt. Aber egal. Alle Möglichkeiten sind erlaubt, um den famosen Johannes Reuchlin der Bevölkerung näherzubringen, denn er ist im heutigen Bewusstsein alles andere als ein Star.

In Pforzheim 1455 geboren, ist sein Grab in der Stuttgarter Leonhardskirche zu finden, das er seit 1522 bewohnt. Ich halte diesen Mann für wegweisend, insbesondere für unsere von Rassismus beschmutzten Zeiten. Mutig setzte er sich für jüdische Kultur ein und stemmte sich gegen die Inquisition.

Das Museum, didaktisch klug bewirtschaftet, zeigt auf vier Stockwerken das Leben und Wirken des großen Denkers. Der Humanist ist in meinen Augen ein Wegbereiter der Aufklärung, er setzte sich mit aller Kraft für das Zusammenleben von Juden, Christen und Muslimen ein. Sein Leben und Wirken sind dermaßen reichhaltig, dass ich mir vorkomme, als taumelte ich in finsterer Nacht durch einen Wald. Mir geht es gerade so wie in der ersten Strophe der *Göttlichen Komödie* von Dante Alighieri: «In der Mitte unserer Lebensreise /

Befand ich mich in einem dunklen Walde / Weil ich den rechten Weg verloren hatte.»

Verzeihen Sie bitte, mich nannte einmal jemand den «Leonardo der Abschweifung». Sicher hängt das mit meinem Beruf zusammen. Beim Kochen kann man sich nicht auf eine einzige Sache konzentrieren, sondern muss seine Pfannen im Blick haben, mit der inneren Uhr an der Ofenhitze teilnehmen, unter der Grillschlange gratiniert derweil etwas, die Köchinnen und Köche um mich herum müssen auch im Blick bleiben, und dann plärrt noch die Servicefrau oder der Kellner, dass noch Sauce als Nachschlag geliefert werden muss oder die Gesellschaft im Nebenzimmer wegen langer Wartezeit gerade einen Hungerchor anstimmt. Ich schildere das nur, um meine Fahrigkeit zu erklären. Meine vielfältigen Interessen befeuern das geschilderte Phänomen. Vom Hölzchen aufs Stöckchen, da landet man von Reuchlin schnell bei Erasmus von Rotterdam, der Humanist Ulrich von Hutten drängt sich dazwischen, ein Eitelwolf von Stein will erforscht sein, und von Johannes Reuchlin komme ich zur Tora, zur Kabbala und zum Talmud …

Jedenfalls, Reuchlin war Jurist und Richter, vor allem aber ein Sprach- und Geistesgenie, das zum Kreis der bedeutendsten Intellektuellen in Mitteleuropa zählte. Er war einer der Ersten in deutschen Landen, der alle drei Sprachen der Gelehrten, das Lateinische, das Griechische und das Hebräische, nahezu perfekt beherrschte. 1505 brachte er seine «hebräische Grammatik» zu Papier. Es folgten zwei Werke über die Kabbala, die jüdische Mystik. Es ist nicht allen bewusst, dass das Christentum auf der jüdischen Tora, den 5 Büchern Mose, fußt. Mit Reuchlin begann die Zeit einer überarbeiteten Bibelauslegung, die sich auf den Urtext, die Tora, bezieht.

In den Jahren vor der Reformation kam es zwischen Reuchlin und dem zum Christentum konvertierten Juden Johannes Pfefferkorn (1469–1521) zum Streit. Dieser verlangte in seinem «Konvertiteneifer» im Jahr 1509 eine Vollmacht des Kaisers, jüdische Bücher zu beschlagnahmen, die sich seiner Ansicht nach gegen den christlichen Glauben richteten. 1507 veröffentlichte er die polemische Schrift *Judenspiegel*, in der er – noch in gemäßigtem Ton – die Juden zum Beitritt ins Christentum aufforderte. Mit Unterstützung der Kölner Dominikaner gelang es Pfefferkorn tatsächlich, offiziell von Kaiser Maximilian mit der Überprüfung jüdischer Schriften betraut zu werden. Doch es gab bald Ärger, denn die Unternehmung wurde von Unwissenden, welche diese Bücher gar nicht lesen, geschweige denn beurteilen konnten, geleitet. Und so beauftragte der Kaiser nun Reuchlin, die Angelegenheit als eine Art Gegengutachter zu untersuchen. Auf die Anschuldigungen und das Pamphlet antwortete Reuchlin 1511 mit seiner Schrift *Augenspiegel*. Das Wort «Spiegel» bedeutete damals auch Brille, als ein Synonym für besseres Hingucken. Reuchlin ermahnte die christliche Welt: «Verbrennt nicht, was ihr nicht kennt.»

Die Kenntnisse der hebräischen Bibel, des Talmuds und der Kabbala, waren selbst unter Gelehrten gering. Das erleichterte Leuten wie Pfefferkorn ihre Angriffe auf die «Geheimlehren» der Juden. Reuchlin war aber wirklich Experte für die hebräische Sprache und publizierte anonym seine gallige Satire *Dunkelmännerbriefe* (1515/17). Darin parodierte er seine Gegner, vornehmlich die Dominikaner. In fingierten Briefen ließ er die Ordensmönche in dusseligster Manier um Rat fragen. Um die Vatikanhörigen lächerlich zu machen, garnierte er ihre Schreiben mit haarsträubenden Fehlern, holpernd und rumpelnd liest man schrägstes Küchenlatein.

Der Streit währte noch lange, aber Reuchlin setzte durch,

dass jüdische Schriften in Sicherheit gebracht werden konnten. Er bekam für seine Arbeit viel Unterstützung durch andere Humanisten, unter anderem von Erasmus von Rotterdam und Ulrich von Hutten. Viele Jahre belasteten ihn Ketzerprozesse, es ging durch alle Instanzen, denn wir wissen es ja, der Vatikan ist zäh. Nicht nur Kraft kosteten Reuchlin die Auseinandersetzungen, sondern auch hohe Beträge an Prozesskosten liefen auf, die sein Vermögen schwinden ließen. Reuchlin ließ sich noch kurz vor seinem Tod zum Priester weihen. Er kritisierte den Katholizismus, lehnte jedoch die Reformation ebenso ab wie Erasmus von Rotterdam, insbesondere wegen des Übereifers Martin Luthers. Am Morgen des 30. Juni 1522 starb er in Stuttgart am Gelbfieber.

Johann Wolfgang von Goethe schrieb über ihn: «Reuchlin! Wer will sich mit ihm vergleichen, zu seiner Zeit ein Wunderzeichen.»

Sterlingsilber und ein Viertele zu viel

Nun möchte ich einige Seiten meiner Heimatstadt Schwäbisch Gmünd widmen. Damals wie heute eine moderne Stadt mit einer Hochschule für Gestaltung und einer Pädagogischen Hochschule. Viele Absolventen der Designhochschule und der Goldschmiedeschule blieben nach dem Studium in der Stadt hängen. Sie sind Gmünder geworden und trotzdem als «Reing'schmeckte» (Zugezogene) glücklich. Es gibt sage und schreibe immer noch annähernd fünfzig Gold-/Silberschmiede- und Designunternehmen in der Stadt.

Als Kind drückte ich mich oft in den Werkstätten herum. Diese Welt faszinierte mich, sie war auch in unserem Esszimmer allgegenwärtig. Selbstverständlich hatte bei Muttern auf dem sonntäglichen Mittagstisch ein Silberleuchter zu stehen. Nicht versilbert, nein, es musste «Achthunderter-Sterlingsilber» sein. Eines Tages brach ein Arm des Leuchters ab, und ich wurde als Zehnjähriger zu Hans Wanner in Trab gesetzt. In seiner Werkstatt rumorte er am oberen Zeiselberg, keine fünf Minuten von meinem Zuhause entfernt. Hans war die Rettung allen demolierten Silbers, ein wahres Silberschmiedgenie. Auch für mickrige Reparaturen war er sich nicht zu schade, deshalb führte er den Spitznamen «Pfannenhans».

In der Werkstatt ging es immer lustig her. Seine Frau, sehr froh und umtriebig, fragte mich damals: «Solle mer des eifach anlöten oder will'schs in ‹Heavy Silver›?»

Ich dann: «Was isch Heavy Silver?»

«Also die Amis, die Soldaten hier, die beliefern wir immer mit Heavy. Das dünne Sterling-Silberblech, hohl und federleicht, wird mit flüssigem Wachs gefüllt und unten mit einem grünen Filz verschlossen. Vinzle, du glaubsch net, wie schwer dann des Silber isch.»

Ich musste vielleicht fünfzehn Minuten warten, dann kam die Silverqueen mit meinem Leuchter. Er war randvoll mit Stearinwachs gefüllt und mächtig schwer.

In Gmünd lebten damals jede Menge Lebenskünstler und etablierte Künstler, umgeben von sympathischen Wahnsinnigen. Als ehemalige Freie Reichsstadt war die Stadt schon immer erzkatholisch, und es herrschte dort allenthalben eine Art mediterraner Frohsinn, ein Umstand, der im restlich-pietistischen Württemberg schon immer etwas Unbehagen erzeugte.

Einer dieser Lebenskünstler war der Rosenkönig, der Zellerswalter. Sein Blumengeschäft befand sich gleich hinter dem Rathaus, und das Schaufenster allein stach jedem ins Auge. Die Scheiben wiesen über die ganze Fläche ein Halbrund auf, darin standen die buntesten Blumen, vor allem Rosen. Sah Zellerswalter eine schöne Frau vorbeistöckeln, schnappte er sich eine langstielige Rose der prächtigsten Art, rannte vor das Geschäft und beschenkte die Lady. So ging das den ganzen lieben langen Tag. Seine Großzügigkeit hatte auch damit zu tun, dass er als alter Gmünder um zehn Uhr vormittags damit begann, sich einen kleinen Aperitif zu genehmigen, mittags und abends dann noch einmal und dazwischen auch immer mal wieder ein «Viertele».

Der Zellerswalter war ein Gourmet. Vom Finanzamt fühlte er sich jedoch schwer verfolgt, denn sein Kontostand und seine Buchhaltung gerieten irgendwann in ziemliche

Bedrängnis. Also gedachte er, seine Buchhaltung im Gasthaus «Hölzle» in Weilstoffel auf landesübliche Norm zu bringen. Es gelang, allerdings nicht zu Gunsten des Finanzamts. Irgendwann sah der Zellerswalter, nach Rostbraten und unter der Verdauungshilfe unzähliger Trollinger-Viertele, die Zahlen doppelt. Da er die Forderungen der Behörde sowieso als zu hoch empfand, konnte er eine Verdoppelung schon gar nicht hinnehmen. Im Gasthaus Hölzle sorgte ein holzbefeuerter Kachelofen für heimeliges Wohlbehagen. Zellerswalter durchzuckte es irgendwann, innerhalb der Parade seiner Viertele, dass nicht nur dem Finanzamt Nahrung zustand, sondern mehr noch der Ofen gefüttert werden musste. Ganz klar, in jedem Gasthaus kommt zuerst der zu wärmende Gast, und dann der Staat. Das «Wohlfühlunternehmen Zellerswalter» ging in Rauch auf.

Auf den Gmünder Wochenmarkt will ich auch noch zu sprechen kommen. Zu den Zeiten, als ich noch den «Postillion» betrieb und mich mit meinem Einkaufskorb durch die Menge schob, war dort auch eine Art Feldschütz unterwegs, der die Händler mit Vorschriften belästigte. Der Mann war aber nicht bestechlich, sondern äußerst großzügig und seinem Amtschef gegenüber nur mit Vorbehalten loyal. Er wusste, dass ein Wochenmarkt die Bündelung sozialer Wärmequellen ist und die Menschheit ohne frisches Gemüse, Klatsch und Tratsch nicht existieren kann.

Man kann den Gmünder Wochenmarkt als Institution ansehen, und ich kenne keinen schöneren. Er findet im Schutze der grandiosen gotischen Kirche, des Münsters, statt. Die vielen «Gastarbeiter», wie man sie damals nannte, Griechen, Italiener und Türken, importierten bereits in den 1960er-Jahren Auberginen, Zucchini, eingelegten Paprika und Olivenöl. Sie boten aber auch die Oliven selbst, Gewürze wie Rosmarin

Der Gmünder Leuchter, ein Verkaufsschlager

und andere mediterrane Köstlichkeiten an, die für uns heute selbstverständlich sind.

Auf dem Markt, im Schatten der Mariensäule, kaufte ich Ende der Siebzigerjahre meine ersten Artischocken. Da ich in einer italo- und frankophilen Familie aufgewachsen bin, hatte ich solche schon öfters verspeist. Höchste Zeit, dass auch meine Gäste nicht «eingenordet», sondern «eingesüdet» werden sollten. Die Artischocken kamen auf die Speisekarte, und zum Mittagessen saß Zellerswalter an Tisch fünf gegenüber dem Kupfertresen. Der Tresen glänzte durch unentwegtes Wienern meiner Elisabeth dermaßen, dass man sich darin spiegeln konnte. Zellerswalter orderte das französische Grünzeug mit Sauce Hollandaise. Wenig später begrüßte ich den Stammgast und staunte nicht schlecht. Walter saß mit umgebundener Serviette, damals ein ausladendes Brusttuch, und kaute wie eine Kuh. Mit mahlendem Kiefer schaute er zu mir auf und würgte mit gehörigem Trotz die strohige Flora den Schlund hinunter. Man muss wissen, in schwäbischen Gasthäusern gilt nicht nur beherztes Zugreifen beim Essen, sondern, ungeachtet jeden Völlegefühls, die renitente Devise «zahlt isch zahlt». Mit anderen Worten, was man bezahlt hat, muss man auch «zwenga».

Dem Zellerswalter erklärte ich damals, dass man die Blätter nicht samt und sonders in den Mund stopft, sondern sie an der Spitze festhält und nur das dicke, untere Teil durch die Zähne zieht. Das ausgelutschte Blatt kommt auf den bereitgestellten Teller. Irgendwann dringt man zum Artischockenboden vor und erhält dort eine Belohnung für die Mühen, denn das Herzstück schmeckt wunderbar zart.

Walter blieb von meinem Spontanunterricht völlig unbeeindruckt. Er nahm einen Schluck Grunbacher Wartbühl Riesling vom Weingut Jürgen Ellwanger, verharrte, als wolle er eine Rede ans deutsche Volk starten, und stieß dann, fast hätte er sich verschluckt, röchelnd hervor: «Du kansch mir verzähle was de willst, i tu a Artischock oifach moschte, dann hosch d'höchschte Ertrag.» Auf gut Deutsch: Der Spezialgourmet hat alles gemostet, zermahlen und restlos vertilgt.

Nun will ich aber noch rasch erzählen, wie ich mein erstes Restaurant gründete. Die Schwierigkeit dabei war nicht das Kochen, sondern das Investieren. Mein Vater hatte mir zwar das Restaurant geschenkt, die Küche befand sich jedoch in einem abgewrackten Zustand, der maximal einen Rostbraten und die damalige Ikone der Gourmandise, ein Filetsteak mit grünem Pfeffer, realisieren konnte. Ein neuer Herd war nötig, die Kühlanlagen ratterten todkrank vor sich hin, Tischwäsche musste angeschafft werden. Ein Kredit musste her, und da ich einen Meisterbrief, den ich im Baden-Badenener «Hotel Brenner» gemacht hatte, vorweisen konnte, standen die Chancen gut. Die örtliche Sparkasse wurde angepumpt. Immerhin wusste ich, dass ein Unternehmer möglichst zwei verschiedene Banken haben sollte. Wenn eine das Konto sperrt, hätte man noch den Notausgang zur anderen. Mit diesem Ansinnen wurde ich bei der Volksbank in der Ledergasse ein Stockwerk höher gebeten. Dort residierte der Herr Direktor, der sich auf seine Menschenkenntnis verließ, was manchmal zielführender ist als das heutige Starren auf den Computerbildschirm.

«So, du bisch also der Junge vom Alten, des isch ein rechter Mann», dröhnte es. «Wie viel brauchsch du denn?»

Ich murmelte bei total trockenem Hals etwas von zweihundertfünfzigtausend Mark. «Des ist koi (kein) Problem. Reicht des au wirklich?» Von einem Businessplan hatte der Direktor wahrscheinlich nie gehört und ich auch nicht. Diese Gemeinsamkeit animierte das «Hergöttle» zum Schiedsspruch: «Na gang nunter zum unterschreiba, ond nemm besser glei dreihondertdausend Mark.»

Auf Grund der Fallhöhe der gehobenen Stände zu mir wurde ich damals grundsätzlich mit Du angesprochen. Mir war es jedoch befohlen, mein Gegenüber mit vollem Titel zu besingen. «Jawoll, Herr Direktor!»

Die Volksbank betrieb damals bereits einen Aufzug und auf der Fahrt ins Parterre taumelte ich im Glück. Ich hatte aber auch keine Ahnung, dass man damals das Geld nachgeschmissen bekam und die Bank fatale 8 % Darlehenszinsen verlangte. Bei Monatsumsätzen um die zwanzigtausend Mark waren knapp zweitausend Mark Zinsen fällig.

Es folgten 18 Jahre Kampf, immer an der Kante der roten Zahlen entlang. Kaum war das Konto einigermaßen eben, regnete es zum Dach hinein, die Heizkosten waren enorm, denn das Haus war offensichtlich als Frisch- und Zugluft-Sanatorium gebaut worden. Wollte ich aufgeben, stützte mich meine Elisabeth, eine wahre Heldin. Sie verlor nie den Mut. Hatte sie mal den Blues, war ich wiederum mit Seelenmassage dran. Es kam vor, dass wir vor Niedergeschlagenheit einen ganzen Tag schließen mussten.

Wir luden uns erst einmal gewaltige Schulden auf. Die Gmünder Gold- und Silberwaren-Fabrikanten unterhielten damals noch weltweit Vertretungen, doch die Geschäfte gingen immer mehr zurück. Einen Esstisch mit Silberwaren zu bestücken, Sektkühler in massivem Metall auf den Tisch zu stellen, das gab es alsbald nur noch in der klassischen Spitzengastronomie.

Die Papierserviette war erfunden, der Begriff Rationalisierung war in aller Munde. Aus Kostengründen wurde in der klassischen Gastronomie das Hotelsilber favorisiert. Stabiler Edelstahl wurde versilbert, und anstatt des Achthunderter-

Stempels wurden nur neunzig ins Metall gehämmert. Für Altgmünder bedeutete das eine Art von Häresie. Die konkurrierende Stadt Pforzheim entwickelte sich wesentlich fortschrittlicher. Ich erinnere mich an die Firma Hepp, die erste Adresse für Hotelsilber. Es gab kaum einen gastronomischen Betrieb hier im Süden, der nicht mit Hepp glänzte. Manch altes Silberwarenunternehmen hatte sich auf vier Arbeiter kleingeschrumpft, ohne den Titel «Fabrikant» abzulegen. Von diesen Fabrikanten hatten einige im «Postillion» ihren Stammtisch, und als wir eine Silbermenage auf ihren Tisch stellten, *made in Pforzheim*, stellte uns das unversehens in die Ecke von Verrätern. «Nieder mit dem unechten Kruscht!», schrien die Honoratioren. Wir mussten also extra für diese Gäste Milchkännchen, Teekanne und Zuckerdose aus Sterlingsilber besorgen.

Unsere Karte bot Rostbraten und Zürcher Geschnetzeltes vom Schweinefilet, Kalbfleisch konnten wir kaum auf die Karte setzen, denn alles, was über 15 Mark kostete, war in den Augen der alten Schwaben infamer Wucher. Wir richteten unsere Küche nach französischen Vorbildern aus. Eigentlich konnten wir es uns nicht leisten, in Luxusrestaurants wie Haeberlin in Illhäusern oder bei Paul Bocuse oder den Brüdern Troisgros zu essen. Elisabeth bestand aber darauf, sie wollte wissen, wie zeitgenössisch gekocht wurde und woran wir uns orientieren konnten.

Sie hatte natürlich recht, und so kamen Gerichte auf die Karte wie Matelote von Meeresfischen, Loup de Mer, Lammrücken, Barbarie-Enten. Das haben alle Gäste sehr gemocht. Es wurde aber dauernd über die Preise gemeckert, und wir boten viele Gerichte nahezu zum Selbstkostenpreis an. Die Nachkriegsgäste bestanden häufig auch darauf, dass alles richtig durchgebraten sein musste. Unmengen an Sauce wurde gefordert, damit nichts im Hals stecken blieb. Es kommt nicht von ungefähr, dass Tütensuppen und Saucen im Schwäbischen, hergestellt in Heilbronn (Knorr) und in Singen am Hohentwiel (Maggi), bis heute tonnenweise die Haushalte munitionieren.

Wie gesagt, Schwäbisch Gmünd war schon immer eine Künstlerstadt, und die Hochschule für Gestaltung geht auf das Jahr 1776 zurück. Es begann mit einer Zeichenschule, die dazu diente, Schmuckentwürfe professionell darzustellen. 1909 wurde daraus die Königliche Fachschule für Edelmetallindustrie. 1950 kam es zum honorigen Titel «Staatliche Höhere Fachschule für Edelmetallgewerbe». Für landesweite Anerkennung sorgte Prof. Walter Lochmüller, welcher der Institution vorstand. Mit seiner Frau war er ab und an Gast im «Postillion». Er gehörte zu den Gästen, von denen ich viel lernte und so mit Fug behaupten kann, dass die Gasträume des damaligen «Postillions» und auch die der heutigen Wielandshöhe für meine Frau und mich eine Art Universität des Lebens bedeuteten.

Am Lido von Schwäbisch Gmünd

Zu meiner Jugendzeit reicherten viele Schlesier, Sudeten und andere Leute die gemächliche Lebensart der Gmünder an, allesamt mussten sie auf den Namen «Flüchtling» hören. In unserer Nachbarschaft lebten auch jede Menge Italiener, die bis heute ein wunderbares Gewürz der Gmünder Bevölkerung darstellen. Da wäre in erster Linie mein alter Freund Angelo zu nennen, Kettenraucher, Weinspezialist und absolute Fachkraft für die fantastische, vielseitige italienische Küche. Er brachte mir die italienische Hochküche bei, die selbst in Italien immer mehr in Vergessenheit gerät. Als Kunsttischler kam er in den frühen Fünfzigerjahren aus dem apulischen Gargano nach Deutschland. Es war die Zeit, als die gehobenen Stände hierzulande gerne Barock- oder Chippendale-Möbel in das germanische Ambiente einfügten. Die Originale wären zu teuer gewesen, aber die italienischen Kunsttischler konnten Abhilfe leisten. Feinste Intarsien-Möbel wurden hergestellt, und Handwerker wie Angelo hatten von Anfang an einen besseren Status als die «normalen Gastarbeiter-Malocher».

Angelo übernahm irgendwann mit seiner schwäbischen Frau Ingrid die Küche des *Centro Italiana* in der Imhofstraße. Ich glaube, es wurde von einem Verein oder der Kirche betrieben, um den heimatlosen Italienern eine Anlaufstelle und eine Art Wohnzimmer zu bieten. Dort wurde richtig italienisch gekocht, hauptsächlich für Italiener. Angelo eröffnete dann eines Tages ein eigenes Ristorante, und schon gingen die Probleme los. Er war nicht bereit, die Spaghetti «alla tedesca» weich und matschig zu kochen, sondern hielt sich an die Regeln des klassischen Handwerks. Er wusste, was er tat, war zudem ein ziemlicher Sturkopf und verzweifelte oft am Unverständnis der Gmünder Kundschaft.

Gmünder wussten schon immer alles besser. Sie hatten schließlich die italienische Küche am Teutonengrill in Rimini umfassend erfahren. Dort aber richteten sich die Küchensklaven hinter dem Herd gefällig nach dem Geschmack der deutschen Touristen. Dazu lärmten Strandkapellen Sommerhits wie «O Sole Mio» oder «Sole-Sole-Sole-heißt-die-liebe-Sonne-Sonne-Sonne». San-Remo-Schlager beherrschten den Äther. Aus diesen Kultur- und Küchendünsten entstand dann auch das in Schwäbisch Gmünd und wahrscheinlich bundesweit so beliebte deutsche Wunschbild des italienischen Gastwirts, stets lustig und jedem Gast um den Hals fallend. Und wenn das nicht ausreicht, wird über alles noch ein billiger Grappa gekippt.

Wer durch Italien reiste, hat wohl selten solche Karikaturen angetroffen, sondern Menschen mit heiter-nachdenklichem, oft ernstem Gemüt. Angelo gab für seine gute Kundschaft alles, wurde aber durchaus auch mal schroff. Nochmals sage ich, dass ich von ihm viel gelernt habe, davon zehre ich heute noch. Unvergessen ist mir auch sein phänomenales «italienisches Schwäbisch».

In der Königsturmstraße, in der mein Elternhaus stand, ging unser Kinderzimmer Richtung Osten. Unter unserem Fenster vertrocknete ein kleiner Garten, hinter dem Zaun strahlte die Neonschrift des Tanzlokals «Lido». Dort spielten ständig Live-Kapellen aus Italien. Den Schlager *Marina* kriege ich heute noch kaum aus dem Ohr. Ich müsste mich arg täuschen, aber ich meine, der Komponist Rocco Granata höchstpersönlich beglückte auch eines Abends unsere nachbarschaftlichen Ohren. Aldo Rota war der Chef des «Lido». Feinstes Garn, Krawatte. Er hatte ein bisschen etwas von Federico Fellini, gewelltes angegrautes Haar, eine Ernsthaftigkeit wie ein Staatsanwalt und ein Auftreten wie ein Nobelpreisträger. Aldo war der älteste Sohn von Mama Rota und mied jede Umgebung, bei der man sich schmutzig machen konnte. Weil er in jungen Jahren ein guter Fußballspieler war, wurde er im Ort schon allein wegen seiner Ballkünste geachtet.

Seine Mutter stammte aus Norditalien, wenn ich mich recht erinnre, aus der Gegend von Bergamo. Mit der Physiognomie und dem Auftreten einer Großfürstin, hatte sie bescheiden angefangen, nämlich mit einer Eisdiele in der Kornhausstraße. Die Söhne waren von Anfang an voll im Geschirr. Ich erinnere mich noch gut an die «Roma-Diele» und ans Eisschlecken. Der etwas jüngere Bruder Giulio war auch zu uns Kindern lustig und bis zu seinem Lebensende ein Schaffer. Giulio heiratete eine flotte, ebenso fleißige Gmünderin. Sie, die Toni, steht heute noch hinter dem Kuchenbuffet des «Café Margrit».

So, heute ist ein schöner Maitag im Jahr 2024, und jetzt fahr ich los ins Café Margrit. Die Einrichtung aus den Fünfziger- und Sechzigerjahren wurde fachmännisch renoviert und ist schon deshalb ein Kulturdenkmal. Im Internet las ich von einem Banausen, das Café wäre «altmodisch». Diesen Makel teilt sich das Café mit der achthundert Jahre alten romanischen Johanniskirche gleich nebenan. Wie sagte mein Opa immer: «Mit der Dommheit do isch's so, selber merkt ma nix davo!» Für mich ist das Café eines der letzten Grand Cafés des Schwabenlandes und passt gut zum Ensemble des Johannisplatzes.

Café Margrit, Johanniskirche

Die Zugewanderten gaben der Stadt ein besonderes Gepräge. Auf mich wirkte auch die Lebensgeschichte meines langjährigen Musikpartners Lorenzo Petrocca. Lorenzo kam als vierzehnjähriger Bub aus Crotone nach Stuttgart. Oft wurde er als «Spaghettifresser» beschimpft, als «Zitronenschüttler» oder «Eseltreiber». Und doch war sein größter Wunsch die Anerkennung durch die Schwaben. Man erkennt das bei vielen sogenannten «Gastarbeitern» der ersten Generation, dass sie sich durch besonders korrektes Auftreten eingliedern wollten. Auf den oft langen Fahrten zu Auftritten redeten Lorenzo und ich viel übers Boxen. Sport ermöglichte Lorenzo ein gewisses «Dabeisein». Er begann als Reinigungskraft und mit sonstigen wenig anerkannten Dienstleistungen. Als Ventil diente der Boxclub, und er brachte es bis zum Württembergischen Meister. Das Milieu in dieser Sportart behagte ihm allerdings immer weniger, und er eiferte seinen Brüdern nach und beschäftigte sich intensiv mit Musik und ganz besonders mit der Jazzgitarre.

In seiner langen Karriere hat er mit unzähligen Berühmtheiten zusammen musiziert. Vor allem bewies er seine Geduld und Großherzigkeit, dass er sich mit mir, einem blutigen Amateur, abmühte. Mit der Zeit bekam ich meinen Part mit Lorenzo auf der Bühne zu aller Leute Wohlgefallen ganz gut hin. Für unsere Auftritte zeichnete Lorenzo insofern verantwortlich, da er immer im gebügelten Hemd und mit gepflegtem Jackett, scharfer Rasur und feinem Schuhwerk neben mir stand und so eine ziemliche Aufwertung der ganzen Unternehmung darstellte. Ich wirkte neben ihm, in T-Shirt und Bollerhosen, immer wie ein Stadtstreicher. Mit einem Satz gesagt: Der Mann hat's rausgerissen.

Was mich angeht, so will ich nicht von Heimatliebe sprechen, ich spüre eher eine Zugehörigkeit und unsentimentale

Verankerung zum Ostalbkreis. Der Menschenschlag ist der etwas raueren Klimazone insofern angepasst, dass er ebenfalls etwas rau und geradlinig durchs Leben geht.

Mittlerweile sitze ich auf der Terrasse des «Café Margrit». Sergio, der Chef, bringt mir und seiner Mutter jeweils einen Cappuccino. Die Seniorchefin Toni sitzt da, schlank und unzerstörbar agil. Sie gönnt sich eine kurze Pause, hat ihr Kampfgebiet hinter der Kuchentheke kurz verlassen und überwacht nun ihre Gäste. Wir plaudern ein wenig und beäugen den Johannisplatz, der links von der romanischen Johanniskirche gesäumt ist. Auf der rechten Seite, im Schatten, ein riesiges Gebäude in barocker Anmutung. Der gotische Chor der ehemaligen Kirche ragt in den Platz hinein, und eine überlebensgroße Madonna von 1922 wacht über allem. Sie wurde von dem Gmünder Prof. Wilhelm Fehrle, fast möchte ich ihn väterlichen Freund nennen, schlank und hoch modelliert. Die Skulptur zeigt eindeutig den Einfluss Wilhelm Lehmbrucks, eines der bedeutendsten Bildhauer der ersten Hälfte des 20. Jahrhunderts.

«Der Prediger», wie das alte Dominikanerkloster von 1294 genannt wird, wurde unter Napoleon säkularisiert, zur Kaserne umgewidmet und in unserer Zeit mit Millionenaufwand zum Stadtmuseum erhoben. Dort bin ich schon des Öfteren herumspaziert. Ich erinnere mich noch gut an eine Ausstellung, die vor ungefähr 10 Jahren einen ganz besonderen Einheimischen ehrte, den Maler Emanuel Leutze, 1816 in Schwäbisch Gmünd geboren und 1868 in Washington, D.C., in den Vereinigten Staaten gestorben. Seinen Namen kennt in Deutschland kaum jemand, aber jeder Amerikaner weiß von seinen Gemälden. Leutze, mit zweitem Vornamen urschwäbisch auch Gottlieb gerufen, übersiedelte mit den Eltern nach Philadelphia, als der Bub gerade mal neun

Jahre alt war. Später begann er ein Studium der Malerei und arbeitete als Porträtmaler. Mit fünfundzwanzig kam er nach Deutschland zurück, studierte in Düsseldorf und trug maßgeblich zum guten Ruf der Düsseldorfer Malakademie bei. Leutze wurde einige Jahre Präsident des Vereins der Düsseldorfer Künstler. Als Amerikaner hatte er jedoch erfahren, wie frei man in einer Demokratie leben konnte. Es blieb nicht aus, dass er sich politisch engagierte und zum Freundeskreis des Revolutionsdichters Ferdinand Freiligrath zählte. Der «Reing'schmeckte» aus Detmold starb übrigens 1876 in Bad Cannstatt im Wirtshaus «Alter Hase» an Herzversagen und wurde auf dem Uff-Kirchhof in Cannstatt beigesetzt. Dieser alte Friedhof liegt an der ehemaligen Kreuzung einer Römerstraße, und dort ist auch der schwäbische Stolz in Person, Gottlieb Daimler, begraben.

Noch heute hängen zwei Gemälde Leutzes im amerikanischen Kapitol. Das eine, *Westward the Course of Empire Takes Its Way* von 1860, zeigt an der Treppe des Repräsentantenhauses Siedler mit Planwagen bei der Überquerung der Rocky Mountains. Das andere, *Washington crossing the Delaware* (1851), ist die Ikone der amerikanischen Geschichte und Pflichtstudium für jedes Schulkind. Das Gemälde befindet sich als Kopie im Oval Office des amerikanischen Präsidenten. Das Original hängt im New Yorker Metropolitan Museum.

Zu Leutzes Freund Freiligrath will ich nur kurz noch etwas sagen. Er hat unter Lebensgefahr dazu beigetragen, dass wir heute frei leben können. Die ganzen Heldinnen und Helden des Freiheitsgedankens der 1848er-Revolution sollten wir nicht in Vergessenheit geraten lassen. Bei diesem Thema ganz vorne hinstellen möchte ich den Badener Friedrich Hecker (1811–1881) und überhaupt das badische Überzwerche,

Kreuz- und Quergestrickte. Überzwerch ist ein alter schwäbischer Ausdruck, er kommt vom Zwerchfell, das den Unterkörper vom oberen abgrenzt. Man nennt es auch, was nur noch wenige wissen, «Krähenfleisch». Vom Rind oder vom Ochsen wird es sehr lange weichgekocht, denn die Fleischfasern überkreuzen sich, liegen also quer übereinander. Ich finde, es ist ein treffendes Bild für die schwäbische Mentalität.

Mit dem Professor im Freiburger Münster

Eines schönen Montagmorgens, im Frühling 2024, schnurre ich die Rheintalautobahn Richtung Freiburg hinab. Ziel ist meine Lieblingsbuchhandlung, sie nennt sich vieldeutig «Zum Wetzstein», und ich bin eingeladen, ein Publikumsgespräch zu meinem Venedig-Buch zu führen. Die großartige Buchhändlerin Susanne Bader ist mir dabei eine prima Partnerin. Der «Wetzstein» ist eine der wenigen Buchhandlungen, die sich schon immer störrisch ausschließlich um Literatur kümmerte. Es gibt keine papierbeleidigenden Erbauungsratgeber, Ernährungsbreviere, Landkarten, lustigen Witzpostkarten oder Fensterbanknippes. All das, von dem die meisten Buchhandlungen sich heutzutage über Wasser halten, fehlt hier. Nur eines nicht, der Geist einer belesenen Inhaberin.

In der schnörkellosen Buchhandlung reihen sich unzählige Stühle. Im Publikum sitzt ein weißhaariger Herr, der aussieht wie ein Professor und auch einer ist. Konrad Kunze lehrte an der Universität in Freiburg Sprachgeschichte und mittelalterliche Literatur und ist Experte für Legenden- und Heiligenforschung. Er ist Professor im ursprünglichen Wort, ein «Profiteri», nach Kluges *Etymologischem Wörterbuch* ein Bekennender, also jemand, der für seine Sache brennt. Zum Beispiel für das Freiburger Münster, von dem er jeden Stein kennt.

Nach der Veranstaltung eilt die Buchhändlerin im Stechschritt voraus, aufs Münster zu. Wir zwei alten Herren wackeln hinterher. Da ich ein schwäbisches «Profitle» bin und aus allem möglichst doppelten Ertrag schlagen will, ist nicht nur die Buchhandlung auf dem Stundenplan, sondern auch das Freiburger Münster. Zuerst erfahre ich, dass das Münster nicht aus einem Guss ist. Die Honoratioren der Stadt bauten ums Jahr 1200 die Kirche mit dem monströsen Ehrgeiz, einen hohen Turm nicht nebenan zu bauen, sondern als Teil der Kirche in den Anfang zu setzen. Der hohe Westturm zeigt sich ab halber Höhe als hohl-filigranes Steingerüst. Das nennt man auch Maßwerk, oft zu beobachten bei gotischen Fenstern, die unterhalb des spitzen Zulaufs mit Kringeln und sozusagen Zierleisten versehen sind.

Der Himmel durchsticht die zarten Steinmetzkonstruktionen des Turms, als wolle er sich mit ihm verbinden. Die aus Basel bestellten Meister gaben ihre ganze Kunstfertigkeit in diesen Bau. Vielleicht waren es die Stadtgründer, das Geschlecht der Zähringer, die nebenbei bemerkt am Rande der Schwäbischen Alb, auf der Limburg bei Weilheim/Teck, ihren Clan gründeten, denen der Turm als zu hoch und die Kirche als zu klein geraten erschien? Die Proportionen stimmten nicht. Es ging ja nicht nur um den dominanten Turm, sondern um das Gotteshaus, das ebenso strahlen sollte. Die Romanik, tief und erdennah, war vorbei, die Baukunst strebte hoch hinaus, dem Himmel und dem Licht entgegen.

Der Chor mit dem Altar liegt immer im Osten, der aufgehenden Sonne entgegen. Wer eine Kirche sieht, braucht keinen Kompass, im Osten der Chor, im Westen das Hauptportal. Der Haupteingang in Freiburg erhebt sich riesig in die Höh. Vielleicht übertreibe ich, aber hundert in Stein gehauene Figuren bevölkern den Eingang, und wer eintritt, wird von diesen Heiligen beäugt.

Ich habe erwähnt, dass ich nah des Schwäbisch Gmünder Münsters aufgewachsen bin. Noch heute habe ich das Steinmetzzeichen des berühmten Baumeisters vor Augen: ein Kantenpfahl und ein doppelt gewinkeltes Maßbrett. Peter Parler (1330–1399) aus Schwäbisch Gmünd gilt bis heute als der berühmteste Dombaumeister der Spätgotik, er war unter anderem am Bau des Veitsdoms in Prag beteiligt. Gelernt hatte er in der Dombauhütte zu Köln. Kaiser Karl IV. besuchte extra Schwäbisch Gmünd, um sich von seinem Können zu überzeugen. Sehr wahrscheinlich war Johann von Gmünd der Bruder Peter Parlers. Der Clan der Parlers hatte einen guten Ruf, und die Freiburger holten sich einen Parler aus Gmünd, nämlich ebenden Johann, um die Kirche zu verlängern, genauer gesagt den Chor, das Halbrund hinter dem Altar wurde beträchtlich nach Osten gerückt.

Unsere kleine Exkursion führt um das Bauwerk herum, das mich wegen der vielen baulichen Details etwas verwirrt. Professor Konrad Kunze redet sich derweil in Begeisterung und reißt mich buchstäblich mit. Schließlich hat er ein dickes Buch über das Bauwerk geschrieben, das ich Aficionados ans Herz legen möchte. Es heißt *Himmel in Stein* und ist 1980 im Herder-Verlag erschienen.

Dann sind wir drin in der Kirche, hoch, breit und riesig verschlägt sie mir fast die Sprache. Ich muss aber auch gar nichts sagen, denn unser Cicerone überhäuft die Buchhändlerin und mich mit unfassbarem Wissen. Da wären die romanischen Säulen, die ehedem zum alten Chor gehörten. Darauf folgt der Anbau des Chors, der in ungefähr fünfzig Metern am Altar endet. Doch dieser ist nicht zu sehen, denn davor, in zwanzig Metern Höhe, entfaltet sich von oben eine Stoffbahn fast von der Größe eines Tennisplatzes. Na ja, das ist vielleicht ein bisschen übertrieben. Der Altar ist wegen der Fastenzeit verhangen, und deshalb spricht man vom «Hungertuch». Es wurde sechs Jahre vor Ausbruch des Dreißigjährigen Krieges gewebt. Professor Kunze erklärt, der französische Maler François Arparel führe uns hier in gewaltiger Größe die Kreuzigung Christi vor Augen. Das zentrale Bildnis ist von 26 kleineren Darstellungen gerahmt. Gemalt wurde es zwischen 1611 und 1612 auf einer speziell im Ganzen gewobenen Leinwand, die 10 mal 12 Meter misst und über eine Tonne schwer ist.

Neben der Lesung war der wichtigste Grund für mich, ins Südbadische vorzudringen, der Freiburger Hochaltar von Hans Baldung Grien. Diesen Maler kann man getrost zum Weltkulturerbe zählen, und für uns Gmünder ist es schon ein beträchtlicher Stolz, dass er innerhalb unserer Stadtmauer geboren wurde. Mittlerweile aber schmerzen mir die Füße. Der Blick auf den Hochaltar von Grien bleibt mir wegen des riesigen Tuchs leider verwehrt. Nach Freiburg komme ich schätzungsweise einmal im Jahr. Ich werde wiederkommen, aber vielleicht nicht in der Fastenzeit.

Ich habe ja bereits den Altar in Tiefenbronn beschrieben und beschränke mich nun auf eine kurze Darstellung des Freiburger Werks von Grien. Man muss berücksichtigen: Zwischen den beiden Künstlern liegen nahezu zwei Generationen, und die Leute wurden damals nicht so alt wie heute. Kraft dieser Tatsache kann man sehr gut den Fortschritt der Kunst erahnen. Die Malerei von Hans Baldung Grien ist perspektivisch wesentlich raffinierter und die Figuren sehr lebendig und nicht mehr so starr wie zur Zeit der Gotik und Spätgotik. Das ist jedenfalls meine Wahrnehmung.

Die vorderen Seitenflügel des Altars sind das ganze Jahr

über geöffnet und zeigen das Leben der Mutter Gottes Maria. Es gibt nur die Ausnahme des Advents, der Weihnachtszeit und des Fastenmonats. In der Weihnachtszeit werden die Seitenflügel eingeklappt, und man sieht die Verkündigung und Heimsuchung, ferner die Geburt Jesu und die Flucht nach Ägypten. Der Sockel zeigt die Heiligen Drei Könige in Holzschnitzkunst und wird dem Holzbildhauer Hans Wydyz zugeschrieben. Der Altar erstreckt sich insgesamt auf elf große Bilder und wurde in Baldungs Werkstatt im Barfüßerkloster St. Martin gefertigt.

Mamma Mia, die Exkursion war anstrengend. Um meine Kondition ist es schlecht bestellt, was hauptsächlich mit meinem kaputten Rücken zu tun hat. Ein Leben in gebückter Haltung über dem Kochherd, das hat Folgen. Ganz anders der Professor, offensichtlich hatte er den besseren Job. Dem ausdauernden Professor Kunze würde ich noch eine Teilnahme an den Bundesjugendspielen zutrauen. Vor dem Portal des Münsters bedanke ich mich ausufernd. Unsere Wege trennen sich unter freudigem Zuwinken.

Auf der Rückreise geht es nun quer durch den Schwarzwald. Es ist mittlerweile später Nachmittag, und es gibt im Schwarzwald nicht nur Wölfe, sondern auch die Wolf, ein Flüsschen, das unter Fliegenfischern einen guten Ruf genießt. Ein Freund empfahl mir als Quartier den «Hirschen» in Oberwolfach. Fliegenfischen ist eine meiner Leidenschaften, und meine Ausrüstung würde für einen ganzen Verein ausreichen.

Im schönen «Hirschen» in Oberwolfach wird also ein Stück Schwarzwälder Kirschtorte verschlungen. Ich horche in mich hinein, es herrscht vollkommener Seelenfrieden, der meine Gedanken wieder zu Hans Baldung Grien führt. Er wurde um 1484 in eine gebildete Familie geboren und bekam wohl sehr

Freiburger Münster, Kapitell am Durchgang zum romanischen Querhaus. (Wo das Schöne und Gute, dort auch der Teufel.)

früh künstlerischen Unterricht. Mit neunzehn Jahren trat er eine Stelle bei Albrecht Dürer an. Dürer bildete keine Lehrlinge aus, Baldung scheint bereits ein Könner gewesen zu sein. Dort arbeitete er mit Hans Suess von Kulmbach, auch der Nürnberger Hans Schäufelin war sein Kollege.

In der Werkstatt arbeiteten nun drei junge Meister mit dem Vornamen Hans, deshalb wurde Baldung noch der Beiname Grien verpasst. Das erfolgte, da Baldung ein Faible für ein besonderes Grün pflegte. Im Kunstmuseum Basel befindet sich das berühmte Jugendbildnis, eine Pinselzeichnung auf grünem Papier. Sehr eindrucksvoll ist das Gemälde *Sebastiansaltar* (1507), das im Germanischen Museum in Nürnberg hängt. Als zweite Figur in ganzer Größe steht Baldung hinter dem Hl. Sebastian. Das selbstbewusste Selbstbildnis krönt ein purpurrotes Barett, ein bodenlanger Mantel leuchtet in dem berühmten Grünton des schwäbischen Meisters.

1509 zog es ihn nach Straßburg, sozusagen das New York des südlichen Deutschlands. In der Freien Reichsstadt bekam er das Stadtrecht und in der Zunft den Meistertitel. So konnte er Margarete Herlin, die Tochter eines Patriziers, heiraten und gehörte nun zur «besseren Gesellschaft». In der Folge legte er sich in dieser Zeit die Signatur «HBG» zu. Signaturen waren damals nicht üblich. Hans Baldung Grien hatte es von Albrecht Dürer abgeschaut, der einer der Ersten war, der «AD» als deutliches Monogramm auf seine Holzschnitte und Gemälde malte.

Die Stadt Freiburg vergab den Auftrag des Hochaltars an Baldung. Er richtete sich dort eine Werkstatt mit Gehilfen ein, und nach Vollendung der Arbeit kehrte er 1518 wieder nach Straßburg zurück. Sein Tod 1545 beendete das Leben eines sehr eigenwilligen Künstlers, der sich immer mehr von den damals üblichen religiösen Motiven entfernt hatte. Er fand Arbeit in Porträts, sein bevorzugtes Sujet war aber der weibliche Körper.

Ein besonderer Schatz liegt in der Kunsthalle Karlsruhe. Es handelt sich um sein Skizzenbuch, in dem alle Zeichnungen mit dem Silberstift ausgeführt sind. Ich habe mir natürlich so einen Silberstift gekauft, musste dann aber kapitulieren. Damit das Silber gut sichtbar aufs Papier kommt, muss man dieses in besonderer Art grundieren. Die Oberfläche muss also grob gesagt etwas feinsandig sein, damit sich das Silber auch vom Stift abrubbelt. Es bedarf also einer ziemlichen Vorbereitung, die meine Geduld überstieg. Ich bin nämlich dafür, nicht stundenlang die Instrumente zu stimmen, sondern gleich mit dem Konzert zu beginnen.

Der Fall Oppenheimer

Man möge mir meine Direktheit verzeihen, wenn ich nun ungebremst von einer speziellen Stuttgarter Schande spreche, die sich ungefähr zweihundert Jahre nach meinen Schwäbisch Gmünder Renaissancemalern zutrug. Lassen Sie mich bitte ein wenig ausholen.

Mit gescheiten Menschen umgeben zu sein, ist das Schönste, was ich mir denken kann. Oft genügt es schon, dass man seinen Mund hält und vom Gescheiteren profitiert. Geistig kommt man nur vorwärts, wenn man zuhört. Einmal hatte ich den fantastischen Pianisten Igor Levit zu Gast, einen wirklich leuchtenden Geist. Ich blieb recht still und sog alles auf, was er mir an guten Gedanken bot. Igor Levit setzt sich mit aller Kraft gegen den Judenhass ein.

Wir springen nun in die Zeit des württembergischen Herzogs Karl Alexander, der 1684 in Stuttgart geboren und 1737 in Ludwigsburg gestorben ist. Es war zugleich die Epoche Ludwigs XIV., des französischen Sonnenkönigs, der in Sachen Prachtentfaltung das Maß aller Dinge und das Paradebeispiel absolutistischer Herrschaft in Europa war. Wir wissen es, Frankreich ist nicht Schwaben, und die Übermacht, auch die finanzielle, ist ungefähr mit dem Verhältnis unserer heutigen Republik zu den USA vergleichbar. Die Prachtentfaltung und der höfische Overkill im Stile Versailles waren von kleineren europäischen Potentaten in keiner Weise zu stemmen, schon gar nicht für das damals noch arme Württemberg.

Die Freuden des Lebens kosten Geld, und barockes Leben mit glänzenden Festen sehr viel Geld. Dafür, dass der württembergische Laden liquide blieb, sorgte der Geheime Rat Joseph Süßkind Oppenheimer (1698–1738). Er stellte die Wirtschaft auf ein modernes, fortschrittliches Finanz- und Fiskalwesen um. Herzog Karl Alexander schrieb über ihn: «Er ist zwar ein Jud, hat sich aber vor meiner Regierung und in derselben so getreu über mir aufgeführet, als es kaum ein Christ tun mag. Er hazardirte so oft ich nur wollte, viele tausend, ja sein ganzes Vermögen um meinetwillen, und ich konnte nicht umhin ihm deßwegen auch ein außerordentliches Pouvoir und Character nach erlangter Regierung beizulegen. Was ich von ihme verlangte, geschah ohne Anstand und Widerrede …»

Karl Alexander, der Katholik, und der jüdische Finanzrat Oppenheimer waren ein erfolgreiches Gespann. Dem heutigen Landtag ähnlich, gab es damals jedoch noch eine dritte Macht im Staate, die evangelischen Landstände, die für sparsames Wirtschaften sorgen sollten. Es kam ständig zu Spannungen.

Am 12. März 1737 starb der Herzog überraschend an einem Lungenödem. Oppenheimer hatte ein sozusagen frühkapitalistisches Wirtschaftssystem eingeführt, das die Gründung von Tabakmanufakturen, Seiden- und Porzellanfabriken einschloss. Die Besteuerung von Beamtenbezügen dürfte ihm allerdings wenig Beifall der Nomenklatura erbracht haben. Schon vor dem Tod Karl Alexanders hatte er sich von seiner Position zurückziehen wollen, da er den Hass und den Neid der Landesbeamten und Bürger deutlich zu spüren bekam. Der Herzog aber verwehrte ihm diesen Wunsch.

Alles, was in der Regierungszeit Karl Alexanders schiefgelaufen war, wurde nach dessen Tod dem «Hofjuden» angehängt. Es kam zu einem an Perfidie kaum zu überbietenden Schauprozess. Schon bei der Verhaftung wurde Oppenheimers gesamtes Personal mit ihm ins Gefängnis gesteckt. Ohne jegliche Überprüfung wurde sein Vermögen konfisziert und danach öffentlich versteigert und verkauft. Er wurde des Hochverrats, der Majestätsbeleidigung und des Raubs staatlichen Vermögens angeklagt. Zusätzlich wurde ihm sexueller Umgang mit Christinnen und Minderjährigen vorgeworfen. Die Liste der Beschuldigungen war fast unendlich.

Eindeutige Beweise seiner Unschuld, die sein Verteidiger Andreas Michael Mögling vorlegte, wurden aus den Prozessakten eliminiert und landeten noch vor Prozessbeginn im Papierkorb. Als Tag der Hinrichtung wurde der 4. Februar 1738 bestimmt. 1200 Soldaten sollten für einen reibungslosen Ablauf sorgen, darüber hinaus patrouillierten ungefähr 600 Bürgerwachen. Ein tausendfacher Umzug folgte dem Delinquenten, dem man ein Schnupftuch mit den eingewobenen zehn Geboten um seinen Kopf gewickelt hatte. Ein zwölf Meter hoher, eigens für den Anlass zusammengeschmiedeter Eisengalgen stand auf dem Hügel, wo sich heute der Pragfriedhof in Stuttgart befindet. «Hang him higher», das kennt man aus Westernfilmen. Schon damals galt, je höher der Galgen, umso verachtenswerter der Verurteilte. Überliefert ist, dass zwanzigtausend Zuschauer sich die Grausamkeit nicht entgehen lassen wollten. Die Hinrichtung wurde zu einer volksfestähnlichen Festivität. Tribünen wurden aufgebaut, es gab Bier, Wurst und Wein.

Antisemitismus grassiert bis heute, und nun wieder vermehrt in Deutschland. Als Stuttgarter sollte man von diesem desaströsen Justizmord wissen. Man zerrte Oppenheimer 49 Leitersprossen den Galgen hoch. Oben hing ein roter, extra geschmiedeter Eisenkäfig, in den vier Henkersknechte ihn hineinschoben.

Kein Schwabe wollte seine Heuchel-Ethik zum Wackeln bringen, und so hatte man einen französischen Henker engagiert. Oppenheimer wurde nicht erhängt, was im Regelfall dem Delinquenten einen blitzartigen Genickbruch beschert. Nein, er wurde erdrosselt, was einige Zeit dauert und so dem Publikum einen gedehnt-intensiven Grusel bescherte.

Es wurde noch infamer. Joseph Ben Issachar Süßkind Oppenheimer wurde in seinem Käfig sechs Jahre lang an der Stiftskirche der Stadt als Sehenswürdigkeit ausgestellt. Dann, im Jahr 1744, war Herzog Karl Alexanders Sohn regierungsfähig und wurde als Karl Eugen von Württemberg sein rechtmäßiger Nachfolger. Es spricht für ihn, dass er die Überreste des Justizopfers vom Kirchturm entfernen ließ. Für seine Jugend bemerkenswert prägte der Thronfolger den Satz: «dass es ein seltenes Ereignis sei, dass ein Judenmensch für Christenschelme die Zeche bezahlt.»

Fürstentrümmer und Forellen

Der junge Karl Eugen von Württemberg war zweifelsohne auch ein Gewaltherrscher, mit der Geste eines Daumens runter oder rauf warf er seine Kritiker über viele Jahre ins Gefängnis. Der Herzog war lange mein Hassobjekt, und das hat etwas mit dem sperrigen Dichter Christian Friedrich Daniel Schubart (1739–1791) zu tun. Der Dichter, eine wahre Nervensäge im Dienste des Volkes, kritisierte häufig seinen absolutistischen Herzog, denn Schubart hatte einen klaren Blick. Der Dichter Gottfried August Bürger nannte ihn «einen wahren poetischen Vesuv, der freilich manche Schlacken mit auswarf». Seinem und anderen Vorfahren des Freiheitskampfes verdanken wir aber unseren heutigen liberalen Status. Schubart wurde wegen seines unbestechlichen Journalismus von Herzog Karl Eugen von Gottes Gnaden ohne jedes Verfahren auf der Festung Hohenasperg bei Ludwigsburg weggesperrt.

Ich fühle mich zu ihm besonders hingezogen. Zum einen war er ein exzellenter Pianist und Organist und seine Schreiberei von sozialkritischer Wucht. Zu damaliger Zeit jedoch eine lebensgefährliche Neigung. In seiner Zeitschrift *Deutsche Chronik,* die er seit 1774 erst in Augsburg, dann in Ulm herausgab, machte er beispielsweise öffentlich, dass der Herzog zwar verheiratet war, dies ihn aber nicht daran hinderte, insgesamt 77 männliche Nachkommen zu zeugen. Die Mädchen wurden erst gar nicht gezählt. Zudem hatte der

Fürst eine feste Geliebte neben seiner Ehegattin. Schubart verspottete die Mätresse Franziska von Hohenheim als «Lichtputze, die glimmt und stinkt». Er nannte sie auch «Donna Schmergelina», die nach ranzigem Schmalz rieche, sicherlich Ausdruck seines Monarchenzorns. In Ulm, der Freien Reichsstadt, hätte der Herzog Schubart nicht verhaften lassen können. So wurde er durch Mittelsmänner auf württembergisches Gebiet gelockt und dort festgesetzt. Franziska und Karl Eugen ließen es sich nicht nehmen, ihn mit ihrer persönlichen Anwesenheit zu beehren, als er in die Festungshaft eingeliefert wurde.

Schubart hatte das verbrecherische Verhalten der Regierung angeprangert: Württembergische Buben, zum Teil noch Kinder, wurden nach England verkauft, um gegen die Unabhängigkeitsbewegung der Amerikaner zu kämpfen. Der Herzog, in notorischer Geldnot, ließ es sich gut bezahlen. Es war schlichtweg Sklavenhandel.

Keine Frage, das Herrscherpaar erreichte auch viel Gutes. Franziska, inzwischen Gräfin von Hohenheim, kam das Verdienst zu, den durchaus intelligenten Brausekopf Karl Eugen auf gute Spur zu bringen. An seinem 50. Geburtstag ließ er 1778 öffentlich ein «Sündenbekenntnis» verlesen. Die Hohe Karlsschule wurde gegründet, ebenso die Landesbibliothek. Mit Schloss Solitude hob er eine Elite- und Erziehungsanstalt für ausgesuchten Nachwuchs aus der Taufe. Er kümmerte sich sogar um Schafzucht, um im Lande die aufkeimende Textilindustrie mit besserer Wolle zu versorgen. Der Mann war gut beschäftigt, und als er sich endlich scheiden lassen konnte, heiratete er 1785 die geduldige Franziska.

Die ersten Jahre auf dem Hohenasperg hatte Schubart nichts zu lesen bekommen und durfte auch nichts schreiben. Nach 8 Jahren wurde ihm der erste Besuch durch seine Frau und die beiden Kinder erlaubt. In dieser Zeit schrieb er heimlich sein wichtigstes Gedicht, wenngleich nicht das bekannteste. Hier nun zwei Strophen von insgesamt sechsundzwanzig:

Fürstengruft

Da liegen sie, die stolzen Fürstentrümmer,
Ehmals die Götzen ihrer Welt!
Da liegen sie, vom fürchterlichen Schimmer
Des blassen Tags erhellt!

Die alten Särge leuchten in der dunkeln
Verwesungsgruft, wie faules Holz;
Wie matt die großen Silberschilde funkeln,
Der Fürsten letzter Stolz!

Besonders schön ist das Wortspiel Fürstentümer/Fürstentrümmer. Wir wissen heute gar nicht mehr so recht, was es bedeutet, in einem Land ohne Pressefreiheit zu leben. Es waren absolutistische Zeiten, und so ein Gedicht konnte die Todesstrafe bedeuten. Schubart war nicht der Einzige, doch tapfere Dichter wie er riskierten viel und bereiteten den Weg zur Demokratie.

Mittlerweile gehörte der Dichter zum Inventar der Festung und genoss auch beim Wachpersonal ein gewisses Entgegenkommen. Ein Bediensteter schmuggelte das Gedicht in die Freiheit, wo es erst einmal unter der Hand weiterverbreitet wurde. Fürbitten um Freilassung von Johann Gottfried Herder und vielen bedeutenden Leuten halfen erst, als sich auch das Königreich Preußen einmischte. Daniel Schubart blieben nach der Entlassung noch vier Lebensjahre, die er angepasst, oder besser gesagt, gebrochen, in Stuttgart verbrachte. Sein erster Biograf, der Schriftsteller David Friedrich Strauß, befeuerte im 19. Jahrhundert das Gerücht, Schubart sei womöglich lebendig begraben worden, das auch schon zu Hölderlins Zeiten kursierte. Es hieß infolge einer Umbettung, der Sarg sei von innen zerkratzt worden. Der Dramatiker Heiner Müller schrieb dazu: «Das ist schon makaber, nach zwölf Jahren Gefängnis auch noch scheintot in der Kiste zu dünsten.» Müller attestierte den «deutschen Dichtern» folgender Generationen sogar eine «große Angst seit Schubart», scheintot beerdigt zu werden.

Eine schöne Erinnerung an den schwäbischen Helden der Wahrheit ist sein Gedicht *Die Forelle*, dem Franz Schuberts Melodie zu anhaltendem Gedenken verhalf.

Die Forelle

In einem Bächlein helle,
Da schoß in froher Eil
Die launische Forelle
Vorüber, wie ein Pfeil:
Ich stand an dem Gestade
Und sah in süßer Ruh
Des muntern Fisches Bade
Im klaren Bächlein zu.

An dieser Stelle kann ich das Lied nicht vorsingen. Die Melodie kennt fast jeder, und ich spiele das Lied von Franz Schubert immer wieder. Er war einer der genialsten Komponisten, und dass er einen Text von Daniel Schubart vertonte, ehrt meinen Landsmann mit dem so ähnlichen Namen auf das Vorteilhafteste.

Hoppenlaufriedhof

Schubart liegt auf dem Hoppenlaufriedhof in Stuttgart begraben. Irgendwann einmal wurde ich von der *Stuttgarter Zeitung* befragt, was mein Lieblingsort in Stuttgart sei. Ich nannte den Hoppenlaufriedhof, und es hagelte Proteste – «Gibt es in Stuttgart nichts Schöneres als einen Friedhof?» Dass ich Friedhöfe schätze, ist aus meinen Büchern schon hinreichend bekannt. Der Hoppenlaufriedhof, dieser wunderschöne, kontemplative Ort, liegt mitten in der Stadt, gleich hinter der Liederhalle. Das wissen nicht viele, und so soll es auch bleiben, damit nachdenkliche Leute wie ich der Hektik des Stadtlärms kurz entkommen können. Eine Rast am einfachen Steingrab des Dichters Schubart oder an der moosbewachsenen Ruhestätte von Wilhelm Hauff, vielleicht sogar ein Picknick, das habe ich alles schon erleben dürfen. Es ist mir mehr in Erinnerung als manch weit entfernter Urlaub.

Auf Wielands Höhen
oder:
Die Fischfrau von Biberach

Die Dichter zwischen Main, Donau und Neckar kann ich nicht übergehen. Zur Weimarer Klassik mit Goethe und Schiller gehört aber auch ein besonderer Oberschwabe: der Dichter und Übersetzer Christoph Martin Wieland (1733–1813), nach dem mein Gasthaus benannt ist. Der Name bedeutet mir viel, und ich habe von dem Dichter alles daheim, was er geschrieben hat, insgesamt sind das über achtzehntausend Seiten. Im letzten Jahr erschien eine umfassende Biografie, ein dickes und geniales Buch von Jan Philipp Reemtsma. Das hat mir nochmal deutlich den Weg zu dem Dichter geebnet, der keineswegs im Schatten Goethes stand, sondern sich nur weniger geschickt vermarktet hat.

Es ist ein sonniger Maitag 2024, Ausflugswetter. Heute nehme ich mir frei und möchte die Ausfahrt zur Inspiration nutzen. Also auf nach Biberach, dem Geburtsort Wielands. Biberach liegt in Oberschwaben, südlich von Ulm. Die Fahrt führt über Brücken und Schluchten des Albtraufs auf die Hochfläche der Schwäbischen Alb nach Ulm. Südlich der Stadt, auf der Schnellstraße ins Allgäu, weist mir das gelbe Schild den Weg. Das Illertal ist hier weit und flach und mit einem Patchwork von Äckern übersät. Die Schnellstraße steigt fast unmerklich bergan, links und rechts grüßen barocke Kirchtürmchen, die Äcker werden weniger, die Viehweiden immer mehr, und am Horizont leuchten schneebedeckte Alpengipfel.

Die idyllische Landschaft wechselt bei der Einfahrt nach Biberach zur üblichen Vorstadthässlichkeit. Tankstellen, Supermärkte und verschachteltes Kleingewerbe. Das Auto wird bei nächster Gelegenheit geparkt. Ich befreie meinen E-Scooter aus dem Kofferraum, klappe ihn auseinander, und schon geht's los in die nahe Fußgängerzone.

Um ein bisschen Übersicht zu gewinnen, drehe ich eine Runde durch die Gassen und über den Marktplatz. Schöne Fachwerkhäuser reihen sich aneinander, allerdings auch unglaublich viele Cafés, Imbissläden und wenig vertrauenerweckende Etablissements. Hebt man die Augen, werden diese durch herrschaftliche Bürgerpalais und mittelalterliches Ambiente erfreut. Es ist fast Mittagszeit, und auf Augenhöhe ist nur Futter geboten, vor dem die Ärzte ständig warnen. Hungrige stechen auf schlappe Pizzen ein. Nirgends ein Lokal, das in Verdacht steht, gute Maultaschen parat zu haben.

Ich gebe nicht auf. Es wird doch irgendwo seriöses Schwabenfutter geben oder wenigstens ein Wiener Schnitzel aufzutreiben sein? Ich gondle mit meinem Scooter durch die Gassen an verwunschenen Winkeln vorbei. Dann, ganz nah beim Braith-Mali-Museum (seit 2021 Museum Biberach), haue ich unvermittelt die Bremse rein. Ein Schild ist mir im Weg: «Zur Fischfrau». Am Fenster sehe ich die Botschaft «Wir suchen Dich, komm zu uns ins Team». Damit bin ich wohl nicht gemeint, jedoch latent animiert. Mein Scooter ist schnell an einen Laternenpfosten angekettet. Die Türe zum Laden geht von selbst auf. Ich bin drin, und meine Alarmanlage gegen schlechtes Essen schlägt nicht an. In dem sehr sauberen Geschäft riecht es außergewöhnlich gut. Normalerweise weht einem in Fischgeschäften eine Keule verdorbener Hafenromantik in die Nase, nicht aber hier. Unterschiedlichste marinierte oder geräucherte Lachsfilets leuchten unter ausgeleuchtetem Glas, Salate von Meeresfrüchten locken.

Die Fischfrau gibt es tatsächlich. Dunkelhaarig, ein schlankes, waches Gesicht, die Haare nach hinten zusammengesteckt. Eine randfeine Brille auf der geraden Nase und in den Augen funkelnde Tüchtigkeit. Ich frage ganz frech: «Sind Sie die Fischfrau?» Sie lacht: «Ja, ich bin die echte Fischfrau!» «Matjesfilets» stand in opulenter, fast barocker Schrift draußen auf der Tafel. Ich ordere an der Theke drei Matjesfilets, schließlich ist es Frühjahr, also Hochsaison. In dieser Zeit sind Matjes für mich verpflichtend. Mir ist jedoch bewusst, dass in diesem Bereich die Weltmeister die Holländer sind.

Am Ende des Tresens sehe ich eine Schüssel Kartoffelsalat, der mir ein wenig brockig entgegenblickt, und ordere einige volle Löffel. Oberschwaben hat eine bayerische Anmutung, und weiter nach Osten über Bayern hinweg auf Österreich zu wird Kartoffelsalat immer grober zusammengeschnipfelt. Die Fischfrau hat das Wichtigste eingelöst, die Kartoffeln sind weich, und der Salat entpuppt sich als seligmachende Matsche. Es gibt Speisen, wenn diese zu schön aussehen, schmecken sie nicht. So hatte ich eine kleine, aber feine Mittagsmahlzeit, die mich wenig beschwerte. Ich hoffe, es findet Beifall, wenn ich an dieser Stelle das Rezept eines Kartoffelsalats aus dem schwäbischen Epizentrum zum Besten gebe. Über den schwäbischen Kartoffelsalat verkündete der ehemalige baden-württembergische Ministerpräsident Lothar Späth einmal, er müsse «soichnass» sein und der Wein dazu «furztrocken». Diesen Glaubenssatz will ich aber für Hochdeutsche jetzt nicht weiter kommentieren.

Schwäbischer Kartoffelsalat

ZUTATEN

500 g	Kartoffeln, vorwiegend festkochend
1	kleine Zwiebel
3 EL	Pflanzenöl (am Schluss muss sehr viel Öl zusätzlich dran, er muss ein bisschen glänzen)
1/4 *l*	Brühe, stark, kräftig, überwürzt (aus Bio-Instant-Gemüsebrühe)
1 EL	Essig
2 MS	Curry
1 TL	Senf
	Pfeffer und Salz

Die Kartoffeln wie Pellkartoffeln weichkochen. Die über alles gerühmte Sorte Sieglinde ist mir meistens zu speckig. Zwar heißt es immer, die Kartoffeln müssten festkochend sein, was schön und recht ist, aber mir ist es wichtiger, dass die Kartoffeln die Brühe, Öl und Essig gut aufsaugen. Auch auf die Gefahr hin, dass sie unansehnlich zerfallen.

Die Pellkartoffeln lauwarm werden lassen, schälen und in feine Scheiben schneiden. An dieser Stelle Obacht, es ist grauenhaft, wenn im Kartoffelsalat größere Brocken herummarodieren. Aus diesem Grund greife ich schon seit langem zum Hobel. Es empfiehlt sich von Anfang an, fingerhoch Brühe in die Schüssel zu geben. Die Kartoffeln werden also in die Flüssigkeit hineingehobelt und immer ein bisschen herumgeschwenkt, sodass sie nicht allzu sehr zusammenkleben. Sind die Kartoffeln gerädelt, kommt noch mehr Brühe darüber. Diese sollte etwas überwürzt sein. Meine Oma gab immer noch einige Tropfen Maggi dran. Als Naturkoch ist mir das leider verwehrt.

Die Zwiebel schneide ich nicht mit dem Messer fein, sondern benütze eine Raffel, sodass alles fein ist und sich gut verteilt. Bitte merken Sie sich, dass der Kartoffelsalat im Kühlschrank gut abgedeckt auch zwei Tage alt sein darf. Dies aber niemals, wenn Zwiebeln oder Schnittlauch bereits drangegeben wurden. Zwiebeln, da sie viel Schwefel enthalten, sind bereits nach zwanzig Minuten oxidiert, unbekömmlich und riechen unangenehm. Kommt der vorbereitete Kartoffelsalat aus dem Kühlschrank, wird er in einem Topf ganz leicht erwärmt, und die Zwiebeln dürfen nur an die Portionen dran, die auch sofort gegessen werden.

Alle Zutaten werden erst ganz zum Schluss vermengt. Es ist ein Fehler, dauernd umzurühren, womöglich so oft, bis alles aussieht, als sei es Kartoffelpüree. Am besten funktioniert die Mischerei, wenn man mit den Händen durchmischt, aber bitte nicht mit «American Nails». Während des Mischens probieren. Danach den Salat eine halbe Stunde stehen lassen, meist muss dann noch Brühe, Essig und Salz hinzu, denn der Salat «lässt nach», was ihm wiederum etwas sehr Menschliches gibt.

Nun setze ich mich aber wieder auf die Fährte des schwäbischen Geistestitanen. Das Gartenhaus Wielands finde ich in wenigen Minuten am angrenzenden Wieland-Park. Eigentlich sind es zwei Häuschen, ein größeres, in dem sich nun ein Museum befindet, und daneben ein kleineres Häuschen, das als Versorgungshaus diente. Das Gartenhaus ist ein solide gemauertes Steinhaus, mit roter Erdfarbe getüncht.

Die dunkelgrünen Fensterläden sind geschlossen und das Museum auch, weil es Montag ist. Von 1766 bis 1769 wurde Wielands Refugium zum ungestörten Schreiben gemietet. In dieser Zeit arbeitete er im Brotberuf als Senator und Kanzleiverwalter. In den Sommermonaten schrieb er im oberen Stockwerk den größten Teil seines Romans *Geschichte des Agathon* (1766), der als erster Bildungsroman der deutschen Literatur gilt. Beginnend mit naiver Jugend und späteren Erfolgen in der Politik, folgen Enttäuschung und Rückzug des Agathon in die Idylle. Dazwischen jede Menge Liebesglück und Unglück.

Auch das Gedicht *Idris und Zenide* (1767) wurde in diesem Häuschen geschrieben. In fünf Gesängen und über 500 Strophen wird die Liebe besungen, hier ein kleiner Ausschnitt:

> Verdrossen, ohne Schlaf sein Lager zu zerwühlen,
> Rafft er sich auf, läßt ein zefyrisches Gewand,
> Das er auf einem Sofa fand,
> Um seine weißen Schultern spielen,
> Und schleicht dem Garten zu, um seinen innern Brand
> In frischer Morgenluft zu kühlen.
> Kaum athmet er der Blumen süßen Geist,
> So fühlt er, daß sein Blut in sanften Wellen fleußt.

Ich las das Wort «zefyrisch» und musste nachschlagen, denn viele alte Wörter sind mittlerweile verschwunden. In diesem steckt der Zephyr der Griechen, ein Gott des milden Windes, der lieb säuselt und fächelt, statt zu brausen. Meine Nachforschungen zu seinem Bedeutungsspektrum reichten von «anmutig» über «liebreizend» bis «hübsch.» Durch Wielands kunstvolle Verse weht der milde Zephyr. Freimütig gebe ich zu, dass ich zwar durch meinen Großvater an Wieland herangeführt wurde, aber erst in gesetztem Alter die Geduld, Ausdauer und Zeit hatte, mich auf so kristalline Gedanken und Sätze einzulassen. Im Alltags-Berufsdurcheinander inten-

Wielands Gartenhaus

siv zu lesen, war mir lange Zeit nicht möglich. Es ist einer der freudigen Effekte des Alters, endlich ruhiger durchs Leben zu tapsen. Von Wieland habe ich in meiner Bibliothek eine Gesamtausgabe von 1824, insgesamt 49 Bände.

Ich lege mich am Gartenhäusle ins sonnenbeschienene Gras und lasse meine Gedanken schweifen. Mir ist ein wenig wehmütig. Meine Jugend war von Sehnsüchten nach romantischer Liebe durchtränkt, jedoch war diese nur aus solchen Gedichten zu beziehen. Im Internat gab es kein weibliches Wesen, mit Ausnahme der kochenden Ordensschwestern, und später im Kochberuf tapste ich auch nur im Gebrüll neurotischer Küchenchefs umher. Mit dem schönen Gedanken, dass ich diesbezüglich doch noch meinen mentalen Frieden gefunden habe, schlafe ich für kurze Zeit ein.

Von meinem Traum kann ich leider nicht berichten, ich

träume nie, was natürlich nicht stimmt, aber kaum habe ich die Augen geöffnet, ist die Gegenwart näher als das Unbewusste. Von einem leisen Geschnaufe wache ich auf und schlage die Augen auf. Ein kleiner Hund hat Interesse an mir gefunden, es ist ein weißer Schnauzer, gottlob alles andere als ein Kampfhund. Und da es nichts zu kämpfen gibt, trottet der Waudel wieder zum Frauchen. Sie passt in die romantische Szenerie des Wielandshäuschens, die sonnengesprenkelte Blumenwiese wirkt wie ein impressionistisches Gemälde. Ein breit ausladender Florentiner Strohhut mit rotem Band belässt das Gesicht der Lady in dunklem Indigo. Sie ist alt, so viel erkenne ich, aber ein roter Mund leuchtet geradezu trotzig. Sie hebt die Hand, was mich an Queen Elizabeth erinnert, und ich gebe ein schlaftrunkenes Grüßle zurück. In flottem Gang entschwindet sie im Gegenlicht der gleißenden Sonne. Die Szenerie hat auf alle Fälle eine Anmutung von Biedermeier und «guter alter Zeit», ich habe gerade genug zu tun, um nicht wieder in Träumen zu versinken. Ich will nun weiter, um eine riesige Moorlandschaft zu erkunden.

Schwäbische Bädertour

Südlich von Biberach steuere ich alsbald auf Bad Wurzach zu. Einen kleinen Umweg will ich aber machen, denn ich weiß von dem kleinen Atelierhäuschen des Malers Jakob Bräckle in Winterreute. Und so geht es auf der Landstraße östlich über Bergerreute in kurzer Zeit dorthin. Diesen Maler liebe ich sehr, ich besitze sogar ein Originalfoto, das ihn zu Besuch bei meinem Vater in Schwäbisch Gmünd zeigt. Seine Malerei ist aufs Äußerste reduziert, sie zeigt Häuser oder bäuerliche Landschaften, etwa ein winziges Pferd am Horizont mit einem pflügenden Bauern dahinter. Die Bildformate sind meist nicht größer als ein Schulheft und strahlen eine ruhige Schönheit aus. Sie sind weder idealisiert noch romantisch, vielmehr haben sie eine expressionistische Anmutung.

Jakob Bräckle (1897–1987) studierte Kunst in Stuttgart, verbrachte aber ansonsten sein ganzes Leben in Biberach. Die Stadt hat sein Atelierhäuschen gekauft und will es zu einem kleinen Museum umbauen. Die Inneneinrichtung des Häuschens befindet sich bereits im Braith-Mali-Museum. «Meine heutige Arbeit ist nur eine Weiterentwicklung, die mich zur letzten Einfachheit führen möge», so urteilte der Maler selbst über seine Kunst. «Wenn ich auch Natur gestalte, so ist doch mein Schaffen von äußerer Ähnlichkeit weit entfernt. Das Gegenstandslose hat für mich selbst bis heute nur dann einen Wert, wenn es schon in der Natur selbst liegt.» Wer sich für

Bräckle interessiert, dem möchte ich das Buch von Uwe Degreif empfehlen.

Beim Atelierhäusle werfe ich nochmal einen Blick in meinen Autoatlas. Die Landkarte zeigt viele Ortschaften, die den Zusatz «Bad» tragen: Bad Waldsee, Bad Schussenried, Bad Saulgau, Bad Buchau. Diese Bäder verweisen auf die Moorlandschaft Oberschwabens. Seit Jahrhunderten gelten Moorbäder als Heilung gegen Knochenknirschen, Gicht, Rheuma und sonstige Zipperlein. Das kleine Städtchen Bad Wurzach hat zudem ein sehenswertes Schloss von erheblichen Ausmaßen zu bieten, dessen riesiges Treppenhaus mit Freskomalerei von 1728 jederzeit zugänglich ist, denn das Haus ist gemeindeeigen und heute ein öffentliches Bildungszentrum. Dieses barocke Kleinod geht auf die Grafen von Waldburg-Zeil zurück.

Der Orden der Salvatorianerinnen, deren Stammkloster der Gottesberg bei Bad Wurzach ist, betreut das Anwesen ebenfalls, und ich beschließe kurzerhand, dorthin zu fahren. Der Gottesberg liegt ganz nah bei der Stadt auf einem kleinen Hügel, an der barocken Kirche wacht ein dicker Turm, der kaum das Kirchendach überragt. Das Kloster besitzt ein kleines Tuch, das der Legende nach mit dem Blut Jesu getränkt ist. In einer Goldschatulle kam es als Geschenk von Papst Innozenz XII. im Jahr 1693 nach Bad Wurzach. Ein Rompilger transportierte es auf den Berg und machte diesen zu einem Wallfahrtsort. Noch heute feiern die Einwohner am zweiten Freitag im Juli jedes Jahr den «Bad Wurzacher Blutritt», ein opulentes Spektakel mit mehr als tausend Pferden, die von Männlein und Weiblein in feudalen historischen Gewändern geritten werden. Bis zu 5000 Pilger begleiten den Zug.

Nehme ich nun die Autobahn? Oder fahre ich übers Land?

Vielleicht kann ich noch ein bisschen was erleben, denke ich und wähle die Landpartie. Wenig später, nach zwanzig Minuten, kommt Bad Waldsee in Sicht. Es liegt, wie der Name andeutet, unmittelbar an einem schönen See, der an die Innenstadt heranreicht. Ich war noch nie an diesem herrlichen Fleckchen Erde. Ich rappele mich aus dem Auto und bin ganz entzückt. Die Szenerie atmet sonnenbeschienene Urlaubsstimmung. Obwohl die berühmte Firma Hymer hier Häuslein auf zwei und vier Rädern baut, damit man, ungeachtet dessen, wo man ist, immer schnell wegkommt, verweile ich und marschiere den attraktiven Ortskern ab. Meine Ausdauer ist gering, die Sonne sticht mir auf die Platte, und dann rückt die Terrasse des «Strandcafés Hecht» in mein Blickfeld. Die Magnetwirkung ist erheblich. Vor dem Gebäude laden locker bestuhlte Tische zum Verweilen ein, eine frohe Gemeinde sitzt bei Café und Limonade beisammen, und ein Kerl, so dick wie ich, schiebt sich ein riesiges Stück Torte in den Mund und bekleckert damit gerade sein Hawaiihemd.

Ich finde einen Platz und setze mich an ein Tischchen, den Blick auf die Spiegelung des Sees gerichtet. Ein Cappuccino und ein süßes Stückle stehen bald vor mir, und ich gucke mir ein wenig die Leute an. Hauptsächlich sind es ältere Semester, und ich sehe sehr viele Sandalen und sehr viele Funktionsjacken. Ich will nicht meckern, bin ich doch selbst mit meiner Kleidung eher nachlässig, aber für Multifunktionskleidung und Jack Wolfskin fühle ich mich noch zu jung.

Wenig später geht die Fahrt nun auf Riedlingen an der Donau zu und weiter ins Tal der Großen Lauter, nach Münsingen. Zum Abendessen möchte ich wieder in Stuttgart sein. Zuerst aber leuchtet das gelbe Ortsschild von Bad Schussenried am Straßenrand. Es weist auf das Kloster hin, ein großer Parkplatz nimmt mein Auto auf. Dann spaziere ich durchs

Tor und bin in einem Park mit riesigen Bäumen. Dazwischen ragt ein hoher Barockkirchturm auf, ganz so, als gehöre er zur Familie der alten Bäume. Rechts davon erstrecken sich riesige Klostergebäude. Wie mittlerweile üblich in Deutschland, sind hier überall Bauzäune. Der Bürger darf frei leben, doch Gebäude werden oft gefangen genommen. Der Kirchturm gibt auf alle Fälle ein schönes Foto her, und mit dieser Beute mache ich mich auf den weiteren Weg.

Nun wird Bad Buchau angesteuert. Montags ist das Federseemuseum geschlossen, aber ich war letztes Jahr an einem Sonntag dort. Den Besuch kann ich Naturfreunden und vor allem auch Kindern und Archäologie-Interessierten sehr empfehlen.

Ich parke direkt am See. Meiner Meinung nach sollte man sich unbedingt die kühnen Holzkonstruktionen des Museums genauer anschauen. Es steht auf Stelzen im Schilf, und zu sehen gibt es dort urgeschichtliche Jagdutensilien, bronzezeitliche Artefakte und einige schilfgedeckte Häuser, die zeigen, wie die Menschen vor etwa 10 000 Jahren gelebt haben. Wenig später befinde ich mich auf dem Federseesteg. Er ist ungefähr eineinhalb Kilometer lang, und man kann ins seichte Wasser schauen. Ich lehne mich ans Geländer und beobachte Haubentaucher, die offenbar Ehekrach haben. Darüber hinaus sehe ich zahlreiche Vögel und bedaure, dass ich kein Fernglas dabeihabe. Für Vogelbeobachter ist dies hier sicher ein Paradies.

Weiter geht es nun Richtung Heimat, bei Riedlingen über die Donau und auf gut ausgebauten Straßen nach Obermarchtal. Ich will das Kloster besuchen, aber es hat geschlossen. Davor jedoch breit und prächtig der «Klostergasthof Adler» mit großen Tischen und Bänken davor. Da werde ich jetzt ein Bier trinken. Die übliche Maßeinheit in dieser rechtschaffenen Gegend ist eine «Halbe». Die kommt, und ich stürze sie ruckzuck hinunter. Die Servierfrau ist auf Zack, und schon kommt ein zweites Bierchen daher und damit auch der Appetit. Die Speisekarte annonciert Ochsenmaulsalat, und das will ich bestellen. Aber Pech gehabt, die Männergesellschaft an einem langen Tisch hat schon alles aufgegessen. Die Bedienung eröffnet mir, es gäbe noch Wurstsalat. Ich habe seit mindestens 100 Jahren keinen Wurstsalat mehr gegessen, aber irgendwie passt das zur ganzen Situation. Hinter mir die Klostermauern, der stattliche Gasthof, drüben am langen Tisch die Zecher, irgendein Rentnerclub mit alten Herren, fröhlich, lärmend und offensichtlich sorgenfrei. So was gibt es noch!

Weiter geht die Fahrt über die Donaubrücke. Die Strecke bin ich schon öfters gefahren und immer an einem dicken Backsteinkamin vorbeigekommen, diesmal steht dort groß und breit: «Kalkofenmuseum». Das schaue ich mir noch kurz an. Der Fotoapparat wird herausgeholt, das Licht ist ideal. Im Grunde betrachtet man hier ein Industriedenkmal, das sich gut in die Natur mit den Kalkfelsen dahinter einfügt. Die Kalkbrennerei war bis 1939 in Betrieb. Die Anlage ist vollständig erhalten, und alle Gerätschaften, die man für die Herstellung von Kalk benötigt, inklusive eines Motors von 1927 mit 5 PS, funktionieren noch.

Ganz in der Nähe liegt auch das Kloster Untermarchtal. Es ist das Mutterhaus der Vinzentinerinnen und liegt inmitten alter Bäume, mit langstieligen Tulpen vor dem Portal. Dieser Frauenorden betreibt in der Nachbarschaft der Wielandshöhe das riesige Marienhospital. Auch St. Loreto in Gmünd wird von den Untermarchtaler Ordensfrauen geführt. Es ist bis heute ein modernes Institut und Ausbildungsstätte für Sozialberufe. Es ist unglaublich, was diese Frauen auf die

Kirche Bad Schussenried

Beine stellen, und man könnte mit Fug und Recht von einem sozialen Konzern sprechen.

Gemächlich kurve ich auf Münsingen zu, daran allerdings vorbei und anschließend stürzt die Straße in Spitzkehren durch das Seeburger Tal. Rechts und links Wald und Felsen, durch die sich das Flüsschen Erms gegraben hat. Schon oft habe ich in dem Tal pausiert, nur um ins Wasser zu schauen und mir im Sommer in reinem Trinkwasser den Kopf zu kühlen. Das ist aber nicht alles. Beim Dorf Seeburg, das in einer tief eingeschnittenen Klinge liegt und von zwei gewaltigen Felsenzapfen überragt wird, empfiehlt sich ein Halt und der Besuch der Johanneskirche. Sie wurde im Jahr 770 bereits zum ersten Mal erwähnt. Die Apsis im romanischen Chor ziert eine frühgotische Freskomalerei. Man fährt anschließend weiter das Tal hinab und sieht unterhalb von Seeburg immer wieder mal Pumpengebäude aus der Mitte des 19. Jahrhunderts, die unter Denkmalschutz stehen.

Nun will ich noch rasch von einer Art frühen politischen Hippie-Bewegung berichten: Von Seeburg auf Bad Urach zu, lebte unterhalb des Schorrenfelsens Anfang der 1920er-Jahre eine Gemeinschaft, die sich «Roter Winkel, Haus am Grünen Weg» nannte. Der Antimilitarist Erich Mühsam (1878–1934), der im KZ starb, gehörte dazu. Es wurde über kommunistische Ideen gebrütet und ein gemeinschaftlich-soziales Modell gelebt, das unterschiedlichste Lebensweisen zuließ. Keine schlechte Sache, die sich bis kurz vor 1933 jedoch in blauäugiger Sowjetverehrung verlor. Eine der zentralen Figuren war der Dichter und spätere DDR-Kulturminister Johannes R. Becher. Er schilderte bei seinem Aufenthalt die schöne Landschaft in seinem Versepos *Urach oder Der Wanderer aus Schwaben*:

Die Rauhe Alb. Von Höhen rings umfangen
Und zu den Höhen wie im Traumverlangen
Aufblickend: Urach … Apfelbäume blühn,
Und tief verneigen sich die Blütenzweige.
Ein Holzfuhrwerk zieht hoch die Ulmer Steige.
Die Burgruine – Fels im Hügelgrün.

Was war nicht – Traum? Sind nicht die Apfelbäume
In ihrem weißen Blühn – nur Blütenträume!
Wem blühn sie zu? O Traum im Apfelwein!
Sie sitzen in den Lauben, und sie trinken
Vergessenheit. Traumtrunkenheit. Versinken
Von Traum zu Traum. O Traum vom Anderssein!

Die klaren Wasser dieses Tals, mit seinen Pumpstationen, begünstigten eine frühe Industrialisierung, vor allem in der Textilindustrie. Es wundert nicht, dass man an der Ortseinfahrt zum schönen Ort Urach an der großen Fabrik URACA entlangfährt, die, fast versteckt im Grünen, für ihre Pumpen und Hochdruckapparate in der ganzen Welt bekannt ist. Urach, schon vom bärtigen Grafen bekannt, führt den Titel «Bad» erst seit 1983 im Namen. Er begründet sich mit den heißen Quellen, die aber mit dem Flussverlauf nichts zu tun haben. Die Albthermen sind täglich geöffnet und eine regelrechte Wasser- und Badewelt. Die Bäderhalle nannte die *Stuttgarter Zeitung* einmal einen Schwimmpalast.

Aus dem Ort hinaus fahre ich auf das Ermstal zu, vorher könnte man links auf einen Wanderparkplatz abbiegen, um die Uracher Wasserfälle zu bestaunen. Rechts in ein kleines Tal hinein führt eine schmale Straße zum Gut Güterstein, einer Außenstelle des staatlichen Gestüts Marbach. Hier lässt es sich wunderbar spazieren gehen. Die Gebäude gehen auf ein Zisterzienserkloster zurück, und im 15. Jahrhundert diente der Ort als Grablege der Grafen von Württemberg. Wir erinnern uns, Württemberg war vor der Renaissancezeit zweigeteilt, es gab eine Stuttgarter Herrschaft, die andere residierte in Urach.

Als meine Kondition noch ausreichte, trieb ich mich oft in dieser Gegend herum. Man blickt auf die Ruine Urach, und davor, am Abhang der Alb, ist der «Runde Berg» leicht zu erkennen. Dort sind Überreste einer Keltensiedlung zu erahnen. Hat man sich die Uracher Wasserfälle hochgewandert oder auf dem Feldweg von Güterstein kommend auf die Hochfläche gemüht, kann man dort St. Johann besuchen, den Fohlenhof des staatlichen Gestüts, das in Marbach auf der Alb (nicht am Neckar) seit Königszeiten edle Reitpferde züchtet.

Aus Urach heraus geht es an der Erms entlang, die mir seit Seeburg, unterhalb von Münsingen, nicht von der Seite weicht. Sie mündet in Neckartenzlingen in den Neckar und ist wie ich auf Stuttgartkurs. Ich habe jetzt tüchtig Hunger, und kaum bin ich daheim im Häusle, rufe ich nach Tochter Eva und schlage vor, miteinander essen zu gehen. Ohne nachzudenken, ruft sie: «Wir sollten mal wieder ins ‹Augustenstüble›!» Wie der Name schon sagt, liegt das Restaurant in der Augustenstraße und wird von einem legendären Ehepaar auf hohem Niveau gehalten. Obi, so der Name des Wirts mit roten Hosenträgern, ist in Stuttgart eine Berühmtheit und seine groß gewachsene Frau nicht weniger. Man könnte den Wirt im positivsten Sinne als arbeitsamen Künstlertypen einordnen, obwohl er sich nicht einordnen lässt. Seine Bodenständigkeit und vor allen Dingen seine Weinkenntnisse sind legendär.

Wir sind gleich drin, mit dem erhebenden Gefühl, ein Pariser Bistro betreten zu haben, denn hier herrscht ein französisches Grundrauschen. Ringsum Holztäfelung und eine geradezu royale Raumhöhe, alles sehr stilvoll. Zuerst bestelle ich mir ein Bier, Eva genauso, dann bekommen wir eine ordentliche Begrüßung und die Empfehlung des Tagesgelees von französischem Geflügel. Ich nehme danach ein Bœuf bourguignon, Eva entscheidet sich für Entrecôte.

Auf den Tisch kommt, nach einigen Fachgesprächen zwischen Eva und Obi, zuerst ein Chardonnay aus dem Mâconnais. Des Hosenträger-Gastwirts Eigenwilligkeit sorgt dafür, dass man bei ihm Weine bekommt, die nicht im Mainstream unterwegs sind und die es für Laien nicht zu finden gibt. Das Essen ist dementsprechend vorzüglich. So geht's dahin, das Käseangebot am Ende ist ebenfalls wunderbar, und ein seltener Bordeaux sorgt für höchstes Wohlbefinden.

Weine und Reime

Bis ich ein großer Dichter werde, muss ich wohl noch fässerweise Wein vertilgen. Lenken wir unseren Blick auf einige geniale Dichtung *made in Schwaben*, die ohne den Wein vielleicht anders ausgefallen wäre. Schon Goethe schrieb in einem Brief von 1767, da war er gerade mal 18 Jahre alt, er wäre «besoffen wie eine Bestie gewesen». Bis zu seinem Lebensende machte er es täglich nicht unter ein bis zwei Bouteillen. Der Dichterfürst ließ sich seinen Stoff sogar zu Kuraufenthalten nachschicken. Diese Auskunft fand ich bei seinem Biografen Richard Friedenthal. Friedenthal fügte aber noch an, dass die Weine damals meistens mit Wasser verdünnt wurden. Er schrieb auch: «Ihm allein konnte der Wein nichts anhaben. Wie ein siegreicher Feldherr überblickte er das Schlachtfeld und die niedergetrunkenen Reihen.»

Mein Held Christoph Wieland fand offenkundig auch, dass der Wein den Witz anrege und den Magen stärke. Ihm schmeckte aber längst nicht alles, denn es gibt einen Brief vom 22. November 1804, adressiert an die Brüder und Weinhändler Ramann in Erfurt, in dem Wieland seine Lieferung kritisierte:

> der Benecarlo Nr. 3 ist wirklich ein trefflich Wein. Er hat aber in der überschickten Probe einen Beygeschmack, als ob faule oder muffige Beeren in ziemlicher Quanti-

tät mit unter die Kelter gekommen wären. Da ich diesen Geschmack nicht wohl leiden kann, so kann ich auch von dieser Sorte keine Bestellung machen. Der Languedocker Nr. 11 ist nicht ganz frei von einem ähnlichen Beigeschmack. Doch ist es, denke ich, möglich, dass bloß die Bouteille daran schuld war.
Weil ich in dessen auch gern Proben von weißen Weinen hätte, so ersuche ich Sie mir nochmals eine Kiste mit Proben zu übermachen und zwar zwei Bouteillen von dem Languedocker Nr. 2.
Zwei ditto von ihrem besten Würzburger
Zwei ditto Steinwein
Zwei Bout. Tokayer Essenz

Auch Friedrich Schiller hinterließ uns diese vielsagenden Verse:

Der Name Wirtemberg
Schreibt sich von Wirt am Berg –
Ein Wirtemberger ohne Wein,
Kann der ein Wirtemberger sein?

Schiller bezog seine Weine wie Wieland und Goethe bei den Brüdern Ramann aus Erfurt sowie von den Weinhändlern Zapf in Jena. Nach seinem Tod fand man in seinem Keller ein durchaus imposantes Weinlager.

Zu Friedrich Schiller muss ich hier nur ein paar Worte sagen, denn «Schiller in Schwaben» ist eine eher kurze Geschichte. Schon mit 22 Jahren floh er aus Württemberg nach Mannheim. Wir Schwaben lieben unsere Dichter nicht nur, manchmal kerkern wir sie auch ein oder vertreiben sie. Der schwäbische Nationalheld, geboren 1759 in Marbach am

Neckar, begann sein Leben unter den Qualen des Erziehungsterrors Herzog Karl Eugens. Sein Vater, Johann Kaspar Schiller, in Ludwigsburg als höherer Gartenbau-Beamter in Diensten, versuchte alles, um seinen Sohn vom Militarismus fernzuhalten, doch der Herzog kümmerte sich höchstpersönlich um seine begabte Jugend, und auch der junge Schiller entkam deshalb der Knute nicht. Auf der Lateinschule tanzte er immer wieder aus der Reihe, was sich in der «Hohen Karlsschule», der Militärakademie auf Schloss Solitude, weiter fortsetzte. Christian Friedrich Daniel Schubart nannte die Karlsschule «Sklavenfabrik» und «Sklavenplantage». Schon die Ausbildung zum Militärarzt muss schlimm gewesen sein. Der Arzt Friedrich Schiller hinterließ aus dieser Zeit ein Rezept, das sich nicht zum Kochen eignete, eher dafür, gut Gekochtes wieder loszuwerden. Er listete Ingredienzien auf, die heftiges Erbrechen stimulierten, kurzum, ein Brechmittel. In aller Heimlichkeit schrieb er derweil an seinem ersten Theaterstück *Die Räuber*. Bei Entdeckung hätte der freiheitliche Inhalt ihn unweigerlich in Festungshaft gebracht. Wie das aussah, wusste er. Im selben Jahr 1781, in dem er das Stück anonym publizierte, besuchte er Schubart in seiner Zelle auf dem Hohenasperg. Schiller entwickelte sich rasch zu dem, was sein Landesherr Herzog Karl Eugen in seinen Eliteschulen vermeiden wollte, nämlich zu einem selbstständigen Denker. Und er nahm dem Herzog gegenüber so wenig ein Blatt vor den Mund wie Schubart. In seinem Drama *Kabale und Liebe*, das er 1784 schrieb, als er sich dem Zugriff des Herzogs schon entzogen hatte, kommen die nach England verkauften Landeskinder vor.

Mit der Dichtkunst begann es im Schwäbischen schon weitaus früher, etwa im 13. Jahrhundert mit Hartmann von Aue, einem Zeitgenossen Walthers von der Vogelweide. Über das Leben Hartmanns ist nicht viel dokumentiert, aber sicher ist, dass er dem Schwäbischen entwachsen ist. Dort gibt es einige Orte, die sich «Au» oder «Ow» nennen. In einer meiner Lieblingsgegenden, am Fuß der Schwäbischen Alb, liegt der Ort Owen. Er ist in Sichtweite der Burg Teck und der ehemaligen Limburg, von der das Geschlecht der Freiburger Zähringer stammt.

Ich muss mich kurzfassen, denn ab dem Jahr 1770 habe ich nun für etwa achtzig Jahre eine Anhäufung von schwäbischen Dichtern und Philosophen auf dem Tableau. In den später 1970er-Jahren wurde sogar eine «Schwäbische Dichterstraße» kartographiert, die von Bad Mergentheim bis Meersburg über neunzig Museen oder Orte benennt, die sich allein der Dichtkunst widmen: Friedrich Schiller, Friedrich Hölderlin, Eduard Mörike, Ludwig Uhland, Wilhelm Hauff, Justinus Kerner, Gustav Schwab, Ludwig Bauer, Wilhelm Waiblinger, Georg Herwegh, Hermann Freiligrath, Ludwig Pfau, und dann die ganzen Philosophen, der Stuttgarter Georg Wilhelm Friedrich Hegel oder Friedrich Wilhelm Joseph Schelling aus Leonberg.

Die Liste der schwäbischen Dichter könnte ich noch seitenfüllend breittreten. Bemerkenswert ist, dass nahezu alle dieser Geistesgrößen in evangelischen Pfarrhäusern aufgewachsen sind. Über die evangelischen Eliteschulen Denkendorf, Blaubeuren und vor allem Maulbronn erhielten viele von ihnen im Tübinger Stift den entscheidenden Schliff. Das dortige Theologiestudium beinhaltete jede Menge Altphilologie, Griechisch, Latein, Hebräisch und haufenweise Philosophie.

Heute mag das dortige Studium angenehm sein, 1906 beschrieb Hermann Hesse die Seminarschule Maulbronn in seinem Roman *Unterm Rad* als die reine Hölle, was er später etwas relativiert hat. Die Zahl derjenigen, die vor dieser

Zuchtanstalt die Flucht ergriffen, ist groß. Wer durchhielt, hatte die Qualifikation für das Tübinger Stift. So zieht man geistige Eliten heran. Die ehemalige Zisterzienserabtei Maulbronn ist heute UNESCO-Welterbe und ein beliebtes Reiseziel.

Drei besonders begabte Stubenkameraden kamen im Tübinger Stift zusammen: die angehenden Philosophen Friedrich Wilhelm Joseph Schelling und Georg Wilhelm Friedrich Hegel sowie der junge Dichter Friedrich Hölderlin. Wer sich so viel mit den alten Griechen und klassischer Literatur beschäftigte, hatte auch eine Vorstellung von Demokratie und Republik. Hier trafen sich drei mit Freiheit im Kopf. Man nannte sie auch die «Tübinger Drei», die sich im Rahmen der Aufklärung hochfliegende Gedanken machten. Sie verfolgten mit Begeisterung die Ereignisse der Französischen Revolution. Ich sprach bereits davon, dass für das Aufblühen der Philosophie und der Dichtkunst in hohem Maße der Protestantismus den Nährboden lieferte. Es kommt jedoch in meinen Augen noch etwas Wichtiges dazu, was uns zum Anfangsthema zurückbringt: der schwäbische Wein. Hölderlins achte Strophe seiner Elegie *Brot und Wein* (um 1800 begonnen) geht so:

> Brod ist der Erde Frucht, doch ists vom Lichte gesegnet,
> Und vom donnernden Gott kommet die Freude
> des Weins.
> Darum denken wir auch dabei der Himmlischen,
> die sonst
> Da gewesen und die kehren in richtiger Zeit,
> Darum singen sie auch mit Ernst die Sänger
> den Weingott
> Und nicht eitel erdacht tönet dem Alten das Lob.

Ein Auszug aus dem Buch *Hegel & Hegel oder der Geist des Weines* (2011) des Schriftstellers Otto A. Böhmer schildert ferner einen Arztbesuch des Philosophen Hegel: «Wenn ich Sie so anschaue, Herr Philosoph», so hatte es Dr. Schulte-Langen, sein früherer Hausarzt, ausgedrückt, «wenn ich Sie so anschaue, Sie hochrühmlicher Mensch, sehe ich Bedenkliches. Ihre Augen stehen hervor, sind gallertartig und trübe. Ihre Hände zittern, Ihr Atem geht unverhältnismäßig schwer. Sagen Sie nichts, es kann gegen Sie verwendet werden. All Ihre sogenannten Beschwerden, Magendruck, Völlegefühl, saures Aufstoßen, Herzrasen, flagrante Nervosität, bis hin zu Haar- und Zahnausfall, und Ihre verschiedenen, plötzlich auftretenden Absenzen, haben nur eine Ursache, das Saufen.»

«Ich saufe nicht», hatte Hegel daraufhin kraftlos erklärt, dabei rumorte schon die Wut in ihm, «ich trinke ab und zu ein Glas Wein. Zu den Mahlzeiten beispielsweise.»

«Zu den Mahlzeiten?!», höhnte der Arzt. «Dann darf Ihre Existenz wohl als eine einzige, langanhaltende Mahlzeit bezeichnet werden. Sie sind, wenn ich das so sagen darf, ein Drei-Liter-Philosoph.»

Hegel, schon zu Lebzeiten hochgeachtet, steht ohne Zweifel im Glanze grandioser Denkleistung. Momentane, freudlose Scholastiker, die sich das Mineralwasser moralinsauer durch ihre Öse reinziehen, reden nicht gerne über das, was Hegel so sympathisch abrundet. Auch der von mir so geschätzte Justinus Kerner, ein Sinnbild der Güte und Ausgeglichenheit, schluckte täglich mindestens zwei Liter Wein. Den Berechnungen des Sohnes Theobald zufolge hat sich Kerner bis zu seinem Tod im fünfundsiebzigsten Jahr ungefähr 21 000 Liter Wein einverleibt. So berichtet es zumindest sein Sohn in seinem Buch von 1894 mit dem Titel *Das Kernerhaus und seine Gäste*.

Mit gütigem Finger zeige ich auch auf Wilhelm Hauff. Nach dem Erscheinen seines Romans *Lichtenstein* im Verlag Friedrich Franckh im Jahr 1826 spendierte ihm sein Verleger zwanzig Flaschen Wein und sechs Flaschen Champagner. Ganz klar, ohne Stimulanzien kommen selten gute Texte zusammen. 1826 wurde der Dichter nach Bremen in den Ratskeller eingeladen. Der Besuch inspirierte ihn zu der Novelle *Phantasien im Bremer Ratskeller – ein Herbstgeschenk für Freunde des Weines.*

In der Schrift wandern Weinfässer aus dem Ratskeller als Geister durch die Zecher, die Geschichte endet im Delirium und amüsiert mit beträchtlicher satirischer Raffinesse.

Kloster Maulbronn

Erbsenbrei bei Mörike

Eine weitere Errungenschaft meiner Heimat ist die «Schwäbische Dichterschule», eine Art lose Gruppierung um Justinus Kerner und Ludwig Uhland an der Uni Tübingen, der unter anderem Eduard Mörike, Wilhelm Hauff und Gustav Schwab angehörten. All diese Poeten bemühten sich um Schönheit und Freiheit, aber zwischen die Zeilen tröpfelte, sanft und unauffällig für König und Fürsten, nicht selten die Galle des Widerstands.

Widerstand macht hungrig, und deshalb schauen wir uns an, was Eduard Mörikes Haushaltsbuch vom 26. April 1844 zu entnehmen ist: Sonntagmittag 12–1 Uhr, Gewitter: «Ein Uhr schlugs, da setzten sich die Dreie/ Zu dem Kraut und zu dem Erbsenbreie.» Das Sauerkraut nennt man im Schwäbischen auch Weinkraut. Und an dieser Stelle möchte ich gern eine moderne Version beisteuern.

Weinkraut

ZUTATEN

2	Schalotten, fein gehackt
200 g	Sauerkraut, frisch aus dem Fass
1	Knoblauchzehe
1 TL	Bio-Gemüsebrühenpulver, hefefrei
¼ l	trockenen Weißwein
1 EL	Zucker

1	Lorbeerblatt
1 TL	fein gehackte Wacholderbeeren
1 EL	Butter

Die Schalotten mit etwas Butter in einem genügend großen Topf glasig dünsten, den Knoblauch etwas später dazugeben, da er schnell dunkel wird. Nichts darf braun werden, deshalb nur mäßige Hitze.

Den Wein und die restlichen Zutaten mit dem Sauerkraut in den Topf geben. Mit einer Gabel auseinanderzupfen, pfeffern und salzen. Zwanzig Minuten bei geschlossenem Deckel kochen lassen und immer wieder mit der Gabel alles verteilen und vermengen. Die Flüssigkeit sollte nahezu restlos verflüchtigt sein, dazu evtl. den Deckel abnehmen und bei großem Feuer reduzieren. Die Butter untermischen und anrichten. Dosensauerkraut kommt nicht in Frage. Und das Rezept mit dem Erbsenbrei schiebe ich gleich hinterher.

Rezept Erbsenpüree
(Mengenangaben flexibel)

Als Kind gab es bei Muttern immer wieder Erbsenbrei, es war der Schrecken meiner Jugend. Getrocknete Erbsen, da ewig haltbar, boten in schlechten Zeiten einen vollen Magen und feierten in den Gulaschkanonen des Militärs ihre Hochzeit.

Dann wenigstens mit Speck und Zwiebel etwas aufgemöbelt. Es gab gelbe Trockenerbsen oder grüne, besser gesagt in Nato-Oliv. Sie wurden eingeweicht und dann gekocht, mit Muskat, Pfeffer und Salz gewürzt und schmeckten bei Muttern sehr nach einem Vintageprodukt, das womöglich noch aus dem Ersten Weltkrieg stammte.

Frische Erbsen sind dagegen etwas ganz anderes. In Frankreich gibt es die Petits Pois, sie sind klein, zart und frisch und in Deutschland kaum erhältlich. Hierzulande lässt man die Schoten auswachsen, bis die Erbsen eine ziemlich dicke Schale haben.

«So isch halt der Schwob», er will maximalen Ertrag. Deshalb wird die Erbse bei uns weniger geschätzt als in Italien und Frankreich. In Italien findet jährlich bei Abano Terme (südwestlich von Venedig) ein Erbsenfestival statt.

Der dicken Haut der deutschoptimierten Erbse kann man entgehen, wenn man die Dinger in Salzwasser weichkocht und anschließend durch die «Flotte Lotte» dreht oder durch ein Sieb streicht. In Butter eine kleingehackte Schalotte glasig dünsten, das Erbspüree dazu, Salz, Pfeffer, Muskat. Mehr braucht es nicht.

Nicht gerade leicht verdaulich, ähnlich dem Erbsenbrei, sind die schwäbischen Dichter des Vormärz, also der Zeit vor der Revolution 1848. Immerhin, sie wollten durch filigrane Argumente überzeugen, und nicht durch Kanonen. Ich finde, diese Geistesmenschen sind bis heute oft verkannt. Wer sich mit ihnen näher auseinandersetzen will, dem empfehle ich das Buch *Die heimlichen Rebellen* von Otto Borst, das allerdings nur noch antiquarisch verfügbar ist. Darin stoße ich auf den Satz über die schwäbischen Dichter, den Heinrich Heine zu Papier gebracht hat: «Ein Dichterland von Wolken-Kuckucks-Reimern.»

Heinrich Heine, das muss ich direkt zugeben, ist mir ein großes Idol, weil er oft sarkastisch auf scharfer Kante segelte. Seiner Zeit war er in meinen Augen stark voraus und seine

Texte so modern geschrieben, dass sie gut in unsere heutige Zeit passen. Vom schwäbischen Gefühlsleben, so scheint es mir, hatte der Pariser Citoyen allerdings wenig Ahnung. Ich sage: Der Schwabe schreibt scharfes Zeug mit weichem Griffel. Heines Feder hingegen kratzte oft unsensibel und erbarmungsloser. 1838 veröffentlichte er als politisch Verfolgter von Paris aus die Streitschrift *Der Schwabenspiegel* und schwang die sprachvirtuose Keule gegen den Freundeskreis der «Schwäbischen Dichterschule». Er ramenterte sinngemäß gegen bräsige Selbstzufriedenheit (heute noch ein Schwabenmakel) und meinte damit, so deute ich es, das «Schwäbisch-Verpennte», das es bei aller Schaffigkeit auch gab.

Speziell ging es ihm aber wohl um die vielen Märchen, welche der Dichterkreis schrieb. Ich nehme an, er hat sie nicht alle gelesen, denn die «Schwäbische Dichterschule» verpackte in vielen zunächst harmlos wirkenden Geschichten durchaus Obrigkeitskritik.

Ganz unrecht hatte Heinrich Heine aber auch nicht. Das insgesamt große schwäbische Selbstbewusstsein lässt sich eine Generation später anhand eines durchaus unangenehmen Selbstlobs des Stuttgarter Kunsthistorikers und Dichters Eduard Paulus von 1897 gut verdeutlichen:

> Wir sind das Volk der Dichter,
> Ein jeder dichten kann,
> Man seh' nur die Gesichter
> Von unser einem an.
>
> Der Schelling und der Hegel,
> Der Schiller und der Hauff,
> Das ist bei uns die Regel,
> Das fällt hier gar nicht auf.

Ja, ja, der bescheidene Schwabe, das stimmt – nicht immer.

Die ganze Dichterei ist nicht jedermanns Sache, die meine mittlerweile schon. Anfangs tat ich mich damit sehr schwer. In meiner Jugend hasste ich Gedichte förmlich und deshalb auch Ausflüge mit meinem Großvater. Der «Alte Vinz» marschierte stets hochaufgerichtet im Dreiteiler mit Krawatte umher, auch dann, wenn er wandern ging. Einmal schleppte er meinen Bruder Werner und mich zur Ruine Rechberg, dem Hausberg Schwäbisch Gmünds. Wir schwitzten wie die Affen, der elegante Pädagoge gab mit Anzug und Krawatte keinerlei Transpiration von sich, ganz wie ein englischer Adeliger.

Vom Rechberg aus schaut man in liebliche Täler und auf weidende Kühe, kleine Wäldchen und Wacholderheiden wechseln sich ab, im flirren Dunst eine Schafherde, an Albkräutern knabbernd. Oben auf der Burgmauer sieht man ganz nah das Remstal und Schwäbisch Gmünd, davor den barockschönen Kirchturm von Straßdorf. Der Blick nach Süden öffnet das Filstal, in der blauen Ferne die Burg Teck, und mit einem Fernglas wäre sicherlich auch die Burg Hohenzollern auszumachen. Zurück eskortierte uns Opa über die Zugbrücke, und hinab ging es nach Rechberg Hinterweiler mit der Kultgaststätte «Zum Roten Löwen». Dort spendierte Opa sich ein Apfelsaftschorle, und wir Buben bekamen eine Fanta, wohlgemerkt eine Flasche zusammen.

Klingt idyllisch, aber: kein Ausflug, ohne dass man hinterher einen Erlebnisaufsatz schreiben musste, kein Spaziergang, ohne dass man ein Gedicht eingepaukt bekam und es *stante pede* auswendig lernen musste. Opa litt womöglich unter dem schwäbischen Erbschaden, in Tübingen studiert zu haben, so wie auch Mörike und Konsorten.

Wer sich mit Mörike näher beschäftigt, bekommt schnell

Ruine Rechberg, dort kommen sie her: Stammsitz des Hochadels, der Grafen Rechberg und Rothenlöwen.

den Stempel des Provinzlers zwischen die Schläfen gesetzt. Das mag auch der Polemik geschuldet sein, die Heinrich Heine über die schwäbische Dichtervereinigung auskübelte. Unter Kennern herrscht jedoch die Meinung vor, dass Mörike durchaus Lyrik höchster Klasse geschrieben hat.

Eduard Mörike, ganz der Romantik verhaftet, umgab eine sanftmütige Aura. Doch allein die Namen seiner engeren Freunde legen durchaus einen gewissen Mut offen, denn viele davon befanden sich auf der geraden Spur zum Gefängnis Hohenasperg oder dem Hohentwil im südlichen Singen. Die Zensur war allgegenwärtig, die Folgen eines falschen, unbotmäßigen Satzes konnten äußerst unangenehm sein. Eine Schar von Querköpfen umkreiste Mörike: der Ludwigsburger Philosoph, Schriftsteller und Napoleonhasser Friedrich Theodor Vischer oder David Friedrich Strauß, der sich mit seiner Kritik am sentimentalen Jesus-Bild ins gesellschaftliche Aus stellte. Dann wäre noch der Pfarrer und Dichter Ludwig Amandus Bauer zu nennen, der gemeinsam mit Mörike in *Du bist Orplid, mein Land* eine ideale Welt beschwor.

Zu Mörike möchte ich abschließend noch ein bekanntes Gedicht von ihm präsentieren, das mir besonders gut gefällt:

Um Mitternacht

Gelassen stieg die Nacht ans Land,
Lehnt träumend an der Berge Wand,
Ihr Auge sieht die goldne Waage nun
Der Zeit in gleichen Schalen stille ruhn;
Und kecker rauschen die Quellen hervor,
Sie singen der Mutter, der Nacht, ins Ohr
Vom Tage,
Vom heute gewesenen Tage.

Das uralt alte Schlummerlied,
Sie achtet's nicht, sie ist es müd;
Ihr klingt des Himmels Bläue süßer noch,
Der flüchtgen Stunden gleichgeschwungnes Joch.
Doch immer behalten die Quellen das Wort,
Es singen die Wasser im Schlafe noch fort
Vom Tage,
Vom heute gewesenen Tage.

Ich deute die Zeilen folgendermaßen: Der Tag berichtet der Nacht von seiner Schönheit, es kehrt Ruhe ein, Quellen und Bäche sind besser hörbar und berichten mit Freude der Nacht. Und da der Tag-und-Nacht-Wechsel sich ständig wiederholt, möchte die Nacht das ständige Schlummerlied nicht mehr hören. Denn die Nacht hat auch ihre Schönheit, die der Himmelsbläue. Die Nacht hat hier geradezu etwas Menschliches, sie empfindet.

Die ersten zwei Zeilen sind in der Vergangenheit geschrieben. Auf der dritten Zeile sieht das Auge in die Gegenwart. Hätte die erste Zeile gleich in der Gegenwart begonnen, so stünde anstatt «stieg», das Wort «steigt». Der Vers hätte dann seine Gelassenheit eingebüßt.

Ich habe, wie gesagt, erst recht spät zu Gedichten gefunden. Viele Verse sind kurz, aber die Gedanken darin meist lang. Eines Tages kam ich auf den Trichter, dass es sehr erholsam ist und vielleicht auch den Therapeuten ersetzt, wenn man sich auf einen Stein hockt und eine Viertelstunde lang den ziehenden Wolken nachschaut. Oft erkenne ich Gesichter darin und erlebe einen unvermittelten Rorschachtest. Statt in die Wolken zu gucken, gehe ich immer mehr dazu über, mir ein Gedicht laut vorzusagen. Immer habe ich jedoch eine

Interpretation dabei, nachdem ich wiederholte Male fest-stellte, dass ich mit meinen Folgerungen meist völlig auf dem Schlauch stehe.

Kähne gucken auf der Eberhardsbrücke

Friedrich Hölderlins Geburtsort Lauffen am Neckar habe ich schon oft besucht. Es ist ein sehr schöner Ort, das wussten bereits die Römer. Die Stadt wird durch eine Engstelle des Neckars geteilt, flussab ragt rechts die ehemalige Burg in den Himmel, die heute als Rathaus genutzt wird. Die Regiswindiskirche gegenüber ist nicht zu übersehen. Das Gebäude geht auf das 8. Jahrhundert zurück und wurde 1564 in der Form, wie sie sich heute präsentiert, wiederaufgebaut. Mit der Heiligen Regiswindis haben die Lauffener schwer was am Hut. Um sie rankt sich eine brutale Legende aus dem 9. Jahrhundert. Das Mädchen, Tochter des Grafen Ernst vom Nordgau, wurde durch einen Racheakt ihrer Amme erwürgt und den Burgfelsen hinuntergestürzt. Nach drei Tagen zog man das tote Mädchen aus dem Wasser und fand sie nahezu unversehrt vor, mit roten Wangen und die Hände vor der Brust gefaltet. Sie wird bis heute als Heilige verehrt.

Der Neckar, der im Schwenniger Moos im Schwarzwald seinen Anfang nimmt, wird von den Stuttgartern wenig geschätzt, denn er ist zwischen Plochingen und Stuttgart zu einem Kanal für die Schifffahrt verstümmelt worden. Man lasse sich aber nicht täuschen. Gegenüber von Stuttgart, am anderen Neckarufer, liegt die alte, von den Römern gegründete Stadt Bad Cannstatt. Aus ihr sprudeln, neben den berühmten Quellen Budapests, die reichhaltigsten Mineralquellen Europas. Hat sich der Neckar bis dorthin eher träge vorbeigeschoben, durchfließt er über Heilbronn und Heidelberg hinaus die wunderschönste Landschaft.

Mark Twain geriet bei seiner Neckar-Reise völlig aus dem Häuschen. Mit der Geographie hatte er es nicht so, aber wenn man vom Mississippi kommt, relativiert sich so manches. In dem Buch *Mark Twain am Neckar* ist von ihm folgende Spitze überliefert: «Die Deutschen mögen Rheinwein außerordentlich gern; man füllt ihn in hohe, schlanke Flaschen und hält ihn für ein angenehmes Getränk. Vom Essig unterscheidet man ihn durch das Etikett.» Von Stuttgart neckaraufwärts ist das Tal auch wunderschön, der Fluss durchzieht hier die Städte Nürtingen und Tübingen.

Friedrich Hölderlin zog es mit seiner Mutter von Lauffen zuerst hinauf nach Nürtingen und später an die Tübinger Universität. Sein Leben verbrachte er vorwiegend an den Ufern des Neckars. Vielleicht waren es die feuchten Nebel des Flusses, die ihn zu Versen inspirierten. Seine Lebensgeschichte wird in anregender Weise bei Jürgen K. Hultenreich dargestellt (*Hölderlin. Das halbe Leben*). Ebenfalls sehr beglückend empfand ich die Lektüre des Buches über Hölderlin von Rüdiger Safranski. Ich habe einen ganzen Kofferraum voll guten Schrifttums über Hölderlin, möchte es aber nun mit einem seiner berühmtesten und schönsten Gedichte gut sein lassen.

Hälfte des Lebens

Mit gelben Birnen hänget
Und voll mit wilden Rosen
Das Land in den See,

Regiswindiskirche in Lauffen am Neckar

Ihr holden Schwäne,
Und trunken von Küssen
Tunkt ihr das Haupt
Ins heilignüchterne Wasser.

Weh mir, wo nehm' ich, wenn
Es Winter ist, die Blumen, und wo
Den Sonnenschein,
Und Schatten der Erde?
Die Mauern stehn
Sprachlos und kalt, im Winde
Klirren die Fahnen.

Solche Inhalte bewegen mich. In meinem Alter genieße ich zwar viele glückliche Momente, aber da ist immer auch ein Schatten, dass die finale Lebensgerade erreicht sein könnte. Ich mag gemütlich wirken, aber eigentlich treibt mich Rastlosigkeit und der schöpferische Zwang um, die Zeit zu nutzen und mir keine «Leerzeiten» zu gönnen.

Solche Gedanken überkommen mich eines Tages in Tübingen, der modernen Stadt mit großer Geschichte. Immer wieder besuche ich dieses Gelehrtenbiotop, denn die Stadt hat sich eine historische Originalität bewahrt, die selten ist. Nichts ist schöner, als auf der Eberhardsbrücke zur Lindenallee auf die Neckarinsel hinunterzuträumen und den Stocherkähnen zuzusehen. Warum ich mir hier nie die Zeit für eine Bootsfahrt genommen habe, ist mir im Moment unerklärlich.

Nicht nur der Hölderlinturm, auch die alten, spitzgiebeligen Häuser ragen in die Wolken, und oben im Hintergrund blinzelt Schloss Hohentübingen durch hohe Lindenbäume. Ich promeniere weiter über die Brücke auf die Altstadt zu. Gleich links geht es ab in die Neckargasse, an der Stiftskirche

Gleich am Rathausplatz: Weinstube Forelle

vorbei, und umgehend stehe ich auf dem Rathausplatz. Ich bin von dem ganzen Fachwerkensemble der jahrhundertealten Häuser und dem pittoresken Rathaus jedes Mal überwältigt und vergesse vor lauter Ergriffenheit, meinen Fotoapparat in Gang zu setzen. Sehr wahrscheinlich wird sich auch gleich mein Appetit melden, denn die Zeiger der großen Rathausuhr bewegen sich auf die Zwölf zu. Über der Uhr thront noch ein weiteres gleich großes Ziffernblatt, das seit dem Jahr 1511 ohne Unterlass die Mondphasen anzeigt.

Ein Schild ragt am Rathausplatz aus einer schmalen Gasse. «Weinstube Forelle» ist darauf zu lesen, und ich frage mich, ob ich mir dort das Wappentier dieser Wirtschaft einverleiben kann. So ist es dann auch, die Forelle kommt im Ganzen mit Blattspinat und Salzkartoffeln auf den Tisch. Ich liebe es, so einen Fisch nach alter Methode zu zerlegen, nur ein bisschen braune Butter dran, und Blattspinat ist mir sowieso eine Leibspeise. Nochmal: In der Einfachheit liegt das unverfälschte Zungenglück. Zudem esse ich hier in einem schönen, holzvertäfelten Ambiente mit Deckenmalerei, in dem bereits die Philosophen Hegel und Schelling ihr Viertele in ihren Kehlen versenkten.

Eine Woche später sitze ich zu Hause an meinem Schreibtisch. Es ist Sonntag in der Herrgottsfrühe eines sonnigen Augusttags dieses Jahres, gerade wurde bekannt, dass Kamala Harris gegen Donald Trump antreten wird. Über Schwaben habe ich bereits viel geschrieben, aber was mir noch fehlt, ist eine Ansicht des Tübinger Marktplatzes. Also mache ich mich noch einmal auf nach Tübingen.

Die Bundesstraße 27 zieht sich über die Hochfläche der Fildern, die Gegend, aus der das berühmte Filder-Spitzkraut kommt. Nach zwanzig Minuten senkt sich die Straße zum Neckartal hinab, und schon winkt die Ausfahrt «Tübingen-

Rathaus Tübingen

Zentrum». Nach einem Kilometer durch eine Art Gewerbevorstadt halte ich mich rechts und fahre genau auf die Neckarbrücke zu, dann weist ein Schild wiederum nach rechts, und schon bin ich im Parkhaus und gleich wieder draußen. Die berühmte Eberhardsbrücke mit ihren Kähnen kommt in Sicht. Links geht es nun in die Neckargasse hinein, und sogleich ist die Stiftskirche vor mir. Ich muss schon ziemlich den Hals recken, denn sie sticht hochaufragend ins Gewölk. Einige Touristen irren hier herum, vor dem alten Rathaus sind es dann schon einige mehr. Ich geselle mich dazu. Die Altstadt Tübingens ist eine Augenweide alter Baukunst. Nur wenig später habe ich das Foto im Kasten.

Dann sehe ich ein Hinweisschild zum Schloss Hohentübingen, reiße mich zusammen und arbeite mich übers steil bergan führende Pflaster. Ein Souvenirgeschäft weckt mein Interesse. Baseballkappen im Dutzend werden hier angeboten, nur ist auf ihnen seltsamerweise «Moin, Moin» oder «Küstenkind» zu lesen, andere sind mit einem Anker verziert. Der Laden richtet sich womöglich an norddeutsche Touristen, dennoch schätze ich die Zukunftsaussichten nicht sehr rosig ein. Unweit davon komme ich an dem Schaufenster eines Antiquitätenhändlers vorbei, das Biedermeiermöbel präsentiert, die mir sehr gefallen. Leider ist bei mir zu Hause bereits alles mit Bücherregalen vollgestellt.

Der Himmel ist grau, und meine Digitaluhr zeigt 20 Grad an. Die Gasse ist aber so steil, dass ich keuche wie ein Walross auf Gebirgswanderung, doch wenig später stehe ich vor dem Restaurant «Mauganeschtle» im Hotel am Schloss. Meine Souschefin, die in Tübingen wohnt, empfahl mir diesen Ort, und da es schon kurz vor zwölf ist, hocke ich mich auf eine Stufe und bringe meinen Puls erst einmal wieder in ein ausgewogenes Andante.

Vom Restaurant aus ist das prächtige Renaissanceportal des Schlosses gut zu sehen. Für eine Besichtigung habe ich heute keine Zeit, der Gedanke ans Mittagessen beherrscht meine Triebe. Außerdem war ich schon einmal dort und habe das hochinteressante Museum bewundert, das ebenfalls viele Schätze aus der Frühgeschichte unseres Landstrichs beherbergt. Wenig später restauriert mich ein kleines Mittagsbier, Melone mit Schwarzwälder Schinken erfreut den Magen, gefolgt von einem Kalbsrücken mit Pfifferlingrisotto. Ein Lemberger Viertele hilft der Verdauung.

Die Stadt mit den zwei Türmen

Die Donaustadt Ulm, eine ehemalige Freie Reichsstadt, ist von einer historischen Wucht, die bis in unsere heutige Zeit trägt. Seit den Römern kreuzten sich hier die Handelswege von Süd nach Nord und von Ost nach West. Das galt auch für den Transport auf dem Wasser, Donau und Iller waren, wie alle Flüsse, die Autobahnen der Antike und des Mittelalters. Berühmt ist die Stadt über die deutschen Landesgrenzen hinaus für das Ulmer Münster, ein gigantisches Bauwerk aus dem Spätmittelalter, dessen Turm mit 161,53 Metern bis heute der höchste Kirchturm der Welt ist.

Mich zog es aber aus einem ganz anderen Grund regelmäßig nach Ulm, denn ohne einen Besuch bei der Firma Weishaupt wäre meine Frau nicht durch das Jahr gekommen. Die Produktpalette des Unternehmens reicht von Öl- oder Gasbrennern über Wärmepumpen bis zu Solarmodulen. Was begeisterte meine Elisabeth so sehr daran?

Ich will es verraten. Gelangt man durch Ulm und um Ulm herum, wird die Landschaft südlich der Münsterstadt offener und grüner, bis hin zur völligen Chlorophyll-Idylle. Im Örtchen Schwendi zieht sich dann auf einmal ein mächtiges Kunstwerk vors Auge. Das Firmengelände, das «Weishaupt Forum», wurde Anfang der 1990er-Jahre von dem amerikanischen Star-Architekten Richard Meier entworfen und 2019 zum Kulturdenkmal ernannt. Elegant, schnörkellos und modern steht es da.

Das Ulmer Münster mit Stadthaus von Richard Meier

«Schau dir das strahlende Weiß an!», rief Elisabeth oft begeistert aus, wenn wir das Forum erblickten. Dem Gebäude sieht man von außen nicht an, dass darin überhaupt gearbeitet wird. Dabei wird bei Weishaupt nicht nur schwer daran gewerkelt, wie effektiver geheizt werden kann, sondern auch sinniert, konstruiert, philosophiert. Meiner Elisabeth ging es aber um etwas anderes. «Vincent, siehscht du des? Älles perfekt geputzt, älles strahlt. Kein Gruscht ist ums Haus herum, au dr Gärtner hat sein Gartaschlauch aufräumt. So muss es auch vor unserer Wirtschaft aussehen. Man muss scho von außen sehen, was für'n Geisscht im Inneren herrscht.»

Uff, dachte ich dann jedes Mal. Aber es stimmt.

Das ist aber längst nicht alles. Ganz wichtig war der abschließende Besuch im «Oberschwäbischen Hof» in Schwendi. In einer starken Viertelstunde sind wir wieder in Ulm. Nicht weit, östlich vom Münster, eröffnete die Familie Weishaupt übrigens im Jahr 2007 ein großes Kunstmuseum, das heute eine hochwertige Privatsammlung für moderne Kunst beherbergt.

Ähnliche Architektur wie in Schwendi lässt sich auf dem Ulmer Münsterplatz erleben. Auch hier hat Richard Meier der Stadt seinen unvergleichlichen Stempel aufgesetzt. Elisabeths Urteil fiel an dieser Stelle allerdings etwas anders aus: «Des isch net so sauber putzt und no siehts glei aus wie dreckige Unterwäsch!»

Ulm ist eine Stadt mit vielen Sehenswürdigkeiten, aber sie wird auch von Erfolgen im Gewerbe, in der Forschung, Design und Technik getragen. Erwähnenswert ist etwa die Ulmer Hochschule für Gestaltung, die 1953 von Inge Aicher-Scholl, Otl Aicher und Max Bill gegründet wurde und die den Geist des Dessauer Bauhauses pflegte.

In schweren Zeiten, etwa zur Schlacht von Ulm im Jahr 1805, als Napoleon die Österreicher in die Knie zwang, half der Ulmer Bevölkerung immer die unantastbare Größe ihres hohen Turms, an den sie sich anlehnen konnten und auf den sie bis heute mächtig stolz sind. Darüber hinaus brustklopft sich der Ulmer Bürger für die Erfindung der ersten ausfahrbaren Feuerleiter «Magirus», die der Unternehmer und «Feuerwehrpionier» Conrad Dietrich Magirus (1824–1895) Ende des 19. Jahrhunderts entwickelte.

Kommen wir zum Ulmer Spatz, dem Wahrzeichen der Stadt, der von seinem Platz hoch oben auf dem Münster die Bürger bewacht. Der Legende nach wurden ein paar Handwerker beim Bau der riesigen Kirche mit dem Hindernis konfrontiert, dass sie mit ihren langen Holzbalken nicht quer durch die Türe passten. Als einer von ihnen einen kleinen Spatz beobachtete, der Strohhalme für sein Nest längs durch das Loch schob, taten sie es ihm nach. Das unterschätzte Tier wurde zum Dank für die Inspiration als Skulptur verewigt, die Ulmer Bürger nennen sich seither auch die «Ulmer Spatzen».

Von hier aus lässt sich wunderbar zu einem aeronautischen Experiment überleiten, das 1811 in Ulm stattfand. Der Flugpionier Otto Lilienthal gilt gemeinhin als erster erfolgreicher Absolvent eines gepflegten Gleitflugs, aber darüber sollte der Ulmer Schneidermeister Albrecht Ludwig Berblinger (1770–1829) nicht vergessen werden, der schon früher dran gewesen war, wenn auch nur einen Meter hoch.

Berblinger betrieb eine Schneiderwerkstatt von exzellentem Ruf und pflegte in seiner Freizeit allerlei verschiedene Tüfteleien. So erfand er zum Beispiel eine fortschrittliche Beinprothese mit gut funktionierendem Scharnier, eine Art Kniegelenk. Eines Tages fliegen zu können, war jedoch seine eigentliche Obsession.

Nach jahrelangen Versuchen wollte er mit seinem Gerät am Ulmer Michelsberg seinen ersten Flug starten. Damals hatte man noch nicht viel Ahnung von Aufwind, Thermik, Fallwinden oder Strömungsabriss. Der sonnenbeschienene Michelsberg neigt sich dem Südwesten zu, und Berblinger wusste, dass an diesem Berg warme Luft aufstieg, was er «günstigen Wind» nannte. Ein Demonstrationsflug über die Donau wurde groß angekündigt. Berblinger stand auf der hohen Stadtmauer und ahnte schon, dass der Wind «nicht günstig» sein würde, doch der Druck des Publikums war groß. König Friedrich Wilhelm Karl von Württemberg war gekommen und belohnte den Forscher mit 9 Goldmünzen. Berblinger zögerte den Flug immer weiter hinaus, der König reiste ab.

Die Ulmer beharrten auf ihrer Sensation, der ungünstige Wind leider auch. Anderntags hatte der Testpilot das gleiche mulmige Gefühl, aber er musste nun fliegen, um Wort zu halten. Erwärmt sich die Erde, steigt die Luft auf, die kalten Wasser der Donau und auch die Abflugposition der Stadtmauer lösen jedoch Umgekehrtes aus. Die Luft sackt rasant nach unten. Berblinger sprang ab – und fiel wie ein Stein ins Wasser. Bis in unsere Tage wurde er als Witzfigur und Spinner verspottet, sein guter Ruf war ruiniert. Nun steht an der Stelle des Absturzes als postume Ehrenbezeugung der «Berblingerturm», ein zwanzig Meter hohes Denkmal. Seine Flugkonstruktion war nämlich durchaus wohlüberlegt, und er verdient für seine Erfindung und seinen Mut Respekt. Das sah auch der Augsburger Bertolt Brecht so und widmete dem Schneider von Ulm 1934 eine ganze Ballade.

Was die Luftfahrt betrifft, so will ich noch ein anderes Schicksal erwähnen. Westlich von Ulm, auf der Schwäbischen Alb, liegt der bereits erwähnte Ort Buttenhausen, von

Berblingerturm

der Großen Lauter durchflossen. Freunden der Fliegenfischerei ist das Flüsschen wohl bekannt, denn es ist berühmt für seine Bachforellen. Die Freundinnen und Freunde der strammen Waden durchwandern dieses Tal an Sonntagen rudelweise nicht ohne Grund, denn es gibt kaum ein schöneres Tal. Aus Buttenhausen bezieht die Wielandshöhe wie schon erwähnt ihr hervorragendes Dinkelmehl. Fast genauso wichtig ist mir der dortige jüdische Friedhof, der zu jeder Tageszeit zugänglich ist.

In diesem Tal machte auch Gustav Mesmer (1903–1994), der «Ikarus des Lautertals», seine Flugversuche. Mesmer war gelernter Schreiner, Korbflechter, Erfinder, Visionär und Konstrukteur von Flugfahrrädern, und ich halte ihn durchaus für ein Genie. 1903 geboren, blickt er auf seinen Jugendfotos durch hellwache, gescheite Augen in die Welt. Aber die meisten Menschen um ihn herum hielten ihn für verrückt, ein Unverständnis, das viele begabte Menschen ertragen mussten. Ich vermute, Mesmer hatte autistische Züge, war aber sehr kreativ und erfinderisch. Nachdem er einige Zeit in der psychiatrischen Klinik in Schussenried verbracht und nach dem Krieg als Buchbinder und Korbflechter gearbeitet hatte, lebte er ab 1964 auf der Schwäbischen Alb, im Altenpflegeheim Buttenhausen. Ihm wurde eine Werkstatt eingerichtet, in der er aus Sperrmüll, Schrott und Plastiksäcken Fahrräder zu Flugobjekten umbastelte, die auf Grund von Gewicht und Abfallmaterial sich zum Fliegen wenig eigneten. Eines soll zumindest kurz «gehoppst» sein. Mesmer nahm seine Bodenhaftung durchaus humorvoll.

Abschließend möchte ich sagen, dass die Welt ohne solche Menschen wie den «Ikarus vom Lautertal» weit weniger lebenswert wäre. Dass ich als Mitglied der Stiftung Gustav Mesmer angehöre, konnte nicht ausbleiben. Die Präsentation seiner Flugmaschinen für die EXPO Sevilla 1992 sehe ich als künstlerischen Ritterschlag. Es folgten noch Präsentationen unter anderem in New York, Paris und Lausanne, die Gustav Mesmer als eigenwilligen Pionier des Fortschritts würdigten.

Das Zentrum der Schwabologie

Das Zentrum der Schwabologie dürfte Stuttgart sein. Seit über dreißig Jahren ist diese Stadt mein Lebensmittelpunkt. Stuttgart ist Heimat vieler Menschen, die sich für gutes Essen interessieren, ist überschaubar und bietet doch alles, was riesige Großstädte auch bieten. Bevor wir uns ein paar schöne Ecken anschauen, will ich meiner Neigung für Randständiges oder Vergessenes nachkommen. Meine ganz besondere Heldin Stuttgarts hörte auf den Namen Else Himmelheber (1905–1944), und sie ist heute vielen Einheimischen unbekannt.

In Stuttgart gab es eine Widerstandsgruppe gegen den NS-Staat, die «Gruppe Schlotterbeck». Angeführt wurde sie von Friedrich Schlotterbeck (1909–1979) aus dem Stuttgarter Vorort Luginsland. Die Vereinigung wurde von einem Doppelagenten denunziert und anschließend von der Gestapo verfolgt. Schlotterbeck flüchtete 1944 mit seiner Verlobten Else Himmelheber, seinem Bruder Hermann und seinem Freund Karl Stäbler in die Schweiz. Doch nur ihm gelang die Flucht, Bruder Hermann wurde erschossen, Karl Stäbler schaffte es mit einem Schenkeldurchschuss wieder nach Stuttgart und konnte bis zum Ende des Kriegs versteckt werden. Else Himmelheber wurde in einem Zug, der in Richtung Alpen fuhr, verhaftet und in die Zentrale der Stuttgarter Gestapo, ins «Hotel Silber», gebracht. Es folgten unzählige Verhöre und Folterungen, doch Else Himmelheber blieb standhaft und verriet ihre Kameraden nicht. Am 30. November 1944 wurde sie im Konzentrationslager Dachau ermordet.

Das «Hotel Silber» ist heute ein Museum und befindet sich ganz in der Nähe der Markthalle. Es ist bis auf montags täglich zu freiem Eintritt geöffnet und einen Besuch wert. Eine der vielen Stuttgarter Freitreppen, genannt «Stäffele», wurde nach Else Himmelheber benannt, die Else-Himmelheber-Staffel. Ich finde, sie hätte eine größere Straße verdient.

Wenn man einen Besuch im «Hotel Silber» hinter sich hat, empfiehlt sich zur emotionalen Stabilisierung ein Besuch der Markthalle, denn wer dort nicht auf andere Gedanken kommt, dem ist nicht zu helfen. Einen Steinwurf daneben lockt das Traditionskaufhaus Breuninger. Die alten Konsumtempel sterben inzwischen überall aus, nicht aber das «Breuninger». Es mag daran liegen, dass die Firma und die Stiftung in privater Hand sind, fast könnte man es als ein Familienunternehmen ansehen.

Läuft der neugierige Innenstadtforscher vom Breuninger links die Eberhardstraße bis zum Ende, steht dort das Hegelhaus. Rechts, leicht bergan, gelangt man zum Rotebühlplatz, und links türmt sich ein Monstrum auf, das sich sinnentleert «Plaza» nennt. Dahinter kocht die Wirtin Rosanna im «La Fenice» klassische italienische Küche. Vincenzo, ein eleganter und warmherziger Freund, kümmert sich um die Gäste.

Ganz in der Nähe beginnt die berühmte Königstraße, von der ich schon als Kind beeindruckt war. Die mondäne Einkaufsmeile zog sich kerzengerade durch die Stadt bis zum Hauptbahnhof. Heute hat sie ihren Reiz leider ziemlich eingebüßt, die ehemalige Prachtstraße sieht mittlerweile aus wie jede andere Fußgängerzone.

Links der Königstraße zieht sich die Calwer Straße entlang. Folgt man ihr auf etwa halbe Höhe, erreicht man ein weiteres gutes italienisches Restaurant, «La Nuova Trattoria da Franco», mit weißen Tischtüchern und Leinenservietten bestückt und von mir gerne besucht. Gegenüber vom «neuen da Franco» kocht der alte «Franco» auf. Mathilde Annunziata, eine würdevolle und stilvolle Lady, ist ungefähr so alt wie ich und immer noch unermüdlich am Herd zugange. Schon vor vierzig Jahren war ich bei ihr zu Gast. Ihr Mann Angelo, ein gefühlvoller, nachdenklicher Gastgeber, erinnert in seiner Ernsthaftigkeit etwas an Buster Keaton.

Von der Calwer Straße ist es nicht weit zum Stuttgarter Schlossplatz. Hier könnte man die schönsten Fotos machen, wenn nicht das ganze royale Ambiente immer wieder von Reklamefahnen und Buden verstellt würde. Ich stehe an der Säulenkolonnade des Königsbaus, hinter mir ein Hamburger-Imbiss und eine Bratwurststation, die nur Biofleisch verwendet. Rechts von mir spiegelt sich der Glaskubus des Kunstmuseums. Es steht an dem Platz, an dem die Wüteriche der Stadtverwaltung nach dem Krieg das Kronprinzenpalais abgerissen haben. Man hat das Beste daraus gemacht, die Galerie der Stadt Stuttgart ist wirklich schön. Am Eingang mache ich eine kurze Pause und trinke einen Cappuccino unter einem weißen Sonnenschirm, der mich tatsächlich milde besonnt, das stechende Licht mildert, aber genügend Licht durchlässt, dass ich gerne hier verweile. Der Eintritt zu den Sammlungen ist nicht ganz billig, aber lohnend.

Die städtische Sammlung geht auf den spendablen Marchese Silvio della Valle di Casanova (1860–1929) zurück. Der neapolitanische Adelige verbrachte seine Studienjahre in Stuttgart und blieb der Stadt immer treu. Mit den Jahren wurde der Bestand stark erweitert, in den Räumen hängt zeitgenössische Kunst, aber auch Werke der klassischen Moderne, wie das Triptychon *Großstadt* von Otto Dix, Gemälde von Willi Baumeister, Ida Kerkovius und meinem Liebling Adolf Hölzel, einem Pionier der Abstraktion und für mich der Meister der Farben.

Heute ist ein schöner Tag im Juni 2024, kurz nach der Europawahl, und ich spaziere wieder hinüber zu den Kolonnaden des Königsbaus. Die Sonne setzt das Neue Schloss und den Platz davor in feudales Licht, ungerührt, breit und mächtig steht es da. 1746 wurde die Schlossanlage von Herzog Karl Eugen erbaut, für mich ist es der schönste Schlossplatz der Welt. Links befindet sich der Kuppelbau des Kunstvereins mit dem goldenen Hirsch obenauf. Ein gusseiserner Pavillon und die fünfunddreißig Meter hohe Jubiläumssäule von 1841, auf direkter Linie zum Schloss, gliedern den Raum perfekt. Innen wartet das Schloss im ersten Stock mit dem üppigen Marmorsaal auf.

Geht man zweihundert Meter auf die sinkende Sonne zu, wird man recht bald vom Schillerdenkmal gegrüßt. Es steht mitten auf dem Schillerplatz, ein Zeugnis aus der Zeit des noblen Stuttgarts vor der Kriegszerstörung. Die weitreichendere Zerstörung von Baudenkmälern fand übrigens erst nach dem Krieg statt, und nicht nur das Kronprinzenpalais wurde im Zuge dessen abgerissen. Es ist kaum zu glauben, dass diese Entwicklung letztlich dem Automobil geschuldet war. Seit es Mercedes gibt, ist Stuttgart eine Autostadt. Der Schlossplatz und die Königstraße samt Straßenbahn wurden dem Verkehr zuliebe nach dem Krieg wesentlich verbreitert, und so ziemlich alles, was im Wege stand, wurde weggesprengt.

Die nahe gelegene Stiftskirche wurde zum Glück verschont. Sie ist sehr alt, die ersten Fundamente gehen bis ins 10./11. Jahrhundert zurück. Schande über mich, in dieser geschichtsprallen Kirche war ich seit Jahren nicht mehr. Das will ich heute ändern.

Das gotische Bauwerk hat mir schon immer gefallen, und ich dachte, ich wüsste, was mich innen erwarten würde. Als ich aber durch die hohe Türe gehe, bekomme ich erstmal einen Schreck. Das Interieur ist vollständig modern ausgebaut, und mir fällt schlagartig wieder ein, dass die Kirche ein halbes Jahr vor Kriegsende einen schweren Treffer abbekommen hatte und völlig ausbrannte. Beim Wiederaufbau entschied man sich dafür, die alte Kirche mit moderner Innenausstattung zu verbinden.

Ich setze mich auf eine Bank und lasse den großen Raum auf mich wirken. An die Architektur habe ich mich schnell gewöhnt. Große Glasdreiecke schweben, durch Drähte gehalten, unter dem Spitzgiebel. Ich empfinde das als gelungenes Kunstwerk, das zugleich den Hall minimiert, denn es finden hier viele Konzerte statt. Unzählige Leuchten spiegeln sich im Glas wie ein funkelnder Sternenhimmel. Der Raum hat eine kontemplative Wirkung auf mich.

Ich gehe zum Grab des Stifters, der mit seiner Gattin in einer Art Seitenkapelle ruht. Graf Ulrich I. von Württemberg, auch genannt Ulrich der Stifter, lebte von 1226 bis 1265 zusammen mit seiner Ehefrau Agnes von Liegnitz, die aus dem Schlesischen stammte. Ihr Grab wird von zwei Hunden beschützt, dem Symbol für Treue. Der Ehegatte, ganz der Held, steht auf zwei Löwen.

Der Schillerplatz und das Schillerdenkmal von 1839, die Stiftskirche und das prächtige gotische Steinhaus des Fruchtkastens, das eine umfangreiche und sehenswerte Sammlung historischer Musikinstrumente beherbergt, bilden gewissermaßen die Ehrengarde für das Alte Schloss, in dem heute das Landesmuseum untergebracht ist. Seit dem Jahr 1200 im Tal-

Doppelgrab Stiftskirche Stuttgart

grund am Nesenbach gelegen, war das Alte Schloss bis ins 18. Jahrhundert eine Wasserburg, die von den württembergischen Herzögen Christoph und Ludwig zwischen 1553 und 1578 im Renaissancestil umgebaut wurde. Von außen wirkt das Gebäude wuchtig und festungsartig, der Innenhof zeigt jedoch feingliedrige Renaissancearkaden. Rechts im Eck ist der Eingang der Schlosskapelle zu sehen. Das Kirchlein ist noch in Betrieb, dort wird immer noch gebetet, geheiratet und gesungen. Geradeaus, an der Kirchentüre vorbei, geht es dann ins Museum, das beginnend bei den Römern über die Kelten und Germanen voll hinein in die württembergische Geschichte führt. Das, was vor den Bombennächten des Weltkriegs der Kern der Stadt war, lässt sich von einem strammen Marschierer in 15 Minuten bewältigen. Bei mir dauert alles ein wenig länger.

Bevor Stuttgart und die Welt mit der Automobilindustrie gesegnet wurden, glänzte die Stadt als Heimat unzähliger Verlage und berühmter Architekten. Auf den kühnen und windfesten Fernsehturm, 1956 fertiggestellt, muss ich nicht weiter eingehen. Dieser schöne Turm, ein wahrer Ästhet, ist schon lange kein Geheimtipp mehr. Nur so viel sei gesagt: Mit seinen knapp 217 Metern Höhe war er der erste seiner Art in der Welt und steht nun als Kandidat auf der Liste für das UNESCO-Welterbe. Als man damals den Entwurf des gebürtigen Stuttgarter Architekten Fritz Leonhardt (1909–1999) der Bevölkerung vorstellte, hagelte es Proteste. So ist es mit den hiesigen Bürgern, erst einmal dagegen sein, und dann sehen wir weiter.

Der weniger bekannte Stuttgarter Tagblatt-Turm in der Eberhardstraße ist ebenso eine Leuchtboje moderner Architektur. Im Stil der Neuen Sachlichkeit und inspiriert durch das Bauhaus, ließ Ernst Otto Oßwald die achtzehn Geschosse

Auf der Warteliste zum UNESCO-Welterbe, Fernsehturm von Fritz Leonhardt von 1956

des Turms im Jahr 1928 als erster Architekt weltweit in Sichtbetonbauweise errichten. Wer von moderner Architektur nicht genug bekommen kann, der nehme ein Taxi und fahre den Buckel, den Killesberg, hinauf, um die Weißenhofsiedlung zu bewundern. Dort sind Häuser von Mies van der Rohe, Le Corbusier, den Brüdern Taut, Walter Gropius oder Paul Schmitthenner zu bewundern.

1927 kam es hier zu einer Bauausstellung des Deutschen Werkbundes. Die Avantgarde internationaler Architekten beteiligte sich, und Ludwig Mies van der Rohe übernahm die Leitung. Es ging unter anderem um die Frage, wie man in kleinen Wohnungen viel Licht und zugleich Geräumigkeit erzeugen kann. Die moderne Architektur war eine eindeutige Abkehr von herkömmlichen Wohnvorstellungen und sollte neue, urbane Impulse für die Großstädter setzen. Das Museum an der Ecke Weißenhofstraße/Bruckmannweg, ganz in Weiß gehalten, empfinde ich ebenfalls als hochinteressantestes Bauwerk. Mein eigenes Häusle, auch ein modernes Flachdach, ist eindeutig den Ideen Le Corbusiers nachempfunden. Seine Architektur war damals ultramodern und hat bis heute nichts davon eingebüßt.

In der Zeit des Nationalsozialismus wurde die Siedlung unter anderem wegen ihrer demonstrativen Schmucklosigkeit pejorativ als «Araberdorf» bezeichnet, die NSDAP ließ Postkarten drucken, auf der Palmen und Turban tragende Beduinen in die Siedlung hineinmontiert wurden, um diesen Eindruck ins Bild zu setzen. Ende der Dreißigerjahre wurde die Weißenhofsiedlung an das Deutsche Reich verkauft in der Absicht, alles komplett abreißen zu lassen. Doch dazu kam es nicht, denn fast die Hälfte der Häuser wurde im Bombenhagel des Krieges zerstört.

Aber zurück zum Stuttgarter Zentrum. Geht man von

Weißenhofsiedlung. Le-Corbusier-Haus.

dort aus über den Schillerplatz, am Neuen Schloss vorbei immer weiter nach Osten, verheddert man sich irgendwann zwangsläufig in den Bauschikanen des Hauptbahnhofs. Folglich sollte man lieber rechts am Neuen Schloss entlangschleichen, denn dort kann man völlig ungestört und im Grünen am modernen Flachbau des Landtags vorbeiwandern. Dieser zeigt sich luftig mit viel Glas, ist schön anzusehen und sehr harmonisch in die Umgebung eingepasst. Gleich daneben macht sich die Staatsoper breit, die aussieht, wie ein berühmtes Opernhaus auszusehen hat. Es teilt sich in zwei Sparten, in Schauspielhaus und Oper können 1400 Personen staunen und lauschen. Hier arbeiten Dirigenten von Weltrang, die Sängerinnen trällern bis übers «hohe C» hinaus, und die Mannsbilder beherrschen einen tiefen Bass bis zum Höllengrund, kurz, es ist ein ganz besonderes Haus von internationalem Ruf. Nicht zu vergessen: das weltberühmte Stuttgarter Ballett.

Stuttgart wird häufig von allen möglichen Unwissenden als provinziell und stubenhockerisch diffamiert. Zugegeben, was die Hipsterszenen etwa in Berlin oder Hamburg bieten, dagegen sind wir Stuttgarter komplette Nachtwächter. Denke ich darüber etwas länger nach, so verschafft mir das ein befreiendes Aufatmen und die Freude, dass das tatsächlich zutrifft und mir hier gerade deshalb das Leben so erträglich macht. In Stuttgart wird nichts aufgebrezelt, sondern es gibt hier die besten Brezeln Deutschlands. Ich sage nur «Königsbäck» in Gablenberg oder «Brezelbäck Bosch» in der Schwabstraße unweit des Hölderlinplatzes. Denke ich an Brezeln, was häufig der Fall ist, folgt unmittelbar auf dem Fuße ein wirklich rasender Hunger, dem ich auch jetzt umgehend Abhilfe schaffen muss.

Viel PS in Zuffenhausen

Im Zuge der Industrialisierung drängten Maschinen ins tägliche Leben, dampfbetriebene Eisenbahnen fauchten kreuz und quer durchs Schwabenland, die Welt begann gewaltig zu lärmen. Mechanische Webstühle schepperten, der Elektromotor war bereits erfunden, und das einst arme Schwaben entwickelte die Textilindustrie zu seinem wichtigsten Industriezweig.

1840 wurde zudem die Gewerbeschule Stuttgart gegründet. Unter den Professoren und Studenten gab es viele Leute mit Weitblick, und sie gerieten wegen ihrer demokratischen Umtriebe nicht selten in Schwierigkeiten. An der Hochschule wurde zunächst viel über das Bauwesen gelehrt, ab 1860 verlagerte sich der Schwerpunkt dann auf die Chemie. Die Universität erlangte rasch einen guten Ruf, man denke nur an den Ludwigsburger Karl Pfizer (1824–1906), der im unsicheren Jahr 1848 an die amerikanische Ostküste auswanderte. Bis heute ist Pfizer ein Pharmaziegigant, 1998 landete es den Volltreffer Viagra.

Nach der Reichsgründung 1870 wurde in Stuttgart zunehmend auf Mathematik und Naturwissenschaften gesetzt, und die Stuttgarter Uni nannte sich in «Polytechnikum Stuttgart» um. Noch etwas später installierten die Maschinenbauer eine Materialprüfungsabteilung, und immerhin, am 1. Dezember 1905 durfte an der zukünftigen Technischen Universität erstmals eine Frau studieren.

Es wurde im Schwabenland viel produziert und auch fleißig ins Ausland verkauft, der Südwesten Deutschlands öffnete sich zusehends und richtete den Blick auf das Deutsche Reich von Kaiser Wilhelm I.

Heute ist Montag, mein freier Tag, und deshalb verlasse ich meinen Schreibtisch und will mit Eva eine schwäbische Institution aufsuchen. Auf nach Zuffenhausen.

Beim Stuttgarter Bahnhof, dem Beißholz für die Bevölkerung und ein täglicher Überlebensparcours für viele Pendler, fahre ich so schnell es geht vorbei und biege dann rechts ab ums Eck. Es ist später Nachmittag, die Sonne sticht kräftig. Wir sitzen bequem im Stau, während sich draußen eine Kofferkarawane an den Bauzäunen entlangschiebt. Um an die Gleise zu gelangen, braucht man als Zugereister sowohl ein GPS-Gerät als auch Wanderschuhe, denn es müssen erst die Riesenbaustelle und der alte Bahnhof abmarschiert werden, bevor man ans Ziel kommt. Gefühlt sind das zwei Kilometer.

Bergauf zieht sich nun eine Mauer alter Steine, dahinter breitet sich der alte Pragfriedhof mit ziemlich berühmten Untermietern aus. Ferdinand Graf Zeppelin, der Mann mit den riesigen Luftzigarren, hat dort seine letzte Ruhestätte, ebenso der Dichter Eduard Mörike. Außerdem kann man hier die Gräber von dem Eisenbahningenieur Karl Etzel und dem Erfinder der Bohrmaschine, Wilhelm Emil Fein, besuchen. Betritt man das Portal, eine Art Tempel in klassizistischem Stilmix, ist man von dieser Pracht direkt eingenommen, und man könnte den Ort auch als Schwäbischen Sinai bezeichnen.

Der Pragfriedhof verabschiedet sich aus dem Rückspiegel. Ich fahre immer nach Navi, obwohl ich mich in Stuttgart wirklich auskenne, denn seit Jahren bemüht man sich

Der Pragfriedhof. Dauerhafte Heimat der schwäbischen Ehrbarkeit.

im Stuttgarter Rathaus, die Stadt komplett umzugraben, und jeden Tag gibt es eine neue Verkehrsführung.

Das Vorkriegsstuttgart strahlte in aristokratischem Glanz, während viel Handwerk und die beginnende Industrie sich im Umland ansiedelten. Auch das Dörfchen Zuffenhausen wurde aus jahrhundertealtem Schlaf hochgeschreckt, als dort ein gewisser Ferdinand Porsche 1935 mit der Produktion des KdF-Wagens begann. Das Kürzel steht für «Kraft durch Freude», und in der Nazizeit wurden unter diesem Titel Erholungsreisen für Arbeiter oder «zusammengeschaffte» Mütter angeboten.

Gar nicht porschemäßig, eher in gemächlichem Tempo, um keine Blitzer zu irritieren, kriecht mein VW mittlerweile über den Pragsattel, und danach verflacht die Straße zum Feuerbacher Tal. Dort war ich seit Jahren nicht mehr. Die Hauptstraße ist von Baggern durchwühlt, und die Umleitung führt mich den Buckel hinunter nach Feuerbach. Jetzt ist wieder Superstau, Eva daddelt auf dem Handy nach Aus- und Schleichwegen. Wir kommen kaum voran, die Sonne knallt aufs Dach. Irgendwann merke ich, dass ich das Navi falsch programmiert habe. Zuffenhausen ist das Ziel, ich hatte aber versehentlich Feuerbach eingegeben. Augenblicklich fahre ich an die Seite und gebe mein Ziel erneut ein. Kommando zurück. In fünf Minuten werden wir dort sein.

Und tatsächlich: An einem riesigen Kreisverkehr ragen nach nicht allzu langer Zeit mächtige weiße Pfeile in den Himmel, an deren Enden verschiedene Porsches in Originalgröße aufgespießt sind. Die Installation, «Inspiration 911» (2015), stammt von dem Londoner Künstler Gerry Judah und misst ganze 24 Meter.

Das Porschemuseum kam mir lange Zeit etwas gewöhnungsbedürftig vor, bis ich den schrägstehenden Riesenklotz eines Tages etwas genauer unter die Lupe nahm. Ich muss sagen: Das Gebäude lohnt sich, es ist zwar alles schief, aber am Ende stimmen die Winkel und Proportionen auf wundersame Weise irgendwie trotzdem.

Drumherum, vor allem aber innen drin ist alles perfekt organisiert. Seitlich des Gebäudes wird man in den Keller gelotst, wo ein riesiges Parkhaus untergebracht ist. Mit dem Aufzug sind Eva und ich schnell und bequem an der Kasse, freundlich werde ich gefragt, ob ich irgendwelche Tipps oder Hilfe benötige. Ich bedanke mich artig und lasse mich mit der Rolltreppe nach oben befördern. Hier ist alles zu besichtigen, was jemals von Porsche auf vier Räder gestellt wurde.

Ich schreite den Urporsche ab und dann den «Spider», einen kleinen, niedrigen Sportwagen, mit dem der Filmschauspieler James Dean im Jahr 1955 tödlich verunglückte. Ferner wird der Le-Mans-Sieg von 1970 thematisiert, in dem mein ganz persönlicher Held, Hans Herrmann, mit der Startnummer 23 Erster wurde. Hans Herrmann ist, während ich diese Zeilen schreibe, bereits 96 Jahre alt und immer noch putzmunter. Er wird auch «Hans im Glück» genannt, weil er einige spektakuläre Unfälle ohne größere Blessuren überstanden hat. Sein Porsche, das Siegerfahrzeug, lief mit 12 Zylindern und war ein technisches Wunderwerk mit über 1000 PS. Wohlgemerkt, das war vor über 50 Jahren. Der Rennporsche 917K, in dem Steve McQueen seinen Le-Mans-Film drehte, ist ebenfalls rekordverdächtig. Als die Firma Porsche vor Jahren in eine finanzielle Bredouille geriet, kam der blaue Gulf zur Versteigerung und spülte über 14 Millionen Dollar in die Kasse der Firma.

Wer den Motor des milchblauen Gulf-Porsche, des Le-Mans-Gewinners von 1970, einmal hören durfte, der weiß, warum um das Automobil herum eine Art Liturgie entstanden ist.

Ich kann das Erlebnis schon deshalb nicht vergessen, weil es mir bei einer Glemseck-Motorshow fast die Ohren weggerissen hatte. Die Erinnerung verfolgt mich bis heute. Gerade ganz aktuell, weil ich vor ein paar Tagen, jetzt im Juni 2024, ein Hörgerät in die Lauscher gestopft bekommen habe. Elektroautos sind so leise, dass man extra Motorgeräusche über die Lautsprecher einspeist. Gewiss ist es angesichts der Erderwärmung angezeigt, den CO_2-Ausstoß zu reduzieren. Für mich ist damit allerdings die Faszination für das Auto beendet. Ein E-Auto, egal wie gut, hat für mich keinen Charme.

Na ja, dem Fortschritt wurde schon vieles geopfert. Manches geht, vieles kommt, und einiges ist aus der Not geboren. Bevor die Feinmechanik und die Ingenieurskunst die Geschicke unseres Südstaates übernahmen, als man nicht mit Computern, sondern auf Misthaufen kämpfte, herrschte im Ländle größte Not. Im Winter verfolgte man auf den schneebedeckten Feldern die Spuren der Mäuse. Es wurde so tief gegraben und gehackt, bis die kleine Vorratshöhle der Feldmäuse freigelegt war. Die Älbler raubten den Tierchen ihr Hab und Gut, um den Winter zu überleben. Für diese Mäuse-Speisekammern hat das Schwäbische den Ausdruck «Maukennest» parat. Not macht erfinderisch, und pauschal will ich behaupten, dass aus saturiertem Wohlstand, aus den Blähungen des vollen Bauchs, nichts Großes entstehen kann. Kurzum, wo große Not, da großer Fortschritt. Das ist vielleicht nun alles nicht detailgenau, aber das Schwabenland kommt eindeutig aus dieser Tradition, und die DNA dieser Gründerväter ist immer noch präsent.

Fährt der Reisende mit dem Zug in den Stuttgarter Bahnhof ein, könnten ihm erhebliche Zweifel an meinen soeben präsentierten Behauptungen kommen. Dieses Buch wird wahrscheinlich bereits von Würmern zerfressen sein, bis die

Blick aus dem Porschemuseum

berüchtigtste Baustelle nach dem Berliner Flughafen oder der Elbphilharmonie ohne Wanderschuhe ermessen werden kann. Der Stuttgarter Bahnhof wird trotz chaotischer Baustellenhindernisse immer noch von Zügen angefahren, mal mehr, mal weniger.

Ja, wir Stuttgarter schimpfen gerne über die Stadt, was sich aber keinesfalls Auswärtige herausnehmen dürfen. Man muss uns nicht verarschen, das kriegen wir auch selbst hin. Wir Schwaben bruddeln und schimpfen eigentlich immer, aber richtig ernst gemeint ist es fast nie. Es entspricht mehr unserem Zwang nach Verzwergung, das Fremdwort wäre Diminutiv, denn wenn man seinen Besitz klein macht, wird er von niemandem begehrt oder gekapert. Ich will das an einem Beispiel verdeutlichen: Spricht ein Schwabe von seinem Häusle, kann es sich dabei durchaus um eine Zwanzig-Zimmer-Villa handeln.

Eines der großen Vorbilder des wackeren Schwaben ist Robert Bosch (1861–1942), übrigens einer, der sich trotz allem Ruhm mausgrau kleidete. Aus kleinsten Verhältnissen stammend, schuf er bereits vor dem Krieg eine Riesenfirma, blieb immer bescheiden und war mit einem guten Kompass des Anstands ausgestattet. Zu der Firma Bosch, wie man sie heute kennt, muss ich, glaube ich, keine weiteren Erklärungen abgeben, ihre Produkte sind bis heute in fast allen Haushalten in Deutschland irgendwo zu finden. Doch sei mir noch ein Hinweis auf den Unternehmer und Kunstförderer Reinhold Würth erlaubt. Ohne Einschränkung kann man ihn in eine Reihe mit Robert Bosch stellen. Für mich ist er aber die absolute Lichtgestalt unserer Zeit und bestimmt auch darüber hinaus.

Aus Klein wird Groß, das kann man auch von der Firma Stihl sagen. Andreas Stihl aus Waiblingen erfand in den

Stiftskirche Stuttgart

1920er-Jahren die benzingetriebene Kettensäge. Mittlerweile hat sich der Familienbetrieb zu einem Weltkonzern ausgewachsen, der darüber hinaus die Herrschaft über alles hat, was irgendwie verkürzt und abgeschnitten werden soll. Da wären der Rasenmäher, die Heckenschere, die Motorsense, die seit einiger Zeit auch mit flüsterleisen Elektromotoren zu haben sind. Ebenso innovativ ist die Maschinenbaufirma Trumpf, die der Stuttgarter Ingenieur Berthold Leibinger (1930–2018) zu Berühmtheit führte und die sich auch international im Bereich Werkzeugmaschinen und Lasertechnik etablieren konnte. Seit dem Tod des Patriarchen wird das Unternehmen von dessen Tochter auf absoluter Höhe gehalten. Ich denke mal, mit ihren Laserstrahlen könnte Trumpf locker den Mond in Scheiben schneiden. So ähnlich stelle ich mir das vor, und ich will unbedingt noch erwähnen, dass der verstorbene Vater als großer Kunst- und Kulturmäzen Stuttgart und Umgebung schwer bereichert hat.

Allein in meiner kleinbemessenen Umgebung sind jede Menge «Global Player» unterwegs. Qualitätsvolle Elektrowerkzeuge werden von Festool an die Restwelt abgegeben, aus meinem näheren Bekanntenkreis will ich noch die Firma Festo erwähnen, die nichts mit Werkzeugen zu tun hat, sondern sich mit komplizierter Automatisierungstechnik beschäftigt. Es wurde mir schon ein paarmal erklärt, was da genau im Schwange ist, aber ich habe letztlich nur kapiert, dass es sich hier um Weltklasse dreht. All diese Unternehmen sind in der Metropolregion Stuttgart, dem mittleren Neckarraum, ansässig, und es gibt wahrscheinlich in Deutschland nirgends solch innovationsschwangere Koordinaten.

Heilig's Blechle

Der Donnerschlag der neuen Zeit und das Ende der schwäbischen Armut begann, wie schon gesagt, mit den Maschinen der Textilindustrie, die Initialzündung war aber die Erfindung des Autos. Und wenn wir schon von Zündung sprechen, betritt sogleich wieder Robert Bosch die Bühne, denn er lieferte den entscheidenden Funken für den Verbrennungsmotor.

Für den gestandenen Schwaben war und ist ein Mercedes wie ein selbstverliehener Nobelpreis, und der Gottlieb wird letztlich wie ein Sohn aus der Nachbarschaft behandelt. Ja, der Gottlieb aus Schorndorf. Gottlieb Daimler (1834–1900) und Carl Benz (1844–1929) hatten sich nie persönlich getroffen, erfanden aber 1886 im Grunde zeitgleich das Automobil, indem Carl Benz drei Räder an sein Vehikel schraubte und Gottlieb Daimler es dann mit vier Rädern und einem stark verbesserten Motor herumkurvte.

Weil Carl Benz weder auf Vorarbeiten zurückgreifen konnte, noch bis dahin eine Lösung für die Lenkung eines vierrädrigen Fahrzeugs gefunden worden war, konzentrierte er sich vorerst auf den Bau eines Dreirades. Das im Jahr 1886 entstandene «Velociped» kann trotz seiner Beschränkung auf drei Räder als das erste Automobil der Welt gelten. Seine Frau Bertha setzte sich im August 1888, diese Geschichte ist bekannt, heimlich hinter das Steuer und rumpelte los, von Mannheim nach Pforzheim, immerhin fast 100 Kilometer.

Bertha war sich sicher, dass ihr Mann ihr dieses Abenteuer nie erlaubt hätte. Unterwegs musste sie kleine Reparaturen vornehmen. Eine Benzinleitung verstopfte, die Zündung machte Mucken, und auch die Antriebskette musste Bertha flicken. Bergauf brauchte es helfende Muskeln, welche die Kiste den Berg hinaufschoben, Treibstoff wurde in der Apotheke gekauft. Befeuert wurde Berthas fahrbarer Motorwagen mit dem Reinigungsmittel Ligroin.

Im gleichen Jahr und nur 100 Kilometer entfernt stellte Daimler die Motorkutsche vor. Sie gilt als das erste vierrädrige Automobil der Welt. Im Wesentlichen ist dieses Automobil eine leichte Kutsche, in die eine überarbeitete und leistungsstärkere Version der «Standuhr», so der Spitzname einer bahnbrechenden Motorerfindung, eingebaut war. Da Daimler die weiteren Einsatzgebiete seiner Motoren früh erkannte, erwog er bereits 1886 die Motorisierung von Booten, Schienenfahrzeugen und auch der Luftfahrt. Das Epizentrum der Tüftelei ist in Cannstatt zu finden, wo Daimler nach seinem Weggang in Deutz eine Villa samt Garten erwarb und sich selbstständig machte.

Also auf nach Bad Cannstatt in den Kurpark. Dort befindet sich das schöne Kurhaus und ganz in der Nähe, zwischen Bäumen und einem angrenzenden Park, steht eine Art Gewächshaus. Es ist der heilige Gral einer weltverändernden Entwicklung, ein bedeutender Platz des schwäbischen Erfindergeistes, denn in diesem Gewächshaus wurde erheblich Krach verursacht und sogar nachts gewerkelt. Die Umtriebe gingen so weit, dass auch mal der Schutzmann kam, da der Gärtner bei dem ganzen Lärm eine Geldfälscherwerkstatt vermutete. Unter Mithilfe des Heilbronners Wilhelm Maybach entwickelte Daimler hier in den 1880er-Jahren einen schnell laufenden kleinen Verbrennungsmotor mit Benzinantrieb.

Diese Versuchswerkstatt im Gewächshaus in Cannstatt habe ich mehrmals besucht, nicht nur wegen des dort ausgestellten Motorboots, sondern weil es ein so schöner Platz ist, ideal für einen Sonntagsspaziergang.

Die geschichtsträchtige Firma Daimler-Benz wechselte immer wieder mal geringfügig den Namen. Sie hieß auch mal Daimler-Chrysler AG. Dann Daimler AG. Darauf besann man sich wieder auf die Verdienste des Mannheimers Carl Benz. Wie auch immer, der prestigeträchtige Name Mercedes trat wieder in den Vordergrund, und heute nennt sich die schwäbische Ikone Mercedes-Benz AG.

Die Autos dieser Marke sind wirklich des Schwaben «Heilig's Blechle», und ich bin damit aufgewachsen. Ich war höchstens vier Jahre alt, es war um 1953, als mein Vater, der Herr Tierarzt, mit seinem Mercedes 170V auf die Bauernhöfe fuhr. Das brachte ihm bei den Bauern mehr Reputation ein als der Doktortitel, und für mich gab es kein größeres Abenteuer, als mit Papa, der sich wie ein Rennfahrer gebärdete, in der Stadt und über Land herumzudüsen. Papa preschte die Rinderbacher Gasse entlang und quietschte dann durch die mittelalterliche Enge des Rinderbacher Turms auf die Glocke-Kreuzung zu. Ich hielt mich am Türgriff fest, Papa stieg in die Eisen und brüllte «Notbremsung». Sitzgurte gab es noch nicht. Den Türgriff als Rettungsanker umklammert, schlug ich nach vorne, und die Türe ging auf. So etwas passierte sicherlich immer wieder, und so bin ich vielleicht daran beteiligt gewesen, dass wenig später die automatische Türverriegelung entwickelt wurde. Klein Vinzle machte den Abflug, überschlug sich nach vorne ins Freie und saß auf dem Trottoir.

Wie sortiert man nach einer solchen Karussellfahrt seine Orientierung? Ich stand heldenhaft auf, glotzte wie aus einer Zentrifuge entlassen, nichts tat mir weh, doch der Schreck griff voll in die Eingeweide. Für meinen Vater war dies alles kein Anlass zur Sorge oder gar zu einem Wort des Trostes. «Einsteigen, weiter geht's!» So gedieh ich zum Jungmann und späteren Mercedesfahrer. Was anderes kam in meiner Familie einfach nicht in Frage.

Sosehr mich die alte Dichtkunst und die Malerei vom Mittelalter bis heute interessieren, so sehr betört mich nicht nur der Duft von Thymian, Zickleinbraten oder Tahiti-Vanille, sondern auch der von Benzin. Als relativ schlampiger Motorradbastler weiß ich immerhin, wie ein Viertaktmotor sein Leben verbringt: ansaugen, verdichten, zünden und alles hinaus zum Exhaust.

Die Neugierde hat kein Ende, und als ich meiner Elisabeth vorschlug, wir könnten doch mal das Mercedes-Benz Museum besuchen, stieß ich auf erheblichen Widerstand. «Die Autos send unser heutige Pescht!», schallte es wie Moses vom Berg Sinai. «Ganz Deitschland isch verschtopft und Stuagart erscht recht!» Rumms.

Als routinierter Ehemann gab ich keine Widerworte, unternahm aber nach ein paar Wochen wieder einen Anlauf. Von Autos war nun überhaupt keine Rede, sondern von der fulminanten Kühnheit dieses Bauwerks. Wenn ich kurz einwerfen darf, das Mercedes-Benz Museum gehört zu den schönsten Bauwerken Europas. «Gell», sagte ich zu meiner Frau ganz vorlaut und ohne jede Übertreibung: «Des könnta mir mol g'nauer angucken.» Elisabeth, die Architekturvernarrte, antwortete prompt mit «Ja» und dachte offensichtlich gar nicht daran, was dieses wundervolle Bauwerk innen beherbergt.

Da standen wir nun recht klein vor etwas sehr Großem. Das Mercedesmuseum ist beeindruckend und gewaltig, alles ist rund und glänzt in der Farbe der Silberpfeile. Auf sportplatzbreiten Stufen steigen wir dem Portal zu, und ich muss unwillkürlich an die Akropolis denken. Elisabeth wird immer schweigsamer. Wir treten ein, und das Foyer zieht sich ins Vertikale, als wäre es ein Trichter zum Himmel. Ein feudaler Glasaufzug fährt uns dem Himmel zu. Danach beginnt der Abstieg. Ich glaube, das nennt man raffinierte Didaktik, oder auf Deutsch, «wie sage ich es meinem faulen Kinde». Der dunkle Holzboden glänzt wie ein Spiegel. An der Außenrundung bekommt man einen Geschichtsunterricht untergeschoben, wird fast beiläufig über den Gang und das Fortschreiten der Menschheit aufgeklärt.

Ganz oben schildern Schautafeln die Pioniere und wie ab 1886 der Motorenlärm das Hufgetrappel übertönte. Der Reitwagen von Gottlieb Daimler ist zu sehen, sozusagen das erste Motorrad überhaupt, und alles wird detailliert erklärt. Davor steht mitten im Raum das Dreirad von Carl Benz. Das Boot, mit dem Daimler den Neckar beschipperte, ist nicht zu übersehen, und dann folgt Daimlers Geniestreich, die schwarze, vierrädrige Kutsche, ein richtiges Auto mit Lenkung der beiden Vorderräder. Ich finde es wirklich erstaunlich, die ganze Anordnung der Exponate hat nichts Verstaubt-Museales, sondern der Raum wirkt, wie alle anderen hier, ziemlich elegant und modern. Elisabeth ist immer noch ganz still.

Wir schlendern sanft auf dem Hirnholzboden die riesige Schneckennudel hinab auf die Ebene 7. Hier stehen die Reisewagen, die ersten richtig modernen Autos der Jahrhundertwende, mit Federung, Samtsitzen, regenfestem Verdeck und feinen Accessoires. Da wird der Außenspiegel einer Karosse schon zu einem Sotheby's-Versteigerungsobjekt. Schaut man diese Kunstwerke nur flüchtig an, so glitzert und oszilliert das polierte Metall, als wären die Chaisen aus purem Gold. Weiter geht es zur Reiseabteilung, Autobusse und große Reiselimousinen werden hell angestrahlt. Weiter hinab folgen pragmatischere Gefährte, die dem Transport dienen, Lastwagen, Tankwagen. Dann kommen die Flügeltüren-SL und der Uhlenhaut 300 SLR, für mich das schönste Automobil überhaupt. Ich könnte noch seitenweise über die insgesamt 1500 Autos und Ausstellungsobjekte schwärmen, will aber auch erwähnen, dass ich privat mit einem VW über den Asphalt schleiche. Auch Elisabeth ist von dem Museum nun restlos begeistert, denn was man hier sieht, ist exzellente Handwerkskunst.

Eine Etage weiter unten stehe ich da und mein Mund vollends offen. Hier sind die Träume meiner Jugend versammelt. Zu Weihnachten bekamen mein Bruder und ich, wir waren etwa zwölfjährige Bengel, ein jagdgrünes in Leinen gebundenes Buch des Schriftstellers George Monkhouse mit dem Titel *Autorennen mit Mercedes-Benz* von 1939. Es ist letztlich die Geschichte der Silberpfeile, die damit begann, dass der Mercedes-Rennleiter Alfred Neubauer sein taktisches Genie unter Beweis stellte. Der Mercedes W25 war dem Reglement gemäß um ein Kilo zu schwer, und so wurde über Nacht der Lack abgekratzt und abgeschliffen. Die «Silberpfeile» waren geboren und glänzten beim Nürburgrennen 1934 in blankem Aluminium. Okay, Historiker haben das als Märchen entlarvt, aber ich finde es zu schön, als dass ich darauf verzichten möchte.

In dem Buch werden berühmte Rennfahrer vorgestellt, Rudolf Carraciola, Bernd Rosemeyer, der sympathische Engländer Richard Seaman und Hans Stuck, dessen Sohn auch ein berühmter Rennfahrer ist. Der berühmteste Mercedespilot rollte jedoch erst in den Fünfzigerjahren an den Start. Juan Manuel Fangio hatte wie alle damaligen Rennfahrer keinerlei Sicherheitsgurte, Bordfunk oder Traktionskontrolle. Alles, was heutige Rennfahrer an elektronischen Hilfsmitteln zur Verfügung haben, das hatten diese Kerle im Hinterteil, der sensibelsten Zutat, die ein Rennfahrer zum Erfolg braucht.

Das tragfähigste Fundament jeden Erfolgs, und nicht nur im Schwabenland, sind Leute, die wissen, was sie tun. Egal, ob ein Installateur einen Wasserhahn repariert, ein Gärtner ein Beet anlegt oder ein Koch einen Braten in die Röhre schiebt, man muss dazu berufen sein und dafür brennen. Im Schwabenland gibt es jede Menge solcher Leute.

In der Werkstatt des Mercedes-Classic-Centers sind die Artisten obendrein so versiert, dass sie ausgefuchste Elektronik und die unzähligen Kabel eines McLaren-Mercedes auch sortierend wiederbeleben können. Und das alles geschieht zwischen Weinbergen, und für die Winzer gilt das Gleiche wie für die Handwerker des Holzes oder des Metalls.

Aufgebockt in der Mercedeswerkstatt

Sonntags Brötle und Salätle: zur schwäbischen Küche

Als ich mit meiner Frau in den Siebzigerjahren den «Postillion» mit Leben füllte, kamen manchmal auch Geschäftsleute aus Frankreich zu Gast, die Württemberger Wein bestellten und dann doch ziemlich schmunzeln mussten. Mir war das immer sehr peinlich, und so hatten wir von Anfang an eine beträchtliche Weinkarte mit französischen Gewächsen aus dem Burgund und dem Bordeaux. Die Württemberger Weine hatten damals noch gern ein bisschen Restsüße, waren gefällig und pauschal gesagt genau das, was man unter einem «Rentnerviertele» einordnet.

Es gab aber natürlich auch Besseres. Als einer der renommiertesten Weine aus meiner Gegend glänzte beispielsweise die Lage Untertürkheimer Gips, ein durchgegorener, trockener Spätburgunder, damals wie heute eine Rarität. Von Anfang an wollten meine Frau und ich ein Feinschmeckerrestaurant betreiben, und so musste dieser Wein her. Ich setzte mich ins Auto und fuhr nach Fellbach zum Weingut Aldinger. Der alte Aldinger ist übrigens, ganz nebenbei bemerkt, ein hervorragender Geschichtenerzähler und Mundartdichter. Damals musterte er mich etwas besorgt. Was will der junge Spund mit meinem Wein, und auch noch mit dem teuersten? Ich wurde also ausgefragt. Ihm war offensichtlich wichtig, dass sein edles Gewächs nicht in irgendeiner Kneipe verhökert wurde, und so musste ich ausschweifend Auskunft geben über mein Tun und Lassen. Auf die Frage, welchen Wein ich selbst gerne tränke, antwortete ich ganz unbefangen mit «Bordeaux». Zu dieser Zeit war der Bremer königliche Kaufmann und Weinhändler Hermann Segnitz eine Lichtgestalt für französische Weine, und er gab vielen jungen Kollegen Unterricht. Seine Preisliste war eine nahezu bibliophile, gebundene Broschüre. Es war zudem die Zeit der Nouvelle Cuisine und des enormen Einflusses von Paul Bocuse. Jedenfalls hatte ich von französischen Weinen mehr Ahnung als vom Württemberger. Schwäbischer Wein und schwäbische Küche waren noch nicht angesagt.

Dem Aldinger senior hätte ich das mit dem Bordeaux aber lieber nicht sagen sollen. Das Remstäler Urgestein schniefte heftig auf: «Was an Bordeaux trinkst du, spennscht du? Des ka ma ja net saufen!» Von diplomatischer Gesprächsführung hatte ich damals keine Ahnung und platzte heraus mit der Frage: «Henn Sie mol an Bordeaux probiert?» Aldinger sprach auf mich herunter wie von einer Wallfahrerkanzel, in seinen funkelnden Äuglein ahnte ich meine Vernichtung. «He Bua, i ond an Bordoox trinka? Also he, i ben doch ned bled. Warum soll ich denn so was trinken ond mit de Mage verderbe?»

Die Jahre gingen dahin, Sohn Gert entwickelte die Weinmacherei in unserer Gegend alsbald zu ungeahnten Höhen. Landauf, landab gibt es heute Württemberger Weine, sodass man nicht unbedingt ins französische Burgund fahren muss.

Ich will nun versuchen, den roten Trollinger ins rechte Licht zu rücken. Die letzten zwanzig Jahre habe ich mich von dieser Traube, die ursprünglich aus Tirol stammte, ferngehalten. Doch irgendwann las ich: Trollinger, das Aschenputtel unter den Weinreben. Der Wein steht in einer Tradition des Kneipenweins, der leicht und manchmal dünn in großen Mengen aus dem Henkelglas gekippt wurde. Ich erinnere mich noch gut, als manch wackerer Schwabe damit renommierte, er trinke jeden Tag mindestens 10 Viertele Trollinger.

Das Trinkverhalten hat sich über die letzten Jahrzehnte sehr verändert, weniger ist mehr. Die Winzer schneiden dem Weinstock einen Teil der Reben ab, damit die übrig gebliebenen mehr Kraft bekommen. Die alten Wingerter lamentierten lautstark, und das drang bis ins Religiöse vor: «Es isch a Sünd», solche Werte wegzuschneiden. Ich erinnere mich noch gut, wie viele Winzer klagten, der halbe Ernteertrag des Weinbergs verfaule auf dem Boden. Natürlich bedeutet dieses Vorgehen weniger Verdienst, aber auch erheblich mehr Qualität. In unseren Tagen kommt es deshalb zu Flaschenpreisen von bis zu dreißig Euro, was sie in der gleichen Liga wie die als sauteuer verschrienen Burgunder oder Bordeauxweine oder die italienischen Spitzengewächse einreiht. Beispielsweise hat ein Spitzen-Spätburgunder einen Pro-Hektar-Ernteertrag von ungefähr 33 Hektoliter oder weniger, der großbeerige Massenträger Trollinger bringt es auf 130 Hektoliter. Der Reichtum der schwäbischen Wingerter hat demnach auch mit dem Trollinger zu tun.

Ab und an habe ich mal ein Glas probiert, aber in meinen 50 Berufsjahren sind bestimmt keine 20 Viertele zusammengekommen. Beim Schreiben dieses Buchs musste ich mich notgedrungen, sozusagen als Selbstversuch und meinetwegen auch aus Patriotismus, dem Trollinger erneut und offen zuwenden. Infolgedessen habe ich viele Trollinger probiert, und potz Blitz, es war ungelogen kein einziger mehr darunter, der mir nicht geschmeckt hätte. Mit dieser Traube kann man heutzutage viel anstellen.

Allerdings läuft es mit der Gastronomie nicht so gut wie beim Wein. Der Wein ist, was die Qualität anbetrifft, immer noch straff auf dem Weg nach oben. Mit den bürgerlichen

Gasthäusern ging es jedoch eine Weile zunehmend hinab in die Zentralfritteuse. Die Winzer haben es geschafft, gute, wirtschaftliche Preise bei entsprechender Qualität durchzusetzen, was den bürgerlichen Wirtschaften leider nur in Ausnahmefällen gelingt. Die Kundschaft hat immer noch im Hinterkopf, dass Oma, Tanten und Verwandte in der Küche für Gotteslohn helfen, doch mit dem Ausscheiden dieser Generation ist auch viel Wissen verloren gegangen. Es wird zwar gebetsmühlenhaft der Gourmetstandort Württemberg besungen, das betrifft aber die Michelinliga, die letztlich mit dem echten Leben der Bürger nichts zu tun hat.

Ich bin jedoch zuversichtlich, und das ist bereits erkennbar, dass das Essen, das unsere Oma auch als solches erkannt hätte, dass also die nachhaltige, saisonale Landesküche zukünftig wieder mehr Bestand haben wird.

Küche, natürlich auch die schwäbische Kochkunst, ist für die Identität der Bevölkerung äußerst wichtig, und sie ist ohne Zweifel ein Kulturgut. Viele der Gerichte, die ich in meiner Wielandshöhe forciere, gehen eindeutig auf die Armenküche des Schwabenlandes zurück. Die Grundlage ist immer die landwirtschaftliche Diversität mit ihren Erzeugnissen. Wo der Wein wächst, ist das Klima günstig, und auf den rauen Steinäckern wachsen Kartoffeln nur ungern, dafür aber gutes Getreide. Die Ressourcen sind begrenzt, und so entstand bei geringen Mitteln, mit maximalem Erfindungsgeist, eine fantasievolle Küche.

Man fragt sich, wie kamen denn dann die Spätzle, die Linsen oder die Maultaschen ins Land? Nun, Schwaben war immer ein Durchgangsland, und es ist nicht so, dass die Italiener uns die Maultaschen gestohlen haben und sie nun als Ravioli besingen, sondern es war umgekehrt. Die Nudelware kam über die Alpen zu uns. Begünstigt wurde das durch die günstigen Wachstumsbedingungen des Getreides, das auch steinige Böden verträgt. Ebenso ist es mit den Linsen, je schlechter die Böden, umso besser die Linsen.

Fleisch gab es generell nicht viel. Ich erinnere mich noch an den Haushalt meines Großvaters in der sogenannten guten alten Zeit, wo man bei einem Bauern eine Sau kaufte und diese dann in der Waschküche schlachtete. Dafür gab es extra wandernde Hausmetzger, die man für diese Tätigkeit mit allen benötigten Werkzeugen engagieren konnte. Die Sau reichte für das ganze Jahr.

Der berühmte schwäbische Rostbraten fand in den privaten Haushalten im Alltag nur selten statt. Er war schon immer ein Gericht für Leute, die ein bisschen Geld übrig hatten oder sich ein Fest gönnen wollten, und dafür pilgerte man ins Gasthaus. Die Ernährungsweise war vernünftig und zum allergrößten Teil vegetarisch. Mit Ausnahme der Abendvesper, wo Speck, Dosenwurst und allerlei Geräuchertes auf den Tisch kam.

Neben dem Sonntagsbraten haben in Schwaben die Innereien einen hohen Stellenwert. Saure Schweinsnierle oder Kutteln etwa genießen bei uns einen gewissen Kultstatus, und um viele dieser Gerichte ranken sich die tollsten Geschichten. Ein Klassiker wäre der Gaisburger Marsch, benannt nach dem Stuttgarter Vorort Gaisburg. In der Kaserne Stuttgart-Berg hatten die Offiziersanwärter vor dem Ersten Weltkrieg das Privileg, auswärts essen zu dürfen. Infolgedessen marschierten sie im Pulk in die Bäcker-Schmiede, wo Eintopf von Rindersiedfleisch, Spätzle, Kartoffelstückchen und Schnittlauch angeboten wurde. Mittlerweile ist dies Traditionsessen nur selten zu empfehlen. Es eignet sich leider nicht gut zum Aufwärmen, denn dann sind die Kartoffeln verkocht und die Spätzle matschig.

Die echte schwäbische Küche, das ist ihr Dilemma, lässt sich kaum massentauglich rationalisieren. Letztlich ist sie eine Küche für fleißige Hausfrauen. Vielen schwäbischen Haushalten ist es zu danken, dass die schwäbische Küche weiter gepflegt wird.

Fahre ich übers Land, fühle ich mich manchmal wie in einer Gaststätten-Nekropole, jede zweite Wirtschaft ist dauerhaft geschlossen. Jetzt wollen Sie, liebe Leserinnen und Leser, vielleicht wissen, wie es weitergehen könnte, und ich habe da so meine Theorie. Grob gesehen hat sich in Old Germany seit dem Krieg alles ähnlich entwickelt wie in den USA. Mit dem Bubblegum hat es begonnen, und über die Steakhäuser und ihre riesigen Fleischbrocken sind wir nun mitten im Fast Food angelangt. Die Zukunft wird also Schnellrestaurants bieten, aber auch Wirtschaften mit gehobenen Preisen. Ich bin sicher, es werden viele schwäbische Lokale schon bald wieder aufblühen. Der Gast wird sich daran gewöhnen müssen, dass trotz einfacher Lebensmittel der Arbeitsaufwand für korrekte schwäbische Küche genauso hoch ist wie für die Sternegastronomie. Es ist heute schon so, dass fünfundsiebzig Prozent der Kosten für ein Essen nichts mit den Lebensmitteln zu tun haben, sondern mit den Lohnkosten und den Kosten für Bürokratie. Gute Restaurants, da bin ich mir sicher, werden die Fahne der schwäbischen Küche in die Zukunft tragen.

Der echte Schwabe hat, laut dem Schriftsteller und Satiriker Carl Julius Weber (1767–1832):

Montags Nudle,
Dienstags Kuttle,
Mittwochs Knöpfle,
Donnerstags Spätzle,
Freitags gedämpfte Grundbirn,

Samstags Pfannkuchen,
Sonntags Brötle und Salätle.

Wirft man am Ende all das zusammen, was aus der Woche so übriggeblieben ist, und hat vielleicht sogar noch ein paar Fitzel vom Sonntagsbraten in petto, nennt man das Durcheinander, oder Sparsamkeit. Im Schwabenland wird nichts Essbares weggeworfen, und das Schwäbische hat für dieses «Resteessen» das Wort «Durranand» oder die grandiose Wortschöpfung «Katzagschroi» («Katzengeschrei») parat. Dahinter steckt der Gedanke, dass die schwäbische Sparsamkeit, oder anders formuliert, der schwäbische Erfindergeist, selbst Reste noch zu etwas Köstlichem macht und sie nicht etwa den Haustieren gönnt.

Im Folgenden präsentiere ich nun eine Reihe von schwäbischen Klassikern, natürlich ohne jeden Anspruch auf Vollständigkeit.

Schwäbischer Rostbraten

Im Rostbraten steckt ganz prominent das Wörtchen «rösten» drin. Deshalb sollte ein guter Rostbraten nicht als brikettartiger Fleischbrocken geschnitten sein. Also kein Rumpsteak in die Pfanne legen, wie mittlerweile üblich, sondern eine dünne Scheibe, nicht vom mittleren Rücken, sondern gegen den Hals zu. Dort findet man die Hochrippe, die auch mit etwas Fett durchzogen ist. Die äußeren Fettränder bleiben dran, und die Sehne, die das Fleisch abdeckt, wird ganz kurz eingeschnitten, denn beim Garen zieht sie sich zusammen, sodass sich das Stück Fleisch einrollen würde.

Infolge der Dämonisierung des Fettanteils, den Teile der Ärzteschaft betreibt, als handle es sich um tödliches Gewürm, ist der echte Rostbraten zu mageren Steaks verkommen. Da die Röstfläche möglichst groß sein soll, darf das Portionsstück nicht dicker sein als ein Zentimeter, dafür aber fast tellerfüllend weit und breit.

Rostbraten für 2 Personen

ZUTATEN

2 Scheiben	Rinderrücken, möglichst von Halsansatz, à ca. 180 g
1	Zwiebel in hauchdünnen Scheiben
2 TL	Butter zum Binden
1/8 ℓ	Rotwein
	etwas Öl
	Pfeffer und Salz

Die Fleischscheiben flach klopfen, der obere Fettrand sollte noch dran sein. Er wird in Zentimeterabständen etwas eingeschnitten. Das Fleisch pfeffern und salzen. Eine große Bratpfanne erhitzen und mit etwas Öl die Rinderrückenscheiben scharf von beiden Seiten jeweils ein bis zwei Minuten rösten. Das Fleisch aus der Pfanne nehmen und zur Seite stellen.

Die Zwiebel halbieren, in dünne Scheiben schneiden und in derselben Pfanne mit dem Bratensatz und etwas Öl goldbraun braten. Salzen. Die Zwiebeln aus der Pfanne nehmen und auf die Fleischscheiben geben. Sofort die noch heiße Pfanne wieder aufs Feuer geben und mit dem Rotwein ablöschen. In den kochenden Wein die Butter geben und unter heftigem Kochen so lange rühren, bis sie vergangen ist. Die Fleischscheiben in die Pfanne geben. Die Oberseiten sollten nicht mit der Flüssigkeit in

Berührung kommen. Den Fond ein, zwei Minuten reduzieren, sodass eine sämige Sauce entsteht. Anrichten.

Anmerkung: Der Rostbraten schmeckt mit etwas Fettrand besser. Wer das nicht mag, kann ihn wegschneiden. Das Gericht nennt sich im Französischen *Steak à la minute*, was uns signalisiert, dass es ein sehr schnelles Gericht ist. Gelingt alles, so dauert die ganze Prozedur nicht länger als zehn Minuten.

Brägele für 2 Personen

ZUTATEN

500 g	Pellkartoffeln
1	Zwiebel
1 EL	Schmalz oder Butter

Die Kartoffeln schälen und in feinste Scheiben schneiden. Dazu kann ein Gurkenhobel zu Hilfe genommen werden. Das Fett in der Pfanne anheizen. Zwiebel halbieren und ebenso in feinste Scheiben schneiden. Kartoffeln und Zwiebeln goldbraun schwenken. Für Bratkartoffeln verwendet man eine Eisenpfanne, die nicht anklebt. Das hört sich recht romantisch an, aber die wenigsten werden so etwas besitzen. Wenn man keine hat, nimmt man eine beschichtete Pfanne. Taugt die Pfanne nichts, ist alles vergebens.

Die Brägele (Bratkartoffeln), im Badischen meist besser als im Schwäbischen, sollten nicht zu lange gebräunt werden. Ein häufiger Fehler ist, dass man die Kartoffeln übertrieben krustig haben will. Das Ergebnis: knochentrockene Kieselsteine.

Gaisburger Marsch für 4 Personen

Dieses Gericht variiert stark, man nimmt halt, was man hat. Unabdingbar sind aber Rindersiedfleisch, Spätzle, Kartoffeln, Fleischbrühe und Schnittlauch.

ZUTATEN

500 g	Suppenfleisch vom Schulterblatt
2	Zwiebeln
200 g	Mehl
2–3	Eier
	etwas Salz
4	Kartoffeln
2	Karotten
1	große Petersilienwurzel
1	kleines Stück Sellerie
5	Pfefferkörner
	Prise Muskat
1	Stange Lauch
	etwas Pfeffer
2 EL	Butterschmalz
1 Bund	Schnittlauch

Zubereitung

Das Fleisch ca. 1 Stunde in einem Topf mit ca. 2 Liter ungesalzenem Wasser sanft kochen. Den dabei entstehenden Schaum immer wieder abschöpfen. Eine Zwiebel mit der Schale halbieren, in einer Pfanne ohne Fett auf den Schnittstellen dunkel rösten und mit in den Topf geben.

Für die Spätzle das Mehl in eine Schüssel geben, das Mehl in der Mitte eindrücken und die Eier und eine Prise

Salz dazugeben. Alles mit einem Kochlöffel vermengen und so lange schlagen, bis ein glatter Teig entstanden ist. Die Teigschüssel mit einer Klarsichtfolie verschließen und den Teig eine halbe Stunde ruhen lassen. In der Zwischenzeit einen großen Topf mit Salzwasser zum Kochen bringen. Ein Spätzlebrett kurz in das kochende Wasser tauchen und ca. 2 EL Teig darauf streichen. Den Teig mit einem angefeuchteten Teigschaber zuerst flach streichen und dann dünne Streifen ins kochende Wasser schaben. Wenn die Spätzle gar sind, steigen sie nach oben. Mit einem Sieblöffel die Spätzle aus dem kochenden Wasser schöpfen, kurz in eine Schüssel mit kaltem Wasser geben und anschließend abseihen. Das Ganze so lange wiederholen, bis der Teig aufgebraucht ist.

Die Kartoffeln schälen, würfeln und in Salzwasser weichkochen. Karotten, Petersilienwurzel und Sellerie putzen, schälen und in ca. 1 cm große Würfel schneiden. Nach ca. 1 Stunde Kochzeit die Gemüsewürfel, Pfefferkörner und Muskat mit in den Fleischtopf geben. Alles ca. 30 Minuten weiterkochen, bis das Fleisch weich ist. Den Lauch waschen, putzen, in Ringe schneiden und die letzten fünf Minuten in der Fleischbrühe mitkochen. Das Fleisch und die Gemüsewürfel aus der Brühe nehmen. Die Brühe passieren, ca. 1 Liter davon wieder aufkochen und mit Salz und Pfeffer abschmecken.

Die Zwiebel schälen, in feine Streifen schneiden und in einer Pfanne mit Butterschmalz braun anschwitzen. Schnittlauch fein schneiden.

Das Fleisch in ca. 1 cm große Würfel schneiden. Spätzle, Gemüsewürfel, Kartoffeln und Fleisch in eine Suppenterrine geben, mit der heißen Fleischbrühe auffüllen und den Eintopf mit den geschmälzten Zwiebeln und Schnittlauch garnieren.

Luggeleskäs für 2 Personen

Luggeleskäs sieht aus wie unser heutiger Hüttenkäse, ist jedoch mit Lab fermentiert, und die kleinen Kügelchen erinnern sehr an Gummi, ähnlich dem Mozzarella. Luggeleskäs nach meiner Art geht so: Einen Liter Milch in eine Schüssel geben, mit dem Saft einer Zitrone vermengen und drei bis vier Tage mit einem Tuch abgedeckt bei Wohnzimmertemperatur stehen lassen.

Dann nachschauen, es müsste sich Molke vom Milchkuchen getrennt haben. Ein Salatsieb mit einem Geschirrtuch auslegen und die geronnene Milch hineinschütten. Den Milchkuchen (Bruch) im Tuch gut ausdrücken und wegen der Haltbarkeit nach Belieben salzen. Oder man lässt ihn völlig natürlich und kann ihn dann auch als Süßspeise verwenden. Die Molke etwas salzen, sie ist ein hervorragend gesundes Getränk.

Brennsupp

Die schwäbische Küche kommt aus einer Zeit, als es mit der Ernährung genau umgekehrt war wie heute. Einem Dicken wie mir wurde nachgesagt, er sei gut durch den Winter gekommen, und lese ich in alten Kochbüchern etwas über «Diät», so finden sich hauptsächlich Rezepte, die darauf abzielen, jemanden wieder aufzupäppeln.

Ich habe es mehrmals erwähnt, grob gesehen teilte sich die schwäbische Küche an der Höhenlage. Im Tal mit warmer Witterung und guten Böden ließ es sich leichter leben als auf den steinigen Höhen der Alb. Daher kommt auch der Spruch: «Der kommt auf'dr Brennsupp daher.» Brennsupp ist die absolut unterste Hungerleiderversion einer Suppe. Ein Esslöffel Fett, früher immer Schweineschmalz, und zwei Esslöffel Mehl kommen in den Topf und werden braun geröstet. Ein halber Liter Wasser steht bereit und wird nun auf einen Ruck in den Topf befördert und mit dem Schneebesen verrührt. Pfeffer und Salz, fertig, das war's. Meine Schwiegermutter, die unvergessliche Käthe, kannte in ihrer Küche zwei Gewürze. Salz und dann noch Pfeffer aus dem Tütchen, letztlich Niespulver. Der Bruder meines Opas ernährte seine Familie mit Frau und zwei Buben von fünf Kühen. Insofern hatte ich nie Annäherungsprobleme mit meinen Schwiegereltern, die auch von fünf Kühen lebten. Brennsupp mache ich mir am freien Tag in Minutenschnelle im Winter, immer dann, wenn es mich friert. Die Zutaten sind wenige, aber dafür auf höchstem Niveau: Butter in den Topf, bestes Dinkelmehl dazu, und zwei Gläser Consommé lagern bei mir immer im Kühlschrank. Davon wird ein halber Liter mit dem Schneebesen eingerührt, hinzu kommt Meersalz, Periyar-Pfeffer und etwas Muskat. Nebenbei geraunt, ist vielleicht gerade keine Consommé im Kühlschrank, kommt Instantbrühe ins Gebrodel.

Mit dem Handmixer wird alles schaumig geschlagen und dann mit reichlich Schnittlauch serviert.

Schwäbische Kutteln

Den Kutteln verdanke ich viel. Es war in den späten 1970er-Jahren, als der berühmte Esskünstler Wolfram Siebeck das Remstal aufsuchte und in Schwäbisch Gmünd im «Postillion» einkehrte. Mit meiner Frau war ich dort seit vier Jahren am Werkeln. Als Koch hatte ich es zu einer bescheidenen Regionalgröße gebracht, und nun saß der gefürchtete Siebeck an Tisch fünf, um Kutteln zu essen.

Ich hatte Glück, denn Siebeck lobte meine Remstalkutteln, die mit Beutelsbacher Apfelmost aufmunitioniert waren, und schrieb darüber sogar im *Zeitmagazin* eine ganze Seite. Das bundesdeutsche Gourmetvolk, jedenfalls seine Anhängerschaft, pilgerte daraufhin zum Nabel der Welt ins Remstal, nämlich nach Schwäbisch Gmünd. Daraufhin folgte der Michelinstern, und wie es so weiterging, ist hinlänglich bekannt.

Warum es mich dann nach Stuttgart zog? Das konnten die Schwäbisch Gmünder mit ihrem speziellen «Graddl» (einer netten Form von Größenwahn) gar nicht verstehen. «Wie kann man als Erbe der Hohenstaufer das Remstal verlassen und sich in die pietistische Grube Stuttgart einbohren?» Auf solche Argumente reagierte ich etwas maulfaul. Ein Altgmünder meinte, wenn ich Stuttgarter werden würde, wäre in Gmünd einer weniger. Na ja, die Konstante der Menschheit dürfte das Vorurteil sein.

Ich nahm das so stoisch hin wie die Kuttelsuppe ihren schlechten Ruf. Im Norden der Republik wird diese Götterspeise als Hundefutter verleumdet. Wobei zu bedenken wäre, dass Hunde- und Katzenfutter in den letzten Jahren bessere Qualität aufweisen und zumindest auch teurer sind als bürgerübliche Supermarktnahrung.

Man könnte die Remstäler Apfelsaft-Rotwein-Kutteln als ein Signet zum Lob der Heimat benennen, und ich gebe noch eins obendrauf. Dort, wo es Kutteln gibt, da lass dich fröhlich nieder. Kutteln gibt es nur in Landstrichen mit einer kulinarisch gebildeten Bevölkerung, welche gern dort siedelt, wohin wir bevorzugt in Urlaub fahren. Die Franzosen haben die *Tripes*, der Italiener seine *Trippa*, die Spanier sind berühmt für ihre *Callos o mondongo a la madrileña*, die Griechen feiern ihre *Margiriza*. All diese Spielarten sind auch eine Form von Völkerverständigung. Es lebe der Kuttelkosmos, der leider nie die puritanischen Landstriche wie Skandinavien, England und den amerikanischen *Bible Belt* beglückt hat.

ZUTATEN FÜR 4 PERSONEN

300 g	Rinder- oder Kalbskutteln (geputzt und üblicherweise vorgekocht)
100 g	Schalotten
1	Fleischtomate
1 Stück	geräucherte Speckschwarte
1	Kalbsfuß, etwas zerteilt
30 g	Butter
1 TL	Tomatenmark
1/2 ℓ	Bouillon
50 g	frischer Lauch
50 g	Sellerie
50 g	Karotten
1 TL	Mehlbutter
1 geh. EL	gestoßener Koriander
1 EL	Apfelessig
1/2 ℓ	Apfelsaft
1/2 ℓ	Rotwein
1/4 ℓ	braune Sauce
	Salz, Pfeffer aus der Mühle

Die Kutteln in feine Streifen schneiden. Schalotten schälen und ebenfalls in feine Streifen schneiden. Die Tomate fein würfeln: Speckschwarte und Kalbsfuß in der Butter mit Tomate und Tomatenmark gut anrösten, die Schalotten ebenfalls in den Topf geben. Sind diese braun, wird mit Rotwein aufgegossen. Das Ganze zwei Stunden sanft kochen lassen. Nun kommen die Kutteln in die Brühe, und es wird mit Apfelsaft und brauner Sauce aufgegossen. Die Kutteln im Fond garen, bis sie weich sind. Die Garzeit der Kutteln hängt davon ab, wie lange der Metzger sie vorgekocht hat. Man muss also immer wieder ein Löffelchen probieren.

Inzwischen Lauch, Sellerie und Karotten waschen, schälen und in feine Streifen schneiden. Sind die Kutteln weich, ist auch der Fond reduziert. Den Kalbsfuß, egal ob zerfallen oder nicht, herausnehmen. Um Sämigkeit zu erreichen, alles mit etwas Mehlbutter andicken. Die Gemüsestreifen, Koriander und Essig hineingeben und zehn Minuten kochen, dann mit Salz und Pfeffer abschmecken. Die Kutteln präsentieren sich in rotem Braun. Gestehen muss ich, dass in einfachen Wirtschaften die Kutteln in einer Einbrennsauce serviert werden, was ziemlich ärmlich schmeckt. Die hier beschriebenen Kutteln, die ich seit vierzig Jahren koche, sind inspiriert von den berühmten *Tripes à la mode du Caen*. Das sind Weltmeisterkutteln aus der Normandie, dem Land des Cidres und des Apfelsaftes.

Erkennt man den Wikinger an seinem Hornochsenhelm, den alten Franzosen an der Baskenmütze, so könnte sich der Schwabe Spätzle um den Kopf wickeln, bis er den alten Sueben ähneln würde, die ihr blondes Haargestrüpp zu einem seitlichen Dutt bzw. Knoten bündelten. Werde ich als Spätzleschwab gehänselt, so ficht mich das gar nicht an, sondern es ist mir mehr eine Ehre.

Im schwäbischen Kochbuch von 1790 werden keine Kutteln erwähnt. Aber immerhin in meinem Schwabenkochbuch *Die vollkommene Köchin – oder neues schwäbisches Kochbuch* von 1844 finde ich ein Kuttelrezept, das heute noch Gültigkeit hat. Spätzle kommen nicht vor, bemerkenswerterweise aber «Risoto» (sic!), oder «Reis auf italienische Art».

Spätzle für 2 Personen

Über schwäbischen Erfindungsreichtum müssen wir nicht mehr diskutieren: Wäscheklammern, Zündkerzen, Waagen, Watte und so weiter … Es konnte nicht ausbleiben, dass sich die Daniel Düsentriebs am und um den Neckar Gedanken machten, wie man Spätzle arbeitssparend auf den Teller bringen kann.

Besonders gut eignet sich die Spätzlepresse, die aussieht wie eine riesige Knoblauchpresse. Durch die Löcher der Spätzlepresse gedrückt, fallen die Teigschnüre ins kochende Salzwasser. Sie sinken auf den Boden, und wenn sie wieder oben schwimmen, sind sie in wenigen Sekunden fertig und werden mit dem Schaumlöffel in kaltes Wasser gegeben oder gleich aus dem heißen Wasser auf den Teller gelegt. Diese Methode galt bei meinen Eltern als inakzeptabel («nasse Hunde»). Die Spätzle kamen auf ein Sieb, dann auf ein Tuch und einigermaßen trocken mit Butter in eine Pfanne. Bei dünnem Teig erhält man dünne, feine Spätzle, bei festerem Teig werden sie dick wie Regenwürmer.

Handgeschabte Spätzle sind in der Gastronomie mittlerweile eine Rarität. Auf der Wielandshöhe betreiben wir regelrecht Denkmalpflege. Die Spätzle werden vom Spätzlebrett geschabt. Dazu wird der Teig auf ein Brett gestrichen, das vorne abgeflacht ist, und mit schwungvollen Bewegungen per Messerrücken oder speziellem Schaber mit einer Wischbewegung ins Kochwasser geschabt.

Man könnte auch sagen, sie werden geschnitten, und es gibt Spätzleforscher, die sagen, das Wort Spätzle käme vom italienischen Begriff *spazzare*, für wischen. Das Ergebnis sind oft verkrüppelte und ausgefranste Würmer. Anfänger werden dabei daumendicke Wülste produzieren. Egal wie die Dinger aussehen, essbar bleiben sie immer.

ZUTATEN

200 g	Mehl
4	Eier
	Prise Salz

Das traditionelle Rezept stammt noch aus ärmeren Zeiten, in denen zur Bereitung des Teigs mehr Wasser als Eier verwendet wurden. Folgendes Rezept ist der feinen Küche und unserer Zeit angepasst.

Das Mehl in eine Schüssel geben, in der Mitte ein Loch freischieben und die Eier hineinklopfen. Alles mit einem großen Kochlöffel vermengen. Diesen Teig so lange bearbeiten (das kann auch mit dem Handrührer geschehen), bis er völlig glatt ist. Es ist vorteilhaft, den Teig mit Klarsichtfolie zu verschließen und noch wenigstens eine halbe Stunde ruhen zu lassen.

Einen großen Topf bis obenhin mit Wasser füllen, zum Kochen bringen und mit Salz würzen, ähnlich kräftig wie eine Fleischbrühe.

Man gibt einen kleinen Teil (ca. 2 Esslöffel) Teig auf das Spätzlebrett, das man vorher kurz ins kochende Wasser getaucht hatte. Den Teig mit dem ebenso nassen Teigschaber (man kann auch eine Palette nehmen oder ein großes Messer) flach streichen.

Nun schabt man mit dem Teigschaber oder oben genannten Gerätschaften dünne Streifen ins kochende Wasser. Die Spätzle gehen unter, und sobald sie gar sind, steigen sie an die Oberfläche. Mit einem Sieblöffel nimmt man sie heraus und gibt sie sofort auf den Teller. Oder aber: Man flutet sie in kaltem Wasser, dann auf ein Sieb und mit Butter in einer Pfanne schwenken. Evtl. noch etwas salzen.

Die einfachere Version wären die Allgäuer Knöpfle. Dazu nimmt man zum Mehl ganze Eier und gibt so viele davon hinein, dass ein dünnflüssiger Teig entsteht. Man hält ein Lochblech über kochendes Salzwasser, schüttet den Teig darauf, und die Tropfen fallen in das kochende Wasser. Sofort mit einer Gabel umrühren, damit sie nicht zusammenkleben.

Richtig gut wird alles, wenn man den Teig fester knetet und dann durch ein spezielles Lochblech streicht. Diese Lochbleche gibt es auch mit einem Schlitten, dem sogenannten Knöpflehobel, der nicht viel Geld kostet.

Jeden ersten Freitag im Monat stellte meine Mutter Krautspätzle auf den Tisch. Seit Jahrzehnten habe ich von dieser Variante nichts mehr gehört, deshalb an dieser Stelle eine Exhumierung.

Für die Zubereitung braucht es gleiche Teile Spätzle und fertig gegartes Sauerkraut. In der Stuttgarter Gegend, der zentrale Ort wären die Fildern, eine flache Hochebene über Stuttgart, genau dort, wo auch der Flughafen sich breitmacht, wächst das Filderkraut, andernorts auch Spitzkohl genannt. Kohlköpfe sind in der Regel rund, das Filderkraut ist spitzig wie eine Spitzpyramide. Krautmäßig gibt es nichts Besseres. Dass es so selten ist, liegt daran, dass die Sauerkrautindustrie lieber runde Köpfe hat, weil sie wie von selbst in die Schneidemaschinen rollen. Das ist aber noch nicht alles, denn das Filderkraut ist wesentlich dünnblättriger als die groben Rundköpfe, die der Schwabe allenfalls als Gefängnisspezialität akzeptiert.

Wir bereiten zuerst das Sauerkraut auf meine Art, es glänzt hell und ist das Gegenteil des braunen Matsches, von dem die Schutzbehauptung kursiert, dass es mit jedem Aufwärmen besser schmecken würde.

Schwäbisches Filderkraut nach Vincent Klink

Für 2 Personen

ZUTATEN

3	Zwiebeln, hauchfein gehobelt
100 g	Sauerkraut, frisch aus dem Eimerchen
1/2 TL	Bio-Gemüsebrühenpulver
1/8 ℓ	Riesling
1	Lorbeerblatt
1/2	zerdrückte Knoblauchzehe
1/2 TL	zerdrückte Wacholderbeeren
1 TL	Zucker
1 TL	Mehl
1 EL	Butter

Die Zwiebeln sollten genauso fein gehobelt sein wie das Kraut. Man nehme einen möglichst breiten Topf. Zwiebeln darin mit etwas Butter glasig dünsten. Den Knoblauch dazu, nichts darf braun werden, deshalb nur mäßige Hitze.

Den Riesling und die restlichen Zutaten (bis auf Butter und Mehl) mit dem Sauerkraut in den Topf geben. Mit einer Gabel auflockern und vermengen, pfeffern und salzen. Fünfzehn bis zwanzig Minuten kochen bei geschlossenem Deckel. Immer wieder umrühren und auflockern. Das Kraut sollte noch etwas Biss haben, und schmeckt es zu sauer, empfiehlt es sich, mit einer weiteren Prise Zucker die Säure auszugleichen.

Die Flüssigkeit sollte restlos eingekocht werden, dazu evtl. den Deckel abnehmen und bei großem Feuer reduzieren. Die Butter verflüssigen und mit dem Mehl vermengen (Gänseschmalz wäre auch sehr gut), untermischen und anrichten.

Nun haben wir ein elegantes Sauerkraut, das auch gut zu Fisch passt und wesentlich bekömmlicher ist. Die Idee der kurzen Garzeit habe ich aus der asiatischen Küche entlehnt. Nirgends wird so viel Kohl gekocht wie dort, und trotzdem riecht es nirgends nach Kohl.

Krautspätzle

Spätzle salzen, in Butter anwärmen und schichtweise mit Kraut eine Auflaufform füllen. Obenauf kommen sehr viel feingeschnittene, braun geröstete Zwiebeln. Alles mit grobem Pfeffer bestreuen, ordentlich salzen und so lange in den Ofen schieben, bis das Gericht gut durchgeheizt ist.

Pfitzauf für 4 Personen

ZUTATEN

250 g	Mehl
1/2 ℓ	Milch
100 g	flüssige Butter
1 EL	Zucker
	Prise Salz
1/2	Zitronenschale
5	Eier

Alle Zutaten mit dem Mixer gut vermengen und auch die 100 g flüssige Butter untermixen. Pfitzauf-Förmchen gut ausbuttern oder ggf. Kaffeetassen verwenden. Traditionelle, glasierte Pfitzauf-Förmchen sind nahezu ausgestorben. Sehr praktisch, wenn auch kleiner, wären Muffinförmchen aus Silikon.

Diese mit dem Teig zur Hälfte auffüllen und in einem auf 180 Grad geheizten Ofen backen und trocknen lassen, nach 45 Minuten die Ofentür aufmachen und die Pfitzauf ziehen lassen. Die Pfitzauf, daher der Name, sollten um das Dreifache aufgegangen sein, im Idealfall ähnlich der Größe eines Tennisballs. Ich habe es noch nie erlebt, die Dinger sind immer ein bisschen krumm und schief, aber innen hohl und saftig. Sie sollten schön braun sein, gegebenenfalls deckt man mit Alufolie während des Backens ab. Zum Essen werden die Ballone aufgerissen und in Marmelade getunkt. Ich liebe auch geschlagene und gesüßte Schlagsahne. Bei meiner Oma kamen sie oft am Freitag auf den Tisch. Entweder süß mit Apfelkompott oder ohne Zucker im Teig und dann mit Salat.

Fragt man schwäbische Eingeborene nach ihrem Lieblingsgericht, ich gehöre auch zu ihnen, wird mit der Antwort nicht lange herumgedoktert. Pfeilschnell schallt dem Fragenden die Ikone des schwäbischen Essens entgegen: Linsen mit Spätzle und Saitenwürschtle.

Die Linsen hatten in Altwürttemberg eine überlebenswichtige Bedeutung. Egal wie steinig und bockelhart der Boden, die Linse gedieh in Komplizenschaft mit der ebenso robusten Gerste, die zwar nicht sehr hoch wächst, aber an der sie sich hochwinden konnte.

Die Alblaisa (Alblinsen), ein geschützter Begriff, wurden nach dem Krieg immer weniger und waren bald ganz verschwunden. Der Ernteaufwand lohnte sich nicht mehr, denn man musste die Gerste und die Linsen zusammen durch die Dreschmaschine geben und dann von Hand alles wieder trennen. Oder sie wurden auf dem Feld separat geerntet und von den Bäuerinnen mühsam einzeln aus den Hülsen gepult. Mit den sich entwickelnden Löhnen wären die Linsen alsbald so teuer gewesen wie Kaviar. Der Bauer Woldemar Mammel, der jahrelang nach der schwäbischen Urlinse suchte, machte sich 2006 mit einigen Freunden auf den Weg nach St. Petersburg ins Wawilow-Institut, das Samen von mehr als 320 000 Pflanzen beherbergt, darunter allein 1000 Erdbeer- und 600 Apfelsorten. Und zackerlufft, wie der Schwabe sagt, waren beide Alblinsensorten dort zu finden, die Späth Nr. 1 und die Späth Nr. 2. Seitdem gilt Woldemar Mammel als der Linsenpapst.

Schaut man sich die alte schwäbische Küche an, ging es immer um möglichst viele Kalorien und die Eindämmung des Hungers. Es lebten im Land aber nicht nur arme Albbäuerle oder miserabel bezahlte Arbeiter, vor allem in den Städten gab es auch ein gutsituiertes Bürgertum. Beispielsweise druckte der Cotta Verlag in Stuttgart das vielgelesene *Morgenblatt für gebildete Stände,* das gehobene Bürgertum hielt sich oft eine Haushälterin. Insofern sind die Rezepte in den damaligen Kochbüchern nur wenig ausführlich, sondern setzen Kochkenntnisse voraus.

Vor mir liegt das *Neue Kochbuch oder geprüfte Anweisung zur schmackhaften Zubereitung der Speisen, des Backwerks, der Confekturen, des Gefrorenen und Eingemachten.* Ein Buchtitel so lang wie eine Eisenbahnschiene. Es sind zwei Bände mit jeweils ungefähr 600 Rezepten. Sie erschienen mit Herzoglich-Gnädigstem Privilegio in Stuttgart im Verlag Johann Friedrich Steinkopf im Jahr 1798. Die Autorin Friederike Luise Löffler legte damit im Schwabenland ihre helfende Hand über das Genussvolk. Sie war die Haushälterin am Hof Karl Eugens von Württemberg, und ihr Buch enthält den Kanon der heute noch bekannten Speisen. Das war neun Jahre nach der Französischen Revolution, dem Sturm auf die Bastille. Damals hieß es «Nieder mit dem Adel», und das gute Essen dieser Wohllebegesellschaft wurde bis hin zum Hedonismus eifrig gepflegt. Insofern enthält die Küche des Schwabenlands Einflüsse, die bis heute noch in die bessere Gesellschaft einsickern.

Der deutsche Südwesten aß schon immer besser als der Rest des Landes. Schwaben war wie bereits gesagt ein Durchgangsland, Reisende importierten ihre Essgewohnheiten, aber entscheidend war und ist bis heute die Nähe zu Frankreich, das seit eh und je eine hochstehende Kochkunst pflegte. In den schwäbischen Kochbüchern sind die Einflüsse so gegenwärtig wie in unserem Alltagswortschatz. Meine Oma nannte den Nachttopf Potchambre, sie sagte Portemonnaie und Trottoir. Es blieb nicht aus, dass aus einem Blancmanger vom Kalb das eingemachte Kalbfleisch wurde. Im Band 1 der

Löfflerin kommen noch keine Maultaschen vor und Spätzle gleich gar nicht. Im Band 2 von 1805 sind immerhin die Maultaschen genannt. Krebse gibt es in allen Variationen, Schnepfen, Krammetsvögel, Hasenpastete, der welsche Hahn ist ein Truthahn, gebackene Gänseleber in Trüffelsauce, ausgiebig werden Austern gefeiert, Fricassée von Froschschenkeln, Schokoladeneis, Himbeerschaum und so weiter. Die Welt der Gourmandise pflegte ein hohes Lied und damals wie heute: Gutes Essen war nie und wird nie demokratischer Ethik gerecht.

Und trotzdem, bei Tisch sind alle gleich. Ob ein Essen aus seltenen, teuren Zutaten oder aus Einfachem aus dem Garten besteht, mit oder ohne Fleisch – mit Seele zubereitet ist gutes Essen klassenlos. Egal für wen ich koche, es kommt immer von Herzen. Gehe ich durchs Lokal, von Tisch zu Tisch, und schaue in die Gesichter, freut es mich nicht, wenn es daraus spricht: «Oh, sieht das gut aus!»

Innere Jubelei rührt mich, wenn ich von einem Schwaben das höchste Lob bekomme: «Danke, Chef, ma hots essa könna!»

Also, liebe Leserinnen und Leser, nun haben Sie sich noch ein Bröcklein schwäbischen Humor eingeheimst. Zu allen sage ich: Guten Appetit!

Gasthäuser in der Region

Es verbietet sich, dass ich über meine Kollegen urteile. Insgesamt ist die gastronomische Szene derzeit so schwierig und arbeitsintensiv, dass ich froh bin, überhaupt noch Kollegen um mich zu haben. Es gibt sie aber noch, die guten Gasthäuser, man muss sie nur finden. So kam es zu dieser, natürlich sehr subjektiven, Auswahl. Ich konnte bei der Recherche zu diesem Buch erkennen, dass die normale mittelständische Gastronomie wieder prächtig gedeiht, selbst auf dem flachen Land empfiehlt es sich deshalb, immer einen Tisch vorzubestellen.

Hinweis: Wer auf der sicheren Seite sein will, sollte die Öffnungszeiten vor einem Besuch im Internet überprüfen, sie ändern sich oft kurzfristig.

Stuttgart Zentral

70193 Stuttgart
Speisekammer West
Rosenbergstraße 89
0711 93590622
www.speisekammer-west.de
So. geschl.

70182 Stuttgart
Weinstube zur Kiste
Kanalstraße 2
0711 244002
www.zur-kiste.de
So. geschl.

70168 Gablenberg
Wirtshaus Hasen
Gablenberger Hauptstraße 91
0711 464700
So. geschl.

70329 Stuttgart
Knausbira Stüble
Heumadener Straße 15
0711 428805
www.knausbira-stueble.de
Mo., So. geschl.

70771 Leinfelden-Echterdingen
Eselsmühle
Eselsmühle 1
www.eselsmuehle.com
0711 7542805
Tägl. 10–18 Uhr

70197 Stuttgart
Augustenstüble
Augustenstraße 104
0711 621248
www.augustenstüble.de
Mo., So. geschl.

70327 Stuttgart Wangen
Spelunkerei
Wolfeggstraße 2
0160 5308519
www.spelunke-stuttgart.de
Mo., Di. geschl.

70565 Stuttgart
Restaurant Waldhorn
Krehlstraße 111
0711 25513885
www.daswaldhorn.de
Mo. Di., So. geschl.

70567 Stuttgart-Möhringen
Gasthof Riedsee
Elfenstraße 120
0711 72 24 760
www.gasthof-riedsee.de
Mo., Di. geschl.

Stuttgart nördlich

74670 Sindringen, Hohenlohe
Die Kroneam Fluss
Untere Str. 2
07948 91000
www.krone-sindringen.de
Mo., Di. geschl., Hotel geöffnet

74673 Heimhausen, Hohenlohe
Landgasthof & Hotel Jagstmühle
Jagstmühlenweg 10
07938 90300
www.jagstmuehle.de
Täglich geöffnet

74206 Bad Wimpfen
Weinstube Feyerabend
Hauptstr. 74
07063 245
www.friedrich-feyerabend.de
Mo., Di. geschl.

97980 Bad Mergentheim, Stuppach
Gasthaus Zur Rose
Grünewaldstraße 8
07931 3304
www.rose-stuppach.de
Mo., Di. geschl.

71364 Winnenden/Hanweiler
Traube Hanweiler Hotel
Weinstraße 59
07195 139900
www.traube-hanweiler.de
Mo., Di., Mi. geschl.

75438 Knittlingen Hohenklingen
Gasthauszum Lamm
Maulbronner Steige 3
07043 6938
www.lamm-hohenklingen.de
Di., Do. geschl.

73494 Rosenberg/Ellwangen
Landgasthof Adler
Ellwanger Straße 15
07967 513
www.landgasthofadler.de
Mo., Di. geschl.

63916 Amorbach
Der Schafhof
Schafhof 1
09373 97330
www.schafhof-amorbach.de
Mo-Fr 18–21 Uhr, Sa., So. 12–14 Uhr, 18–21 Uhr

74193 Schwaigern
Hotel zum Alten Rentamt
Schlossstraße 6–8
07138 5258
www.altesrentamt.de
So., Mo., Di. geschl.

71642 Ludwigsburg
Krone Alt-Hoheneck
Am Neckar 19
07141 2394877
www.krone-alt-hoheneck.de
Di., Mi. geschl.

74379 Ingersheim
Gaststätte Linde
Austr. 12
07142 788024
www.gasthaus-linde-ingersheim.de
Di. geschl.

75433 Maulbronn-Zaisersweiher
Neue Krone Zasch
Mühlackerstr. 8
07043 1239007
www.neue-krone-zasch.de
Mi. geschl.

74081 Heilbronn / Flein
Gasthaus zur Linde
Hauptstr. 34
07134 18676
www.linde-ellhofen.de
Mo., Di. geschl.

74429 Sulzbach-Laufen
Restaurant Krone
Hauptstraße 44
07976 911910
www.krone-sulzbach.com
tägl. 17:30–23 Uhr

74189 Weinsberg
Rappenhof
Rappenhofweg 1
07134 5190
www.rappenhof.de
tägl. geöffnet

74395 Mundelsheim
Restaurant Ochsen
Heinrich-Maulick-Straße 2
07143 502 04
www.ochsen-in-mundelsheim.de
Di., Mi. geschl.

74232 Abstatt
Das Wildeck
Heilbronner Str. 16
07062 978 0
www.das-wildeck.de
So. Mo. geschl.

70469 Feuerbach
Lamm Feuerbach
Mühlstraße 24
0711 8822622
www.lamm-feuerbach.de
So., Mo., Di. geschl.

71634 Ludwigsburg
Post Cantz
Eberhardstraße 6
07141 923563
www.post-cantz.de
Mi., Do. geschl.

71723 Großbottwar
Alte Schmiede
Winzerhäuser Str. 2
07148 9689077
www.alte-schmiede-grossbottwar.de
Tägl. geöffnet

73494 Rosenberg (Württemberg)
Waldgasthof «Goldenes Kreuz»
Willa 1
07967 313
Mo., Di. geschl.

Stuttgart östlich

89129 Langenau – Hörvelsingen
Pflugbrauerei Hörvelsingen
Wirtsgasse 7
07348 6237
www.pflugbrauerei.de
Mi. geschl.

88477 Schwendi
Hotel Oberschwäbischer Hof
Hauptstraße 9
07353 98490
www.oberschwaebischer-hof.de
So., Mo. geschl.

73525 Schwäbisch Gmünd
Café Margrit
Johannisplatz 10
07171 30536
www.cafe-margrit.de
Täglich geöffnet

71384 Weinstadt-Baach
Gasthof Adler
Forststraße 12
07151 65826
www.adler-baach.de
Mo., Di. geschl.

71570 Oppenweiler
Einhorn
Hauptstraße 55
07141 923563
www.restaurant-einhorn.de
Mi., So. geschl.

73252 Lenningen / Schlattstall
Gasthaus Hirsch
Albstraße 1
07026 7216
www.hirsch-schlattstall.de
Di., Mi. geschl.

73340 Amstetten-Stubersheim
Stubersheimer Hof
Bräunisheimer Straße 1
07331 4429970
www.stubersheimer-hof.de
Mo., Di. geschl.

73117 Wangen
Landgasthof Adler
Hauptstr. 103
07161 21195
www.adler-clement.de
Mo., Di. geschl.

88178 Heimenkirch
Meckatzer Bräustüble
Meckatz 8
08381 1573
www.meckatzer-braeustueble.de
Mo., Di. geschl.

89073 Ulm
Zur Forelle
Fischergasse 25
0731 40076105
www.zurforelleulm.de
Di. geschl.

73337 Bad Überkingen – Oberböhringen
Gasthaus Zum Hirsch
Altenstädter Straße 2
07331 63230
www.gasthaus-hirsch-oberboehringen.de
Di. geschl.

73655 Bärenbach-Urbach
Gaststätte Bärenhof
Bärenbach 2
07181 81676
Mo., Di. geschl.

86747 Maihingen
Gasthaus «Zur Goldene Sonne»
Hauptstraße 28
09087 226
www.sonne-maihingen.de
Di., Mi. geschl.

89555 Steinheim am Albuch
Ringhotel sKreuz
Hauptstraße 26
07329 96150
www.skreuz.de
So. geschl.

70327 Stuttgart-Untertürkheim
Restaurant Alte Kelter
Großglocknerstraße 36
0711 333733
www.altekelter.com
Mo., Di., Mi. geschl.

73733 Esslingen am Neckar
Hotel-Restaurant Kelter
Kelterstraße 104
0711 9189060
www.hotelkelter-esslingen.de
Mo. Di. zu

72401 Haigerloch – Bad Imnau
Gasthof Eyachperle
Sonnenhalde 2
07474 95350
www.eyachperle.de
Mo., Di. geschl.

73061 Ebersbach-Roßwälden
Zum Bäckerhaus
Dorfstr. 13
07163 8757
www.zumbaeckerhaus.jimdofree.com
So., Mo., Di. geschl.

73084 Salach, Burg Staufeneck
Restaurant Burg Staufeneck
07162 933440
www.burg-staufeneck.de
Mo., Di., Mi. geschl.

73529 Schwäbisch Gmünd
Gasthaus Stern Metlangen
Reitprechtser Straße 15
07171 9994010
www.sternmetlangen.de
Mo., Di., Sa. geschl.

71566 Althütte
Landgasthof Lamm
Holunderweg 2
07183 42193
www.lamm-waldenweiler.de
Di., Mi. geschl.

73479 Ellwangen (Jagst)
Seegasthof Espachweiler
Bussardweg 1
07961 7760
www.seegasthof.net
Do., Fr. geschl.

71566 Althütte
Restaurant Strohbecks
Voggenhof 5/1
0 7183 428020
www.strohbecks.de
Mo., Di. geschl.

73207 Plochingen
Restaurant Stumpenhof
Stumpenhof 1
07153 22425
www.stumpenhof.de
Mo., Di., Mi. geschl.

Stuttgart südlich

72160 Horb am Neckar/Bildechingen
Straub's Krone
Lindenbrunnenstraße 2
07451 7081
www.straub-krone.de
Mo. geschl.

72525 Münsingen
Gasthof Herrmann
Ernst-Bezler-Straße 1
07381 18260
www.hotelherrmann.de
Täglich geöffnet

71083 Herrenberg
Hasen
Hasenplatz 6
07032 2040
www.hasen.de
Täglich geöffnet

88260 Argenbühl-Eglofs
Hofwirtschaft
Dorfplatz 10
07566 1578
www.dasellgass.de
So. geschl.

72555 Metzingen-Glems
Stausee-Hotel
Unterer Hof 3
07123 92360
www.stausee-hotel.de
Do. geschl.

72525 Münsingen-Gundelfingen
Hotel Gasthof Wittstaig
Wittstaig 10
07383 94960
www.hotel-wittstaig.de
Di. geschl.

72534 Hayingen-Indelhausen
Hirsch
Wannenweg 2
07386 97780
www.hirsch-indelhausen.de
Mo., Do. geschl.

72532 Gomadingen (Offenhausen)
Restaurant & Landhotel Winter
Ziegelbergstaße 24
07385 96790
www.restaurant-landhotel-winter.de
Do. geschl.

89584 Ehingen-Dächingen
Köhlers Krone
Drei-Kreuz-Straße 3
07395 331
www.koehlers-krone.de
Täglich geöffnet

88637 Leibertingen
Gasthof zum Adler
Kreuzbühl 1
07466 318
www.adler-leibertingen.de
Di., Mi. geschl.

88316 Isny/Großholzleute
Historischer Gasthof Adler
Hauptstraße 27
07562 6239674
www.adler-grossholzleute.de
Di. geschl.

88239 Wangen im Allgäu
Landgasthaus Adler
Obere Dorfstr. 4
07522 707477
www.s364439699.website-start.de
Fr., Sa., So. ab 17:30,
Sa., So. 11:30–14:30

88299 Leutkirch im Allgäu
Rössle Haselburg
Haselburg 1
07561 9834501
www.roessle-haselburg.de
Mo., Di. geschl.

87700 Memmingen
Weber am Bach
Untere Bachgasse 2
08331 2414
www.weber-am-bach.de
Täglich geöffnet

72365 Ratshausen
Gasthof Adler
Hohner Straße 3
7427 2260
www.adler-ratshausen.de
Mo. Di. Mi. zu.

72458 Albstadt
Gasthof zum Süßen Grund
Bitzer Berg 1
07431 13660
www.hotel-suessergrund.de
Di. geschl.

72250 Freudenstadt
Gasthof zum Bad
Talstraße 81
07441 3157
www.gasthof-bad-freudenstadt.de
So., Mo. geschl.

88079 Kressbronn
«Zur Frohen Aussicht»
Kümmertsweiler 1
07543 8766
www.froheaussicht.de
Fr., Sa. 16–21 Uhr, So. 10–21 Uhr

72108 Rottenburg – Bieringen
Landgasthof Kaiser
Burkhardtstraße 5
07472 6955
www.landgasthofkaiser.de
Di., Mi. geschl.

72820 Sonnenbühl-Erpfingen
Restaurant Hirsch
Im Dorf 12
07128 92910
www.romantikhotel-hirsch.de
Mo., Di., Mi. geschl.,
Bauernstube tägl. geöffnet

72070 Tübingen
Restaurant Mauganeschtle
Hotel am Schloss
Burgsteige 18
07071 92940
www.mauganeschtle.de
Täglich geöffnet

88499 Zwiefaltendorf
Brauerei Blank
Von-Speth-Str. 19
07373 643
www.brauerei-blank.de
So., Mo. geschl.

72531 Hohenstein/Alb
Gasthof Adler Meidelstetten
Gartenstraße 1
07383 384
www.adler-eglingen.de
Mo. geschl.

72070 Tübingen
Historische Weinstube Forelle
Kronenstraße 8
07071 5668980
www.weinstube-forelle.de
So., Mo. geschl.

72160 Horb
Germania
Altheimer Straße 43
07451 2557
www.gasthof-germania.de
Mo., Di. geschl.

Stuttgart westlich

72285 Pfalzgrafenweiler-Kälberbronn
Zum Schwanen
Große Tannenstraße 10
07445 1880
www.hotel-schwanen.de
Täglich geöffnet

78713 Schramberg
Hotel Gasthof Hirsch
Hauptstraße 11
07422 280120
www.hotel-gasthof-hirsch.com
Di., Mi. geschl.

75378 Bad Liebenzell-Monakam
Gasthaus Hirsch
Monbachstraße 47
07052 2367
www.hirsch-genusshandwerk.de
Di., Mi., Do. geschl.

75335 Dobel-Eyachtal
Gasthaus Eyachmühle
Eyachmühle 14
07081 384109
www.eyachmuehle.com
Mo., Di. geschl.

Dank

Dank sage ich meiner Lektorin Clara Polley, die den roten Faden des Buchs straff hielt, und meinem Freund Wolfgang Alber, der sein Füllhorn zur Kultur des Südens über mich ausgeschüttet hat. Mein Dank gilt auch Tochter Eva und allen Mitarbeitern des Restaurants Wielandshöhe, die mich mit gutem Futter stabilisierten.

Vincent Klink
Ein Bauch spaziert durch Venedig

320 Seiten

Eine Liebeserklärung an Venedig

Vincent Klink flaniert mit seinen Lesern gewohnt charmant und mit zahlreichen Anekdoten im Gepäck durch die engen Gassen und über die vielen Brücken Venedigs, denn die Lagunenstadt bietet alles, was sein Herz begehrt: hinreißende Architektur, fantastische alte Malerei, vielfältige Fischküche und das beste Carpaccio. Im unangestrengten Plauderton des Flaneurs lädt er seine Leser ein, ihm durch diese sinnliche Stadt zu folgen – natürlich immer dem Bauch nach!

«Der Mann schreibt so saftig und elegant, wie er seine Sterne-Küche zubereitet.» Spiegel Online

«Für Venedig-Fans und Hobbyköche ein Genuss.» Westfalen-Blatt

«Er versteht es, besondere Momente und den Zauber einer Reise zu teilen.» Der Feinschmecker

Hessen
Worms
Rhein
Rheinland-Pfalz
Ludwigshafen
Mannheim
Saar-
land
Kaiserslautern
Heidelberg
Speyer
Saarbrücken
Pirmasens
Bad Wimpfen
Heilbron
Eppingen
Bretten
Karlsruhe
Maulbronn
Hohenasperg
Pforzheim
Ludwigsburg
Rastatt
Fellbach
Tiefenbronn
Bad Wildbad
Stuttga
Baden-Baden
Calw
FRANKREICH
Sindelfingen
Rhein
Baden-Württemberg
Nürtir
Nagold
Tübingen
Baiersbronn
Offenburg
Neckar
Mössingen
Schwarzwald
Hechingen
Oberwolfach
Balingen
Schwäbische
Schramberg
Albstadt
Villingen-
Schwenningen
Sigmaringen
Beuron
Freiburg
Meß
Donaueschingen
Pfull
Singen
Ü
Reichenau
Lörrach
Konstar
Rhein
SCHWEIZ
0 10 20 30 40 50 km